职业教育财经商贸类专业规划教材

财务信息化系统及应用

用友ERP-U8 V10.1版

● 于凌云 张燕雪 编著

苏州大学出版社
Soochow University Press

图书在版编目(CIP)数据

财务信息化系统及应用：用友 ERP-U8 V10.1 版 / 于凌云，张燕雪编著. --苏州：苏州大学出版社，2023.7
ISBN 978-7-5672-4462-7

Ⅰ.①财… Ⅱ.①于… ②张… Ⅲ.①财务管理系统 Ⅳ.①F232

中国国家版本馆 CIP 数据核字(2023)第 123014 号

内 容 简 介

本书以用友 ERP-U8 V10.1 管理软件为操作平台，结合企业的实际案例，以项目任务的形式介绍财务软件的应用及操作方法。全书共分为用友 ERP-U8 软件概述、系统基础设置与管理、总账管理系统设置与管理、薪资管理系统设置与管理、固定资产管理系统设置与管理、期末业务设置与处理、报表系统设置与处理、综合实训等八个项目。前七个项目均依据工作与教学实际划分成若干任务，并附有以企业经济业务为任务的实训内容，循序渐进，简单易学，充分实现了"理实一体化"的教学模式。

本书实例丰富、布局合理、图文并茂，项目任务深入浅出，理论和实践有机结合，可作为会计及相关专业的必修专业课教材，也可作为经济管理类专业的选修课教材，还可供 ERP 认证、会计、审计、财税、金融部门人员培训与自学之用。

财务信息化系统及应用
用友 ERP-U8 V10.1 版
于凌云　张燕雪　编著
责任编辑　王　亮

苏州大学出版社出版发行
(地址：苏州市十梓街1号　邮编：215006)
苏州工业园区美柯乐制版印务有限责任公司印装
(地址：苏州工业园区双马街97号　邮编：215121)

开本 787 mm×1 092 mm　1/16　印张 17.25　字数 431 千
2023 年 7 月第 1 版　2023 年 7 月第 1 次印刷
ISBN 978-7-5672-4462-7　定价：56.00 元

图书若有印装错误，本社负责调换
苏州大学出版社营销部　电话：0512-67481020
苏州大学出版社网址　http://www.sudapress.com
苏州大学出版社邮箱　sdcbs@suda.edu.cn

前言 Preface

"财务信息化系统及应用"是财经类专业的核心课程之一,会使用财务软件是现代会计必备的职业技能。ERP(Enterprise Resource Planning,企业资源计划)系统融先进管理思想、企业业务实践于一体,伴随着信息化技术的发展而不断完善,它的出现对传统的企业管理模式、会计理论、会计实务处理和会计管理制度产生了巨大的冲击,导致了会计领域的一场新技术革命。

作为财经类专业的学生,掌握 ERP 软件的理论知识并能熟练运用,显得尤为迫切和必要。编者结合多年的财务信息系统教学和实践经验,基于财务软件应用平台(用友财务软件),按照"职业导向、能力本位、任务载体、学生主体"的课程整体设计原则,把本书分为用友 ERP-U8 软件概述、系统基础设置与管理、总账管理系统设置与管理、薪资管理系统设置与管理、固定资产管理系统设置与管理、期末业务设置与处理、报表系统设置与处理、综合实训等八个项目。前七个项目均依据工作与教学实际划分成若干任务,突出任务实施的操作步骤及相应图示,每个项目后附有以企业经济业务为任务的实训内容,充分实现了"理实一体化"的教学模式。

对于学生来说,这样编排可以由简单到复杂,循序渐进,通过模拟数据分项目分任务操练,在"做"任务的过程中领悟各系统的功能、分工与协同,实现理论知识和实践技能的双向提升;对于教师来说,将传统教材中的知识与实训嵌入项目任务中,以突出实践任务为主旨,方便开展"理实一体,融教于做"的项目化教学。

本书在内容和形式上具备以下特点:

第一,教学过程与工作过程相对接。本书在编写上利用用友 ERP-U8 软件,把建账、记账、算账、用账、报账等会计工作过程与教学过程统一起来,实现会计理论与会计实践的高度融合。

第二,实训案例与会计岗位相统一。本书在编写上从会计岗位的实际需要出发,以丰富的企业经济业务案例为背景,能够提高学生的会计职业实践能力和信息化处理能力。

第三,实践操作与操作视频相配合。本书提供配套的操作视频,学生可以扫描二维码查阅操作指导。书中重点、难点解析清楚,丰富的教学资源可以满足学生的个性化学习需求,激发学生的学习热情。

本书在编写过程中参考了大量的文献,在此对文献的作者深表感谢!同时,上海立达学院、江苏联合职业技术学院、江苏建筑职业技术学院及用友软件公司徐州分公司对本书的出版给予了大力支持,在此一并致谢!

由于财务软件变革很快,编者的知识水平与社会实践有限,书中错漏之处在所难免,敬请读者提出意见和建议,以利于今后修改和完善。

编 者
2023 年 5 月

目录 Contents

项目一 用友 ERP-U8 软件概述 ………………………………………………… (001)

  任务一 用友 ERP-U8 软件简介 ………………………………………… (001)

  任务二 用友 ERP-U8 系统的安装与卸载 …………………………………… (005)

  项目实践一 ……………………………………………………………………… (023)

项目二 系统基础设置与管理 ……………………………………………………… (024)

  任务一 系统注册与账套设置 ………………………………………………… (024)

  任务二 用户与权限设置 ……………………………………………………… (034)

  任务三 系统安全管理 ………………………………………………………… (040)

  任务四 基本信息设置 ………………………………………………………… (044)

  任务五 基础档案设置 ………………………………………………………… (049)

  任务六 业务参数设置 ………………………………………………………… (074)

  项目实践二 ……………………………………………………………………… (079)

项目三 总账管理系统设置与管理 ………………………………………………… (088)

  任务一 总账管理系统初始设置 ……………………………………………… (088)

  任务二 凭证管理 ……………………………………………………………… (098)

  任务三 出纳管理 ……………………………………………………………… (115)

  任务四 账簿管理 ……………………………………………………………… (123)

  项目实践三 ……………………………………………………………………… (138)

项目四 薪资管理系统设置与管理 ………………………………………………… (145)

  任务一 薪资管理系统初始设置 ……………………………………………… (145)

  任务二 日常处理操作 ………………………………………………………… (157)

  任务三 统计分析及维护 ……………………………………………………… (168)

  项目实践四 ……………………………………………………………………… (172)

项目五 固定资产管理系统设置与管理 (176)

  任务一 固定资产管理系统初始设置 (176)
  任务二 卡片管理 (191)
  任务三 日常处理操作 (205)
  任务四 账表和维护 (212)
  项目实践五 (214)

项目六 期末业务设置与处理 (217)

  任务一 转账定义与生成 (217)
  任务二 对账与结账 (229)
  项目实践六 (232)

项目七 报表系统设置与处理 (234)

  任务一 报表概述 (234)
  任务二 报表制作 (243)
  任务三 报表公式定义 (248)
  任务四 报表数据处理 (254)
  项目实践七 (257)

项目八 综合实训 (260)

项目一　用友 ERP-U8 软件概述

项目目标

1. 了解用友 ERP-U8 系统的技术特点和总体结构。
2. 了解用友 ERP-U8 系统要求的硬件环境和软件环境。
3. 理解用友 ERP-U8 系统的安装环境及安装时和安装后的注意事项。
4. 掌握用友 ERP-U8 系统的安装步骤和方法。

任务一　用友 ERP-U8 软件简介

任务分析

用友 ERP-U8 软件由多个产品组成,各个产品之间相互联系、数据共享,可以实现财务业务一体化的管理。用友 ERP-U8 软件包括以下几个部分：财务系统、购销存系统、分销业务管理、人力资源、生产制造、决策支持、行业报表、合并报表、商业智能、客户化工具等。各功能模块共同构成了用友 ERP-U8 软件的系统架构,各模块既相对独立,分别具有完善和细致的功能,可以最大限度地满足用户全面深入的管理需要；又融会贯通,有机结合,实现一体化应用,满足用户经营管理的整体需要。

相关知识

用友 ERP-U8 软件面对企业的不同管理层次、不同管理与信息化成熟度、不同应用与行业特性的信息化需求,在技术与应用方面具有不同的功能特点。

一、系统技术特点

用友 ERP-U8 软件以财务管理为企业的目标核心,以业务管理为企业的行为核心,提出了基于立体价值链结构的产品体系部署原理,适应我国企业在不同阶段对于企业管理需求的不同特点,具体表现如下：

1. 三层架构设计

用友 ERP-U8 软件采用先进的三层架构设计,尽可能地提高效率与安全性,降低硬件投资成本。该软件提供的各种自定义报表、打印模板、显示模板均能够适应使用者的操作习惯、产品数据管理(Product Data Management，PDM)接口支持企业的数字化设计工作，条形码机接口支持企业供应商及企业对物品管理的快捷需求。用友ERP-U8还提供了多语言、多计量单位、多组织(库存、采购、销售、财务、行政)、信用机制、价格机制和安全库存等方便灵活的技术支持的应用设置，大大提高了企业客户的应用适应度。

2. 支持万维网(Web)应用，实现远程业务处理

用友ERP-U8软件通过对Web技术的应用，支持企业远程采购、销售、库存、存货、财务、资金等的管理应用，极大地提高了企业对异地资源的利用率。

3. 支持多种部署方案

用友ERP-U8软件的技术部署方案，支持局域网内的完全集中模式以及通过数据导入导出、数据复制、Web应用支持的分布式集中管理模式，具有安全、高效、低成本的特点，很好地适应了信息基础设施建设的现状。

4. 提供企业应用集成(EAI)平台

U8 EAI平台具有信息总线功能，实现了U8系统的对外标准接口，其他的软件系统可以和U8系统进行挂接，实现协调工作、数据共享，使软件的价值最大化。

5. 安全机制

用友ERP-U8软件在系统管理工具上提供安全备份计划，层级递进的权限管理机制，以及数据快照备份技术、升级工具、总账工具和远程配置工具等，方便了企业历史数据的统一、安全、高效保存。

二、系统应用特点

1. 适用性强

用友ERP-U8软件适用性强主要体现在以下三个方面：一是恰到好处的业务实践；二是灵活的配置、合理的部署；三是强大的扩展性。功能强大的客户化定制和二次开发工具的灵活定制可实现业务流程与角色的动态调整，从而满足用户快速适应市场变化的个性化管理需要。

2. 简单易用

用友ERP-U8软件运用的是角色驱动、流程导航的介绍方法，使系统应用简单方便。

3. 功能齐全

用友ERP-U8软件具有产品成熟、功能齐全的特点，其软件的专业、标准、成熟，加上角色、管理要素的预置和流程的导航，大大降低了用户的学习和维护成本，从而使系统应用效益最大化。

三、系统总体结构

用友ERP-U8软件着眼于企业内部资源、关键业务流程的管理和控制，不仅考虑到信息资源在部门内、企业内、集团内共享的要求，还充分体现了预测、计划、控制、业绩评价及考核等管理方面的要求，实现了资金流、物流、信息流管理的统一，解决了长期困扰企业的管理难题。

用友ERP-U8软件系统由财务管理系统、供应链管理系统、生产制造管理系统、人力资源管理系统和客户关系管理系统等组成。

1. 财务管理系统

财务管理系统包括总账管理、应收管理、应付管理、固定资产管理、UFO 报表等模块。

（1）总账管理：主要提供凭证处理、账簿查询打印、期末结账等基本核算功能，并提供个人、部门、客户、供应商、项目、产品等专项核算和考核，支持决策者在业务处理的过程中随时查询包含未记账凭证的所有账表，充分满足管理者对信息及时性的要求。

（2）应收管理：是企业运营资金流入的一个主要来源，因此应收款的管理是保证企业资金健康运作的一个主要手段。应收款管理系统主要提供发票和应收单的录入、客户信用的控制、客户收款的处理、现金折扣的处理、单据核销处理、坏账的处理、客户利息的处理等业务处理功能，并提供应收款账龄分析、欠款分析、回款分析等统计分析功能，可进行资金流入预测。此外，应收款管理系统还提供应收票据的管理功能，可以进行应收票据的核算与追踪。

（3）应付管理：是企业控制资金流出的一个主要环节，同时也是维护企业信誉、保证企业低成本采购的一个有力手段。应付款管理系统主要提供发票和应付单的录入、向供应商付款的处理、及时获取现金折扣的处理、单据核销处理等业务处理功能，并提供应付款账龄分析、欠款分析等统计分析功能，可进行资金流出预算。此外，应付款管理系统还提供应付票据的管理功能，可以进行应付票据的核算与追踪。

（4）固定资产管理：适用于各类企业和行政事业单位，主要提供资产管理、折旧计算、统计分析等功能。其中，资产管理主要包括原始设备的管理、新增资产的管理、资产减少的管理、资产变动的管理等。此外，固定资产管理系统还提供资产评估及固定资产减值准备功能，支持折旧方法的变更；可按月自动计提折旧，生成折旧分配凭证，同时输出有关的账簿和报表。固定资产管理系统可用于进行固定资产总值、累计折旧数据的动态管理，协助设备管理部门做好固定资产实体各项指标的管理、分析工作。

（5）UFO 报表：是报表事务处理的工具，与总账等各系统之间有完善的接口，是真正的三维立体表，提供了丰富的实用功能，完全实现了三维立体表的四维处理能力。UFO 报表的主要功能有：文件管理功能、格式管理功能、数据处理功能、图形功能、打印功能和二次开发功能。它可以通过取数公式从数据库中挖掘数据，也可以定义表页与表页之间以及不同表格之间的数据钩稽运算，制作图文混排的报表，强大的二次开发功能则使其又不失为一个精练的管理信息系统（MIS）开发应用平台。UFO 报表内置工业、商业、行政事业单位等 17 个行业的常用会计报表。

2. 供应链管理系统

供应链管理系统主要包括采购管理、库存管理、销售管理等模块，主要功能是增加预测的准确性，减少库存，提高发货供货能力；减少工作流程周期，提高生产效率，降低供应链成本；减少总体采购成本，缩短生产周期，加快市场响应速度。同时，这些模块提供了对采购、销售等业务环节的控制，以及对库存资金占用的控制，可完成对存货出入库成本的核算。该系统使企业的管理模式更符合实际情况，帮助企业制订出优化的运营方案，实现管理的高效率、实时性、安全性、科学性、现代化、职能化。

（1）采购管理：根据工业企业和商品流通企业采购业务管理和采购成本核算的实际需要，对采购订单、采购到货处理及入库状况进行全程管理，为采购部门和财务部门提供准确及时的信息，并辅助管理决策。本系统适用于各类工业企业、商品批发、零售企业及宾馆饭店等。

(2) 库存管理：适用于各类工商企业的库存管理，具有单据输入、审核和账表查询等功能。

(3) 销售管理：以销售业务为主线，兼顾辅助业务管理，实现销售业务管理与财务核算一体化。本系统适用于各类工业、商品批发、零售企业。

3. 生产制造管理系统

生产制造管理系统在财务供应链应用的基础上，面向接单生产、预测生产模式，建立企业内部的计划管理体系，需求规划以销售订单与销售预测为来源，通过MRP运算生成生产计划，协调销售、生产、采购部门，实现内部物流的计划、执行、状态的全面管理。本系统包括物料清单、主生产计划、产能管理、需求规划、生产订单、车间管理、工程变更管理、设备管理等模块。

4. 人力资源管理系统

人力资源管理系统作为用友 ERP-U8 系统的一个重要组成部分，不仅可以实现不同应用角色之间的协同工作，还可以实现与企业其他业务之间的高效协同，为企业塑造良好企业文化、提升核心人才竞争能力建立了坚实的基础。本系统包括人事管理、招聘管理、薪资管理、考勤管理、经理查询等模块。

5. 客户关系管理系统

客户关系管理系统是一种协助企业和客户之间建立持久关系的企业战略，也是获得、保持和培养客户的一种途径。本系统包括客户管理、商机管理、活动管理、费用管理、市场管理、统计分析等模块。

用友 ERP-U8 的总体结构如图 1-1 所示。

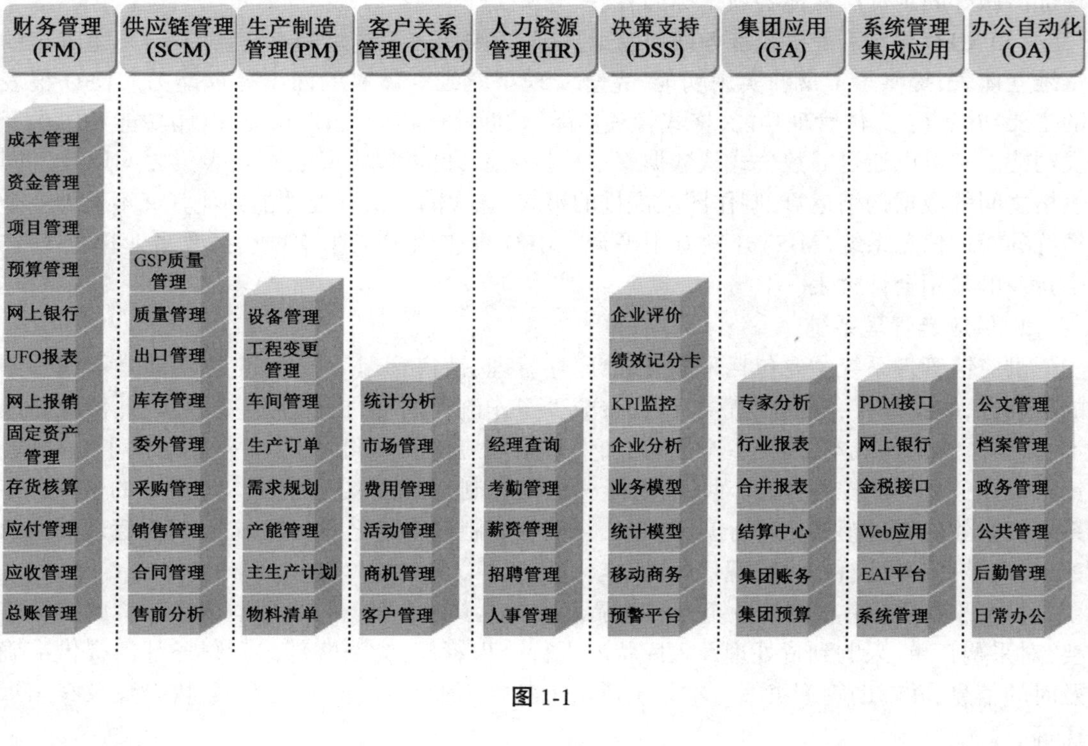

图 1-1

四、三层架构体系

用友 ERP-U8 应用系统采用三层架构体系,即逻辑上分为数据服务器、应用服务器和客户端。

(1) 单机应用模式:即将数据服务器、应用服务器和客户端安装在一台计算机上。

(2) 网络应用模式(只有一台服务器):将数据服务器和应用服务器安装在一台计算机上,而将客户端安装在另一台计算机上。

(3) 网络应用模式(有两台服务器):将数据服务器、应用服务器和客户端分别安装在三台不同的计算机上。

任务二　用友 ERP-U8 系统的安装与卸载

任务分析

恒利科技有限公司是一家中小型工业企业,主要生产经营冰箱和冰柜两种产品。近年来,随着生产经营规模的不断扩大,公司决定实施 ERP 管理系统,提高企业综合管理效率。通过广泛调研和论证,公司决定采用用友 ERP 管理系统,先期从财务管理系统入手,实现会计电算化。然而,公司的财务人员对财务信息化不够熟练,一个个专业术语令他们望而生畏,如何进行用友 ERP-U8 系统的安装和维护确实是一个比较棘手的问题。用友公司的技术人员给出了解释:一是目前的软件安装比较智能化,安装步骤比较简单;二是软件公司的技术培训比较全面,售后服务比较及时,财务人员经过系统的培训后完全可以胜任系统的安装和日常的维护工作。

任务实施

用友 ERP-U8 系统在使用中根据用户需求的差异而有所不同,对硬件和软件环境的要求也有所不同。用户必须对安装前及安装过程中的注意事项进行全面了解后才能顺利完成系统的安装。

一、安装前的准备工作

安装 U8 数据服务器时,请严格按照表 1-1 中操作系统与数据库管理系统的关系进行组合,否则在安装时环境监测会不通过。

表 1-1　各操作系统适配的数据库管理系统

操作系统	数据库管理系统
Windows 7 SP1	Microsoft SQL Server 2008 R2
	Microsoft SQL Server 2012
	Microsoft SQL Server 2014

续表

操作系统	数据库管理系统
Windows Server 2008 R2	Microsoft SQL Server 2008 R2
	Microsoft SQL Server 2012
	Microsoft SQL Server 2014
Windows 8.1	Microsoft SQL Server 2016
	Microsoft SQL Server 2017
Windows Server 2012 R2	Microsoft SQL Server 2016
	Microsoft SQL Server 2017
Windows 10	Microsoft SQL Server 2016
	Microsoft SQL Server 2017
	Microsoft SQL Server 2019
Windows Server 2016	Microsoft SQL Server 2016
	Microsoft SQL Server 2017
	Microsoft SQL Server 2019
Windows Server 2019	Microsoft SQL Server 2016
	Microsoft SQL Server 2017
	Microsoft SQL Server 2019

1. 操作系统

（1）安装操作系统及其关键补丁，推荐使用 Windows Update 进行其他所有微软补丁的更新。

客户端及单机应用推荐系统：Windows 10 Enterprise X64（Version 1607 及以上版本）。

服务器推荐使用 64 位 Server 版操作系统，且磁盘分区的文件系统格式应为 NTFS，如 Windows Server 2019 版本、Windows Server 2016（安装 kb4019472 补丁）及以上版本。

注意：如果在 Windows Server 2016 中安装 U8 时采用"全产品集中应用模式（U8 远程）"或者"客户端集中应用模式（U8 远程）"安装模式，则请在安装 U8 前为 Windows Server 2016 打上 kb4019472 补丁，否则可能引起 U8 门户报错。

（2）英文操作系统和繁体操作系统下的注意事项：

① 必须安装简体中文语言包（通过 Windows 安装盘进行安装）后才能正常使用 U8 产品。

② 如果通过网络或共享目录安装 U8 产品，会因为无法识别中文安装路径而发生错误，可以将安装盘复制到本地，修改安装盘所在目录名称为非中文后进行安装，或者通过设置"映射网络驱动器"进行安装。

③ 如果安装的是数据服务器，必须先将操作系统的区域和语言中的默认语言修改为简体中文（PRC）。

④ 如果安装的是客户端，需要修改区域和语言的短日期格式为"YYYY-MM-DD"（可

安装后修改)。

(3) 建议至少配置 4 GB 内存。

(4) 安装之前,需要先手动安装产品所需要的基础环境补丁和缺省组件。基础环境补丁可在安装盘"用友 U8 基础环境补丁\64 位基础环境补丁"目录下获取。

2. 数据库

(1) 如果安装数据库服务器,须先安装好数据库。数据库服务器仅支持 64 位的 SQL Server,包括以下 SQL Server 数据库版本:Microsoft SQL Server 2019(推荐)、Microsoft SQL Server 2017(推荐)、Microsoft SQL Server 2016、Microsoft SQL Server 2014、Microsoft SQL Server 2012、Microsoft SQL Server 2008 R2(更新 SP1)。为支持正版软件使用,更大限度地保障数据安全,同时防止因使用盗版软件而导致的法律诉讼事件的发生,请联系用友公司相关人员(销售部门、技术支持部门、实施部门等部门人员)或代理商购买正版 SQL Server 软件。SQL Server 各个版本的关键补丁可以从微软网站或用友云盘上获得。

(2) SQL Server 的安装方法请阅读 SQL Server 的安装帮助。

(3) 在英文操作系统和繁体操作系统下安装数据库前,必须先将操作系统的默认语言修改为简体中文,否则将导致 U8 数据库服务器无法使用。安装时请选择"自定义安装",将"服务器排序规则"设置为简体中文(注:此设置只能在安装数据库时进行选择,一旦安装完毕,无法修改),安装成功后显示为"Chinese_PRC_CI_AS"。简体中文数据库采用默认安装即可,不需要修改语言设置。

(4) U8 支持数据库的多实例使用,但前提条件为必须有默认实例(包括对应的关键补丁)存在,否则将导致安装 U8 数据库服务器失败。

(5) SQL Server 服务的登录身份必须设置为"本地系统账户(Local System)"或属于本机管理员组的用户,否则将导致无法正确创建 U8 账套。

(6) SQL Server 服务的身份验证模式请选择"混合模式"选项,并设置管理员"SA"账号的密码。

3. 浏览器

微软 IE 浏览器 IE 6.0+SP1 和以上版本可使用 U8 V10.1 的 Web 产品。

4. 产品相关

(1) 互联网信息服务(Internet Information Services,IIS)安装和配置:在选择安装单机应用或安装应用服务器时,请先安装 IIS。IIS 组件可以通过操作系统安装盘获取。

(2) 磁盘空间:应确保系统盘和安装目录所在盘有 10 GB 以上的空闲空间。安装数据库服务器时,因 U8 产生的所有数据和临时数据均存储在这台服务器的硬盘上,请按照实际业务数据量,确保存储数据文件的逻辑磁盘至少有 10 GB 空闲空间。

(3) 多服务器安装:数据服务器和应用服务器应分开部署,且各服务器要求在同一个域或者工作组中。

(4) Office 要求:如果使用实施导航编辑业务场景的流程图,需要安装 Microsoft Office Visio 2007。

5. 老用户升级须关注的内容

(1) 如果已安装过任何版本的 U8 产品,请务必先通过控制面板或历史版本安装程序正常卸载(安装过补丁则先卸载补丁再卸载产品),重启机器后手工删除 System32 下的

UFCOMSQL(U8 V10.1 以后版本已经转移到 U8 安装目录下)文件夹,再进行 U8 的安装(注:需要先使用 SQL Server 管理工具删除 U8 对应数据库)。

(2)如果已安装过任何版本的 U8 产品,但无法卸载或卸载失败,请先使用清除工具查找并删除相应 U8 产品及补丁项,再进行 U8 的安装。

(3)如果已经安装了 U870SP1+SP2+SP3,需要按照顺序卸载 SP3、SP2、SP1 和 U870 后才能安装 U8(如果是直接使用 U870SP1 安装盘安装的产品,需要直接通过该安装盘卸载,否则 SP1 将无法卸载,脚本会继续在建账时重复执行,导致新建账套使用异常)。

(4)如果计算机已经安装了老的远程接入应用(U8 远程),请在安装 U8 前卸载该程序,再安装本版本配套的 U8 远程应用程序。

(5)二次开发升级说明:

如果是采用插件模式开发的内容升级,需要在最新 U8 环境下重新编译。

如果是直接申请源代码对产品功能做了修改,升级后客开的文件被卸载或覆盖,这种情况需要联系原来做客开的人员申请最新源代码,基于新版本重新实现原有的客开功能。

二、安装时的注意事项

(1)必须使用系统管理员或具有同等权限的操作员身份(用户 ID 属于操作系统 Administrators 组)登录操作系统,进行 U8 产品的安装;在 Windows 操作系统上安装应用服务器,如使用 Administrators 组的非 Administrator 身份安装,请修改操作系统的"用户账户控制设置"(UAC)为最底下的第一个或第二个(图 1-2),否则重启后无法弹出数据源配置界面。

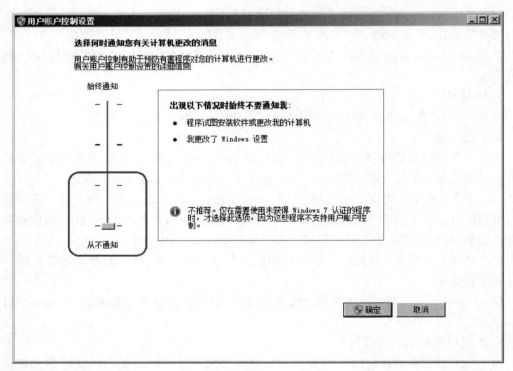

图 1-2

（2）英文操作系统和繁体操作系统（没有修改过系统默认语言）下，如果通过网络或共享目录安装产品，会因为无法识别中文安装路径而发生无响应的情况，可以将安装盘拷贝到本地，修改安装盘所在目录名称为非中文后进行安装，或者设置"映射网络驱动器"后安装。

（3）U8 仅支持安装在由字母、数字和下画线组成的安装目录下。U8 不支持修改安装功能，只能先卸载产品再重新安装。

（4）U8 环境检测分为"基础环境""缺省组件""可选组件"三部分，如图 1-3 所示。如果"基础环境"不符合要求，则需要安装所需的软件和补丁才能继续安装；"缺省组件"没有安装的，可以通过"安装缺省组件"功能自动安装，也可以通过系统提供的超链接打开对应的安装目录进行手工安装。

注意：安装"缺省组件"时可能会要求重新启动机器，请按照提示执行，否则将导致不可预期的错误和异常。"基础环境—操作系统"所需的补丁可从微软网站或安装盘的"用友 U8 基础环境补丁"目录中获取。

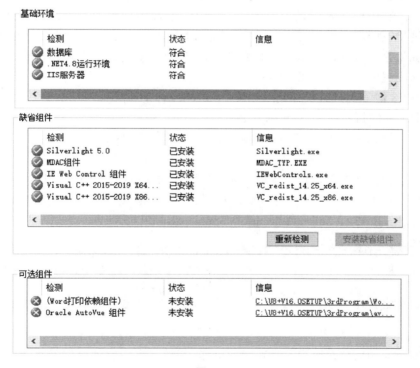

图 1-3

（5）安装 U8 时建议关闭防火墙软件和杀毒软件，或者在安装过程中防火墙弹出的有关风险提示中选择"允许"或"继续"。

（6）安装过程中不要同时进行 Windows Update 和其他软件的安装，避免发生冲突，导致安装终止或失败。

（7）禁止多用户同时登录和使用正在安装 U8 的机器（比如通过远程终端连接），否则将引起安装进程混乱而导致安装提前终止或产生异常。

（8）通过网络共享安装 U8，如果中途网络中断，安装程序将回滚，请耐心等待回滚结束后重新安装产品，或者手动结束安装进程后重新安装产品（环境清理功能有可能提示重新启动机器)。

(9) 有的机器在安装过程中可能出现安装文件损坏、无法继续安装的情况,提示"安装所需的 CAB 文件'Product.cab'已损坏,不能使用。这可能表示网络错误、读光盘错误或此软件包错误。",如图 1-4 所示。

图 1-4

解决步骤如下:

① 根据安装来源的不同,检查更换安装文件,如果是在本机中使用出厂 U 盘里的 U8 安装盘进行安装,请检查 U 盘是否损坏,如有损坏,请使用别的安装源;如果是从本机硬盘文件安装,请检查硬盘文件是否损坏,如有损坏,请重新复制出厂 U 盘里的安装盘或使用别的安装源;如果是通过网络共享从其他机器上的安装盘安装,请检查网络连接是否正常,如网络异常,请配置好网络或使用别的安装源。

② 使用 U8 清除工具查找并删除相应 U8 产品及补丁项。

③ 使用①中的新安装来源,重新安装 U8。

④ 如果系统仍然报相同错误,请检查机器的内存,建议更换内存,然后重复步骤②和③。

(10) 有些机器在安装过程中会提示无法注册模块或组件,如图 1-5 所示。此时请记住提示的文件名,单击"忽略"按钮,继续安装;安装完成后可以用命令行手工注册,比如在程序运行中执行"regsvr32c:\u8soft\ufcomsql\formulaparse.dll"。

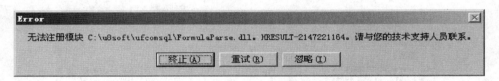

图 1-5

(11) 安装成功后请按照提示重新启动机器,若没有重新启动机器而直接使用产品,则将导致不可预期的错误和异常。

三、安装后的注意事项

(1) 安装成功后系统可能会提示更新补丁,建议用户选择执行以提高操作系统的安全性与稳定性,优化 U8 的运行环境。

(2) 如果应用服务器和数据库服务器安装在同一台服务器上,当应用服务器指向数据源时,请使用数据库服务器的机器名或 IP 地址,而不要使用"."(点)或者"local host",否则其他客户端无法正常登录。

(3) 安装后不要随意对注册表进行修改和删除操作。

（4）产品分离部署（服务器和客户端不在同一台机器上）时，如果客户端无法正常登录和访问服务器，请先检查网络是否连通，服务器端防火墙是否开启。如果开启，请按照"Windows 防火墙设置方法"和"Windows 防火墙设置内容"进行配置；也可以使用"诊断工具"进行检查，并按照提示信息进行配置（组件注册功能需时较长，在确认正常安装产品的情况下建议跳过）。

（5）在启用 Windows 防火墙的情况下，如果需要使用"UAP""网上报销""生产制造""进/出口管理""销售管理"等产品，需要在服务器端进行微软分布式事务协调器（MSDTC）安全配置。同时在服务器端防火墙例外程序中增加 MSDTC 程序，位置为"%windir%\system32\msdtc.exe"，否则将出现错误"与基础事务管理器通信失败！"。服务器启用域控制器后，需要将域控制器对应的防火墙关闭，否则会出现门户无法登录的现象。

（6）当使用机器名无法访问目标服务器或访问速度非常慢时，可能是局域网域名系统（DNS）解析错误，建议使用互联网访问协议（IP）访问目标服务器，或者将目标服务器的 IP 和机器名加入本机的 HOST 文件（%windir%\system32\drivers\etc\hosts，用记事本打开）即可。

（7）Windows 7 系统默认启用一种名为"TCP window scaling"的新功能，但如果网络硬件设备不支持该功能，可能会发生网络连接（比如连接服务器打开文件夹、访问 IIS 等）比较慢的现象。可以通过如下命令禁用 autotuninglevel 功能：netsh interface tcp set global autotuninglevel=disabled（如果网络连接速度正常，不要执行）。

（8）在英文操作系统或繁体中文操作系统下，客户端在安装 Microsoft Office 时需要安装多语言用户界面包，否则在使用简体中文方式登录 U8 时，UAP 报表输出时会产生异常。

（9）在安装了 U8 的机器上再安装某些工具软件（如 AutoCAD）可能存在兼容性问题，如图 1-6 所示。

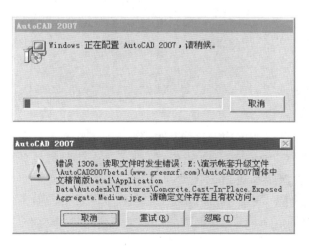

图 1-6

此时请运行兼容性处理工具，其具体位置在 U8 安装目录下的 3rdPrograms 中，如"C:\U8SOFT\3rdPrograms\兼容性处理.exe"。

（10）使用系统管理升级账套时，杀毒软件会占用中央处理器（CPU）的大量内存，导致升级很慢，建议关闭杀毒软件后再继续升级。

(11) CRM 产品默认端口号是 HTTP：8072，如果想修改为其他端口号，请打开"U8 应用服务管理"窗口，如图 1-7 所示，修改 Apache 服务端口，如图 1-8 所示。

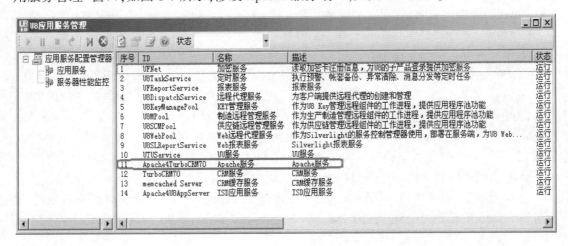

图 1-7

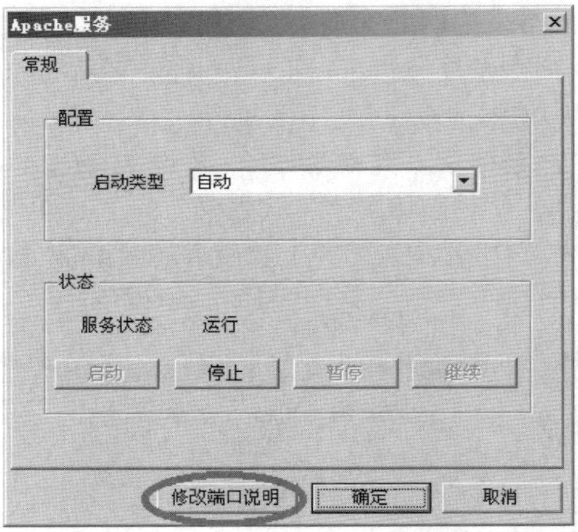

图 1-8

(12) U8 V10.1 产品注册采用云注册，加密统一采用软证书形式，支持离线和在线两种模式，不再区分为软加密、硬加密、云加密模式，也不再支持双机热备功能。当 U8 V10.1 产品安装完毕后，需要对该产品进行云注册。具体注册方法详见《U8 产品激活用户操作手册》。在线加密支持将 U8 加密服务器部署在物理机、虚拟机、云服务器上，无须申请虚拟机专版替换文件。离线加密支持将 U8 加密服务器部署在物理机上。

(13) 如果企业部署了多个应用服务器，其中有的应用服务器连接公网使用，有的在内网使用，建议禁用在内网使用的应用服务器上的定时服务，运行在公网使用的应用服务器上的定时服务。数据库服务器上的定时服务不能停止。

(14) 如果使用 U8 远程来访问 U8 产品，为了保证能正常操作 U8 产品，请在 U8 远程服务器上的【服务器管理器】—【配置 IE ESC】—【Internet Explorer 增强的安全配置】中将"管理员"和"用户"组的增强安全模式设置为"禁用"，如图 1-9 所示。否则可能会造成在门户登录时无法进行扫码身份认证,以及在访问 BS 门户时无法正常安装 U8 插件。

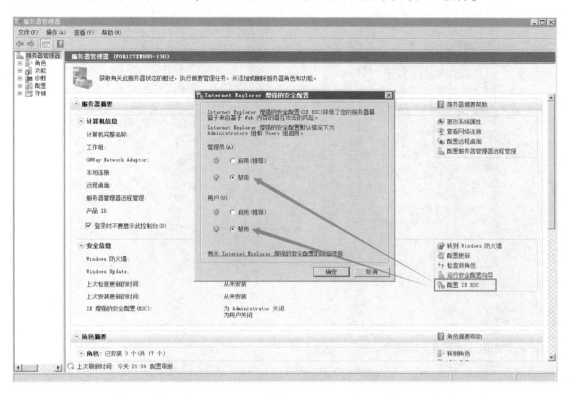

图 1-9

四、安装步骤和方法

（1）打开光盘目录,双击 SetupShell.exe 文件,运行 U8 V10.1 安装程序,打开安装界面,如图 1-10 所示。

① 单击"安装 U8 V10.1",安装程序自动根据客户端操作系统环境选择对应语言的安装界面。如果客户端操作系统为中文简体、中文繁体、英文三种环境之一,安装程序自动选择对应语言"中英繁"的安装界面;如果客户端操作系统是其他语言,安装程序自动选择英文安装界面。

② 安装用友绿色服务桌面。用友绿色服务桌面是基于 Windows 操作系统的集合了运维服务、知识服务、诊断服务的支持服务桌面软件平台。

③ 对于已经安装过 V10.1 版本,需要卸载重新安装的情况,可以通过"卸载 U8 V10.1"进行 U8 的卸载。

④ 如果由于客户软件环境的问题导致有时 U8 不能正常卸载,从而无法安装新的 U8 应用程序,在执行了旧版本的正常卸载之后,可以通过"清除"来彻底清除未卸载干净的内容。

⑤ 可以浏览光盘的其他内容或者访问用友网站。

⑥ 如果是 U8 V10.0 纯客户端,则可以直接单击安装界面的"升级 U8 V10.0 客户端"升级到 V10.1;如果是 U8 其他版本或 V10.0 的服务器端,则需要卸载后重新安装 V10.1。

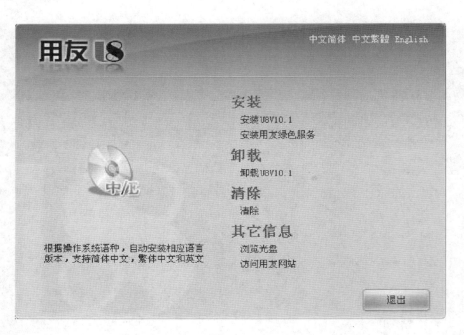

图 1-10

（2）选择"安装 U8 V10.1"之后，进入安装欢迎界面，可以选择查看"安装手册"或进行"下一步""取消"操作，如图 1-11 所示。

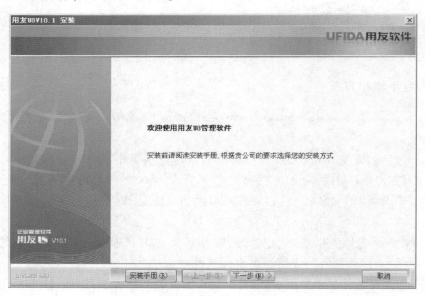

图 1-11

（3）单击"下一步"按钮，在打开的对话框中选择"我接受许可证协议中的条款"单选按钮，确认许可证协议，如图 1-12 所示。

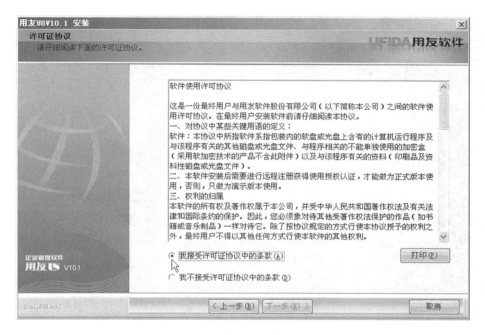

图 1-12

（4）单击"下一步"按钮，系统检测是否存在历史版本的 U8 产品，如图 1-13 所示。

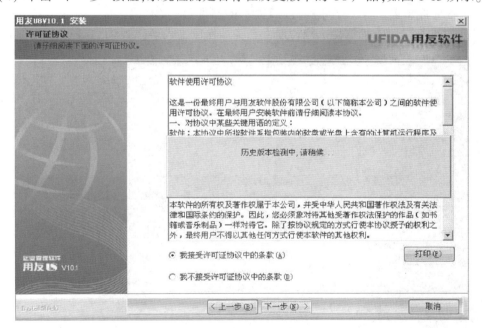

图 1-13

（5）单击"下一步"按钮，系统提示并开始清理历史版本残留内容，如图 1-14 所示。

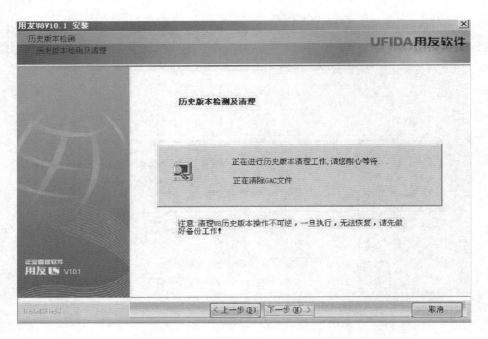

图 1-14

如果因为安装过程(包括卸载、修改或修复过程)异常中断导致安装失败,系统有可能在清理完毕后提示重新启动计算机,按照提示操作即可[没有执行此操作的情况下直接进入第(6)步;重新启动的机器再次执行以上 5 步操作后进入第(6)步],如图 1-15 所示。

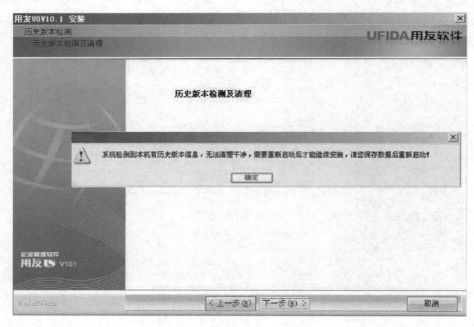

图 1-15

(6)单击"下一步"按钮,在打开的对话框中录入用户信息,如图 1-16 所示。

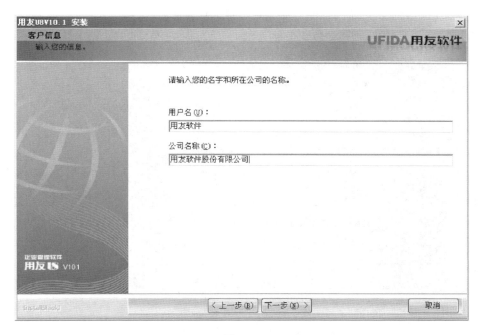

图 1-16

（7）选择安装路径，默认为"C：\U8SOFT"，并控制不允许安装在根目录下，如图 1-17 所示。

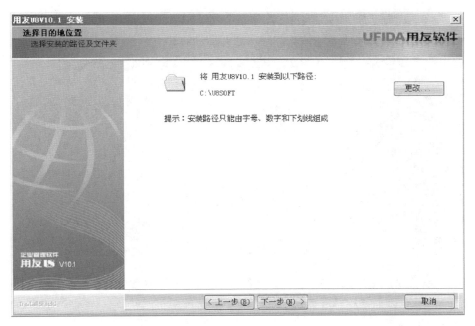

图 1-17

（8）选择安装类型，有"全产品""服务器""客户端""自定义"四种类型，如图 1-18 所示。除"全产品"外，其他类型的安装都可以自行选择需要安装的产品内容，并根据选择计算需要的空间和可用空间。

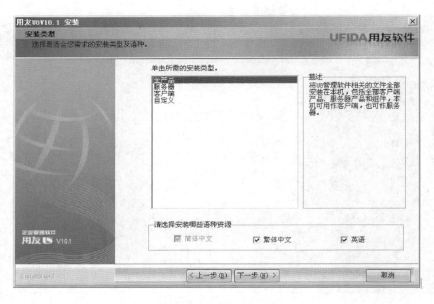

图 1-18

① 全产品：安装全部客户端产品、服务器产品和组件。
② 客户端：按产品组、产品细分，可选择产品进行安装，如图 1-19 所示。

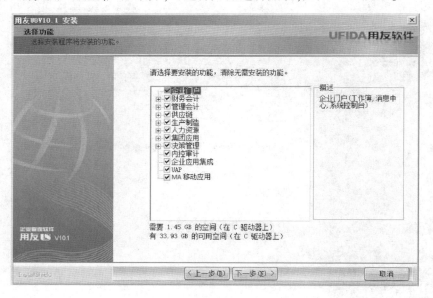

图 1-19

注意：如果只安装供应链客户端，供应链产品（包括库存、销售、采购、委外、进口、出口、质量、售前等）中与生产制造相关的功能将不能使用，需要同时安装生产制造客户端才能使用这些功能。

③ 服务器：分为"应用服务器""文件服务器""加密服务器""数据服务器"，可选择进行安装。"应用服务器"下的"基础服务"包括 C/S（客户端/服务器）模式下所有产品的应用服务器和 B/S（浏览器/服务器）模式下的基本服务器，其下的其他产品指相应产品的 Web

服务器,推荐全部选择,如图 1-20 所示。

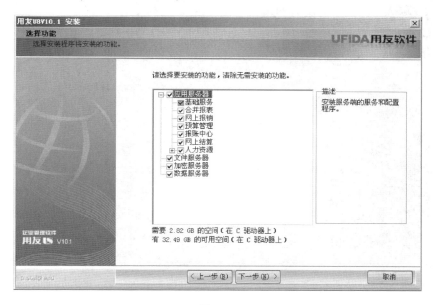

图 1-20

④ 自定义:包含客户端、服务器的所有产品和组件以及 U8 实施与维护工具,可选择进行安装,如图 1-21 所示。

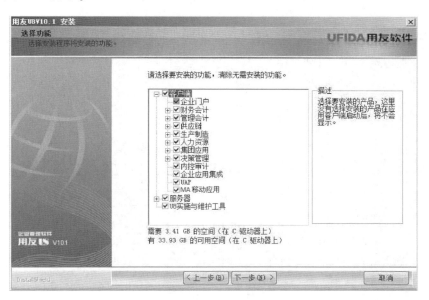

图 1-21

(9) 环境检测:根据上一步所选择的安装类型,检测环境的适配性,单击"检测"按钮,如图 1-22 所示,系统开始检测。当"基础环境"和"缺省组件"都满足要求后,将显示系统环境检查报告,如图 1-23 所示,单击"确定"按钮,进入下一步。如果检测有未满足的条件,则安装不能继续进行。

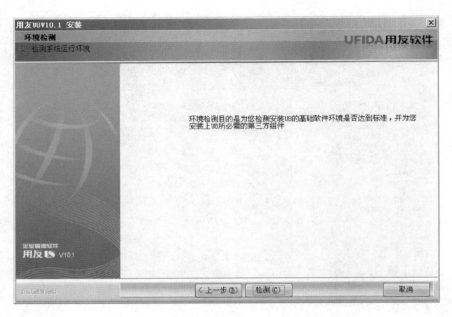

图 1-22

图 1-23

(10) 记录日志：可以选择是否记录安装每一个 MSI 包的详细日志，默认不勾选。单击"安装"按钮，如图 1-24 所示。

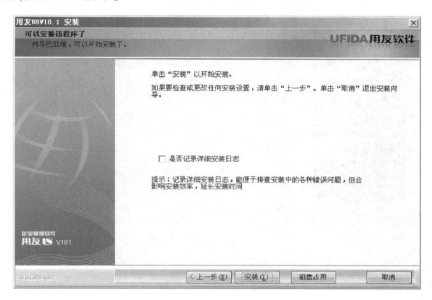

图 1-24

(11) 开始安装，系统显示安装进度，如图 1-25 所示。

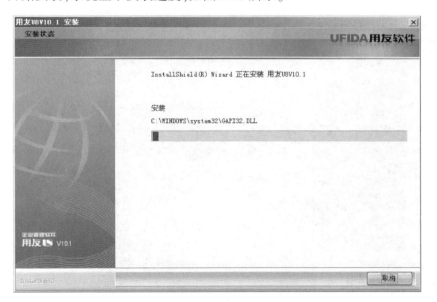

图 1-25

(12) 安装完毕，系统要求重新启动计算机，单击"完成"按钮，如图 1-26 所示。

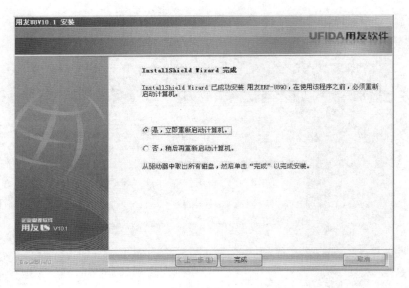

图 1-26

五、卸载方式

用友 U8 V10.1 全面支持修改、修复和卸载功能，其中，纯客户端的修改仅支持客户端本身，带服务器端的修改支持全部产品，如图 1-27 所示。

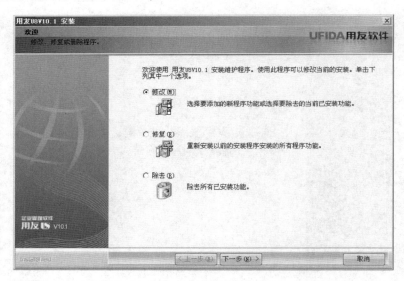

图 1-27

注意：

① 操作系统的系统盘格式建议采用 NTFS 格式，避免出现部分 FAT32 格式的计算机安装 U8 过程中提示没有微软文件使用权限的问题。

② 安装过程中因为网络等原因导致 dll 文件无法注册时，可先忽略，安装完毕后再手工注册相关文件即可。

项目实践一

【实训目的】

1. 了解用友 ERP-U8 企业管理软件的特点和总体结构。
2. 了解用友 ERP-U8 的软件和硬件运行环境。
3. 掌握系统安装需要注意的有关事项。
4. 掌握 ERP-U8 V10.1 的安装和配置方法。

【实训任务】

1. 系统安装前的各项准备工作及注意事项。
2. ERP-U8 V10.1 的安装和配置。

【实训资料】

一、安装前的准备工作

1. 操作系统。
2. 数据库。
3. 浏览器。
4. 相关产品。

二、安装时的注意事项

1. 系统管理员。
2. 系统盘空闲空间。
3. 环境检测。
4. 关闭防火墙软件。

三、安装步骤

1. 打开光盘目录,双击 SetupShell.exe 文件,运行 U8 V10.1 安装程序,打开安装界面。
2. 根据提示信息选择安装。
3. 确认许可证协议。
4. 系统检测是否存在历史版本的 U8 产品。
5. 系统提示并开始清理历史版本残留内容。
6. 录入用户信息。
7. 选择安装路径,默认系统盘的"U8SOFT",并控制不允许安装在根目录下。
8. 选择安装类型:有"全产品""服务器""客户端""自定义"四种类型。
9. 环境检测。
10. 记录日志。
11. 系统显示安装进度。
12. 安装完毕,系统要求重新启动,单击"完成"按钮。

项目二 系统基础设置与管理

 项目目标

1. 熟悉 ERP-U8 系统的启动和注册。
2. 掌握系统用户与权限的含义及设置方法。
3. 掌握 ERP-U8 系统中账套的建立和操作。
4. 了解基础信息设置的作用和方法。
5. 掌握基础档案设置的作用和方法。
6. 掌握业务参数设置的作用和方法。

用友 ERP-U8 V10.1 管理系统由多个子系统构成，各个子系统功能独立，联系紧密，共享数据和基础信息。其中，系统服务包括系统注册、账套管理、年度账管理、操作员与权限管理、系统数据及安全的管理等功能。

任务一 系统注册与账套设置

 任务分析

系统初始化工作在实施会计电算化的过程中是尤为关键的一环，是会计电算化系统顺利运行的前提和保障。恒利科技有限公司（以下简称"恒利科技"）财务主管李海涛要求全体财务人员熟悉部门、人员、客户、供应商等基础设置，掌握存货、项目分类、结算方式等设置方法，对期初数据的录入要认真、细心，保证数据真实、无误。初始化工作不是一朝一夕所能完成的，是一项长期而艰苦的任务。只有保质保量地完成初始化工作，才能为系统的试运行打下良好的基础。恒利科技有限公司基本信息如表 2-1 所示。

表 2-1 恒利科技有限公司基本信息

项目	内容
账套号	001
账套名称	恒利科技有限公司
账套路径	D：\HLKJ
系统启动日期	2023-01-01
单位名称	恒利科技有限公司
单位简称	恒利科技
单位域名	http：//www.hlkj.com

续表

项目	内容
单位地址	徐州市铜山区大兴路17号
法人代表	张一祥
邮政编码	221006
联系电话、传真	0516-87799006
税号	05165266783923987

 任务实施

用户使用用友 ERP-U8 软件时需要进行注册,系统从中获得操作者的名称、密码、权限等,为使用者创建一个安全稳定的财务系统。

一、启动系统并注册

【操作流程】

(1)运行"系统管理"模块,打开用友 U8 系统管理窗口,执行"系统"→"注册"命令,如图 2-1 所示。

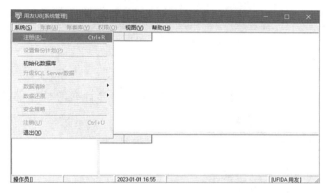

图 2-1

(2)进入"登录"界面,如图 2-2 所示。

图 2-2

如果在客户端登录,则在"登录到:"下拉列表中选择服务器端的服务器名称;如果在服务器端登录或是单机用户,则选择本地服务器名称。

新用户以系统管理员(admin)身份登录(密码为空),可以实现新建账套、增加角色、增加用户、设置角色、用户权限、启用各相关系统等功能。

老用户以账套主管身份注册登录,可以实现建立下一年度账、结转上一年度数据、启用各相关系统、进行新年度操作等功能。

操作提示:如果更改注册密码,登录时,先在密码栏中输入正确的密码,然后将"修改密码"栏目选中,单击"确定"按钮,在提示窗口中输入新密码,单击"确定"按钮,即完成密码修改。

(3) 单击"登录"按钮,进入账套与账套库管理界面,如图2-3所示。

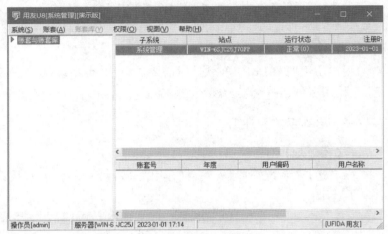

图 2-3

二、账套管理

1. 账套概念

账套是一组相互关联的数据,在会计上的含义就是会计核算的主体或核算的空间范围。一般来说,可以为企业中每一个独立核算的单位建立一个账套。账套管理包括账套的建立、修改、删除、输出和引入等功能。

2. 建立账套

在使用系统之前,首先要新建本单位的账套。

【操作流程】

(1) 在"系统管理"主界面,单击"账套"菜单,如图2-4所示。

建立账套

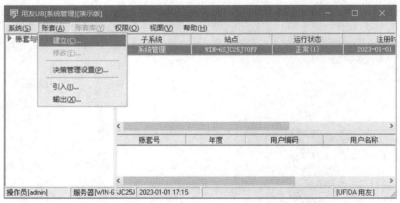

图 2-4

（2）单击"建立"菜单项，打开"创建账套"对话框，在"建账方式"下，用户可以选择"新建空白账套"单选按钮，也可以参照已有账套创建新账套，如图2-5所示。

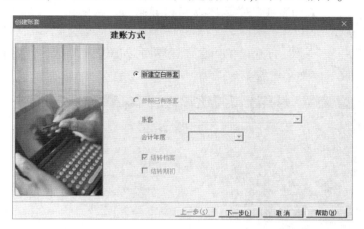

图2-5

（3）选择"新建空白账套"单选按钮，单击"下一步"按钮，则打开账套信息设置界面，如图2-6所示。

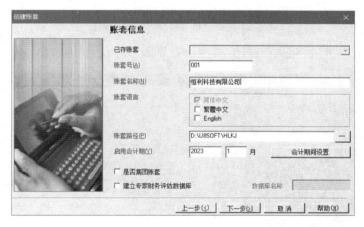

图2-6

该界面用于记录新建账套的基本信息，界面中的各栏目说明如下：

◆ 已存账套：系统将现有的账套以下拉框的形式在此栏目中表示出来，用户只能参照，不能输入或修改。其作用是使用户在建立新账套时可以明晰已经存在的账套，避免重复建账。

◆ 账套号：用来输入新建账套的编号，用户必须输入，可输入3个字符（只能是001~999之间的数字，而且不能是已存账套的账套号）。

◆ 账套名称：用来输入新建账套的名称，用户必须输入，可以输入40个字符。

◆ 账套语言：用来选择账套数据支持的语种，也可以在以后通过语言扩展对所选语种进行扩充。

◆ 账套路径：用来输入新建账套所要被保存的路径，用户必须输入，可以参照输入，但不能是网络路径中的磁盘。

◆ 启用会计期：用来输入新建账套将被启用的时间，具体到"月"，用户必须输入。

◆ 会计期间设置：因为企业的实际核算期间可能和正常的自然日期不一致，所以系统提供此功能进行设置。

（4）单击"下一步"按钮，打开单位信息设置界面，如图2-7所示。该界面用于记录本单位的基本信息，单位名称为必输项。

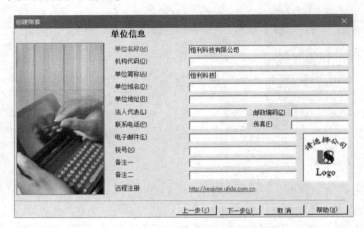

图 2-7

（5）单击"下一步"按钮，打开核算类型设置界面，如图2-8所示。

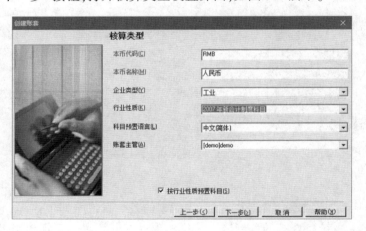

图 2-8

该界面用于记录本单位的基本核算信息，界面中的各栏目说明如下：

◆ 本币代码：用来输入新建账套所用的本位币的代码，系统默认的是人民币的代码"RMB"。

◆ 本币名称：用来输入新建账套所用的本位币的名称，系统默认的是"人民币"，此项为必输项。

◆ 企业类型：用户必须从下拉框中选择输入与自己企业类型相同或最相近的类型。系统提供"工业""商业""医药流通"三种选择。

◆ 科目预置语言:用来设置新建账套所用的语言。
◆ 行业性质:用户必须从下拉框中选择输入本单位所属的行业性质。系统会根据用户所选企业类型(如"工业"和"商业")预制一些行业的特定方法和报表。
◆ 账套主管:用来确认新建账套的账套主管,用户只能从下拉框中选择输入。对于账套主管的设置和定义请参考操作员权限设置。
◆ 按行业性质预置科目:如果用户希望采用系统预置所属行业的标准一级科目,则在该选项前打钩,那么进入产品后,会计科目由系统自动设置;如果不选,则由用户自己设置会计科目。

(6) 单击"下一步"按钮,打开基础信息设置界面,如图2-9所示。

图2-9

界面中的各栏目说明如下:

◆ 存货是否分类:如果单位的存货较多,且类别繁多,可以在"存货是否分类"选项前打钩,表明要对存货进行分类管理;如果单位的存货较少且类别单一,可以选择不进行存货分类。

注意:如果选择了存货要分类,那么在进行基础信息设置时,必须先设置存货分类,然后才能设置存货档案。

◆ 客户是否分类:如果单位的客户较多,且用户希望进行分类管理,可以在"客户是否分类"选项前打钩,表明要对客户进行分类管理;如果单位的客户较少,可以选择不进行客户分类。

注意:如果选择了客户要分类,那么在进行基础信息设置时,必须先设置客户分类,然后才能设置客户档案。

◆ 供应商是否分类:如果单位的供应商较多,且用户希望进行分类管理,可以在"供应商是否分类"选项前打钩,表明要对供应商进行分类管理;如果单位的供应商较少,可以选择不进行供应商分类。

注意:如果选择了供应商要分类,那么在进行基础信息设置时,必须先设置供应商分类,然后才能设置供应商档案。

◆ 有无外币核算:如果单位有外币业务,例如用外币进行交易或用外币发放工资等,可以在此选项前打钩。

(7)单击"下一步"按钮,系统打开开始创建账套的界面,准备进行系统的初始化工作,如图2-10所示。

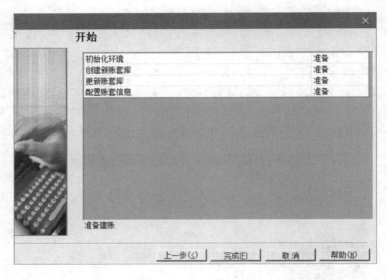

图 2-10

(8)单击"完成"按钮,系统提示"可以创建账套了么?",如图2-11(a)所示。

(9)单击"是"按钮,建账完成,可以继续进行相关设置[图2-11(b)],如"分类编码设置""数据精度""系统启用"等,这些内容也可以以后在企业应用平台中进行设置。单击"否",可以返回上一步进行修改,或取消此次操作。有关"分类编码设置""数据精度""系统启用"等的设置,在以后的基础设置任务中详述。

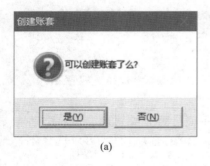
(a)

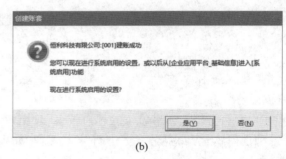
(b)

图 2-11

注意:只有系统管理员(admin)才有权限创建新账套。

3. 引入账套

引入账套功能是指将系统外某账套数据引入本系统中。例如,当账套数据遭到破坏时,将最近复制的账套数据引入本账套中。

【操作流程】

(1)以系统管理员(admin)身份注册,进入系统管理模块,单击"账套"菜单下的"引入"菜单项,打开引入账套的窗口,如图2-12所示。

(2)选择要引入的账套数据备份文件和引入路径,单击"确定"按钮表示确认;如想放弃,则单击"取消"按钮。

操作提示：

➤ 引入以前的账套或自动备份的账套,应先使用文件解压缩功能,将所需账套解压缩后再引入。

➤ 账套升级时,如果全部产品安装在本机,需要卸载原产品后再安装新产品,即所有操作都在一台机器上,没有账套的输出和引入操作,则须重新设置企业应用集成(EAI)的导出和导入。如果覆盖系统数据库,则也须重新设置任务中心、工作日历、EAI 注册码、个性流程等用户信息。

➤ 引入非本机的账套,则须重新设置账套中的预警设置、EAI 设置和注册码、任务中心、工作日历、门户左树自定义功能项、门户标题栏、数据下发接收设置、个性流程等用户信息。

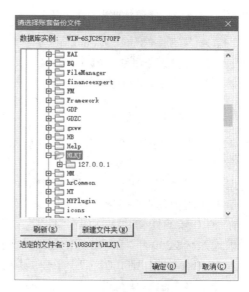

图 2-12

4. 输出账套

输出账套功能是指将所选的账套数据进行备份输出。对于企业系统管理员来讲,定时地将企业数据备份到不同的介质上,对数据的安全性是非常重要的。如果企业由于不可预知的原因(如地震、火灾、计算机病毒、人为的误操作等),需要对数据进行恢复,此时备份数据就可以将企业的损失降到最小。

【操作流程】

（1）以系统管理员(admin)身份注册,进入系统管理模块。执行"账套"→"输出"命令,打开"账套输出"对话框,如图 2-13 所示。

（2）在"账套号"处选择需要输出的账套,选择输出路径,单击"确定"按钮完成输出。选择账套备份路径的界面如图 2-14 所示。

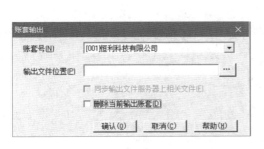

图 2-13

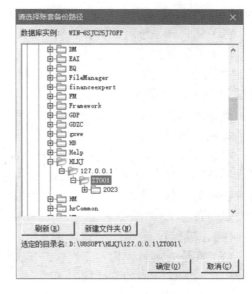

图 2-14

操作提示：
➢ 只有系统管理员（admin）才有权限进行账套输出。
➢ 如果将"删除当前输出账套"复选框选中，在输出完成后系统会请用户确认是否将数据源从当前系统中删除。

三、账套库管理

在用友 ERP-U8 软件中，其账套和账套库是有一定的区别的，具体体现在以下方面：账套是账套库的上一级，账套由一个或多个账套库组成，一个账套库含有一年或多年使用数据。一个账套对应一个经营实体或核算单位，账套中的某个账套库对应这个经营实体的某年度区间内的业务数据。例如：某单位建立账套"001 正式账套"后，在 2009 年使用，然后在 2010 年的期初建立 2010 年账套库后使用，则"001 正式账套"具有两个账套库，即"001 正式账套 2009 年"和"001 正式账套 2010 年"；如果希望连续使用，也可以不建新库，直接录入 2010 年数据，则"001 正式账套"具有一个账套库，即"001 正式账套 2009—2010 年"。对于拥有多个核算单位的客户，可以拥有多个账套（最多可以拥有 999 个账套）。

账套和账套库的两层结构的优点是：
（1）便于企业管理，如进行账套的上报，跨年度区间的数据管理结构调整，等等。
（2）方便数据备份输出和引入。
（3）减少数据的负担，提高应用效率。

1. 建立账套库

账套库的建立是在已有上年度账套的基础上，通过年度账的建立，自动将上年度账的基本档案信息结转到新的年度账中。对于上年余额等信息，需要在年度账结转操作完成后，由上年自动转入下年的新年度账中。

【操作流程】
（1）用户要以账套主管的身份注册，选定需要建立新年度账的账套和上年的时间，进入系统管理界面。
（2）用户在系统管理界面执行"账套库"→"建立"命令，进入建立账套库的功能。
（3）系统弹出建立账套库的界面，其中"账套"和"会计年度"两个栏目都是系统默认的，不能进行修改操作。如果确认可以建立新年度账，则单击"确定"按钮；如果放弃年度账的建立，则单击"放弃"按钮。

操作提示： 只有具有账套主管权限的用户才能进行有关年度账的操作。

2. 引入账套库

账套库操作中的引入与账套操作中的引入含义基本一致，所不同的是，账套库操作中的引入不是针对某个账套，而是针对账套中的某一年度的账套库进行的。账套库的引入操作与账套的引入操作也基本一致，不同之处在于引入的是年度数据备份文件（由系统输出的年度账的备份文件，前缀名统一为"uferpyer"）。

【操作流程】
（1）系统管理员用户在系统管理界面执行"账套库"→"引入"命令，进入引入年度账套的程序。引入账套库的方法同引入账套。
（2）选择要引入的年度账套数据备份文件和引入路径，单击"打开"按钮表示确认；如果想放弃,则单击"放弃"按钮。

3. 输出账套库

账套库的输出和账套的输出作用相同。账套库的输出方式对于有多个异地单位的客户的及时集中管理是有好处的,传输的数据量小,便于提高传输效率和降低费用。

【操作流程】

(1) 以账套主管身份注册,进入系统管理模块,然后执行"账套库"→"输出"命令,进入输出账套库的程序。

(2) 此时系统弹出输出年度数据界面,在"选择年度"处列示出需要输出的当前注册账套年度账的年份(为不可修改项),单击"确认"按钮进行输出。此时系统会进行输出的工作,在此过程中系统有一个进度条,任务完成后,系统会提示输出的路径(此处系统只允许选择本地的磁盘路径,如 C:\backup)。输出账套库的方法同输出账套。

操作提示:

➤ 只有具有该账套的年度账账套主管权限的操作员,才可以输出对应账套库的数据。

➤ 如果将"删除当前输出账套库"复选框选中,在输出完成后系统会请用户确认是否将数据源从当前系统中删除。

4. 账套库的结转

一般而言,企业是持续经营的,因此企业的日常工作是一个连续性的工作,只是为了统计分析,人为地将企业持续的经营时间划分为一定的时间段。一般以年为最大单位来统计,所以每到年末,需要启用新年度账,将上年度账中相关模块的余额及其他信息结转到新年度账中。

【操作流程】

(1) 以账套主管身份注册,进入系统管理模块,然后执行"账套库"→"结转上年数据"命令,打开"年结向导"对话框,如图 2-15 所示。

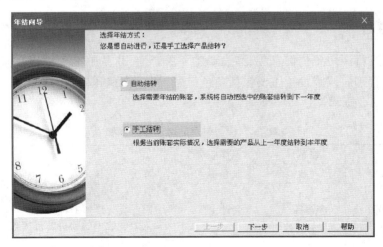

图 2-15

(2) 选择年结方式为"手工结转",根据系统提示顺序进行操作。已经结转过的产品显示为粉红色;不能年结的产品显示为灰色;不能取消年结的产品显示为蓝色,如图 2-16 所示。

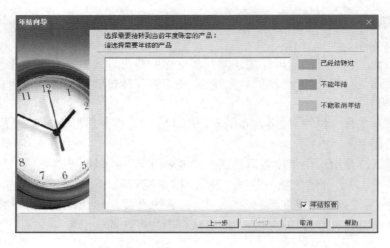

图 2-16

操作提示：

➢ 可以在某一步中选择其他步中的产品进行结转，例如用户先结转了"生产制造"和"合同管理"，然后选择"固定资产"和"供应链"进行结转。

➢ 在图 2-16 的右下角选择是否勾选"年结报告"复选框，以选择是否在年结结束后显示年结报告。

➢ 可以按系统引导分步结转，也可自行选择产品进行结转。在年结过程中，可以根据系统的提示调整年结的操作方案。

任务二　用户与权限设置

 任务分析

恒利科技进行用户单位信息注册后，新建了账套，在此基础上要进行权限的设置，并了解系统的安全管理。权限设置主要包括角色设置、用户管理和权限管理。恒利科技的财务人员信息如表 2-2 所示。

表 2-2　恒利科技的财务人员信息

编号	口令	姓名	工作职责	系统权限
001	001	周敏	账套主管	账套全部权限
002	002	李海涛	会计主管	基本信息中所有权限 财务会计中所有权限 人力资源中的薪资管理权限
003	003	孙方	总账会计	基本信息中所有权限 财务会计中除出纳管理外的所有权限
004	004	王大力	出纳会计	出纳签字、出纳管理
005	005	刘鹏	业务主管	供应链、生产制造

任务实施

一、角色设置

角色是指在企业管理中拥有某一类职能的组织,这个组织可以是实际的部门,也可以是由拥有同一类职能的人构成的虚拟组织。在设置角色后,可以定义角色的权限,如果用户归属此角色,就相应具有此角色的权限。

【操作流程】

(1)在"系统管理"主界面,执行"权限"→"角色"命令,打开"角色管理"窗口,如图 2-17 所示。

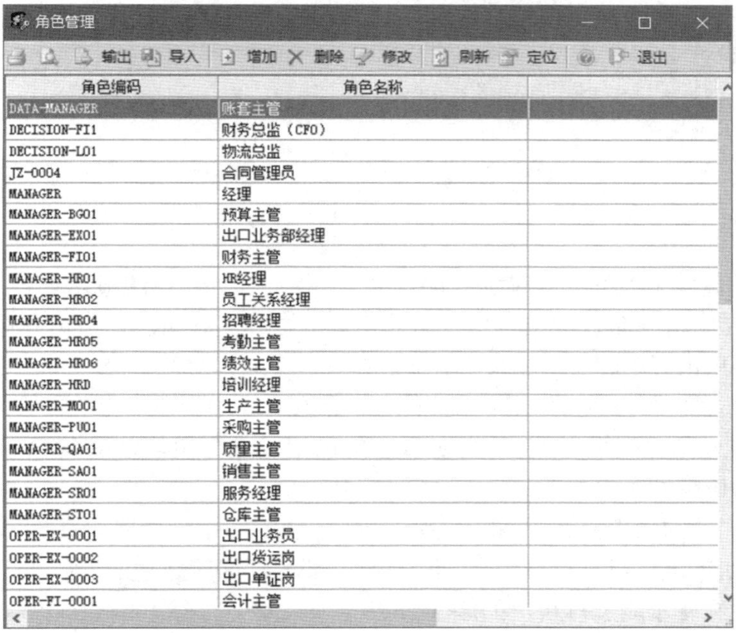

图 2-17

操作提示:打开"角色管理"窗口后,如果该内容为空白,可以单击窗口上方的"导入"按钮,打开"选择账套库"对话框,如图 2-18 所示。单击"确定"按钮,打开"系统设置引入工具"窗口,选中窗口中的"实体对象",单击"导入"按钮,如图 2-19 所示。系统把相关角色导入角色管理中。

图 2-18

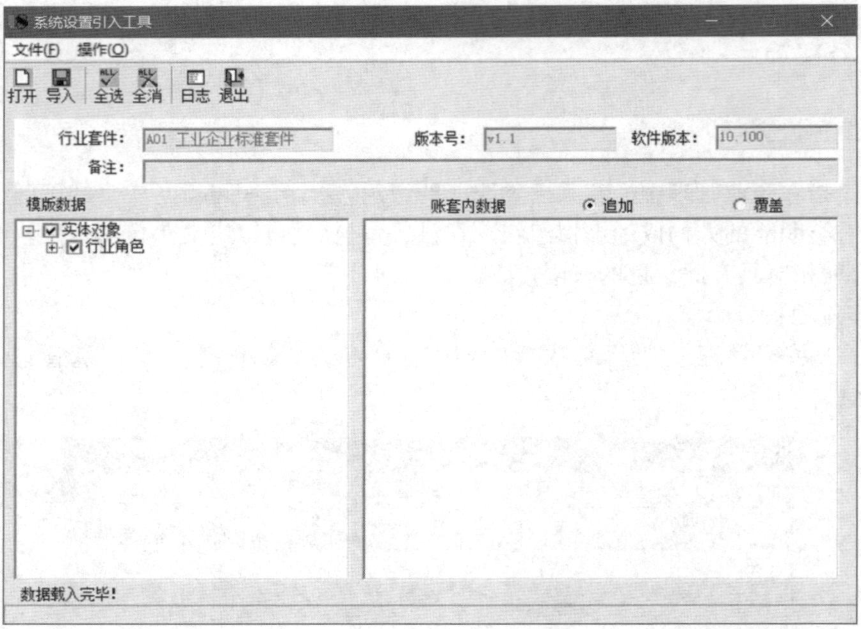

图 2-19

（2）增加角色：在"角色管理"窗口中，单击"增加"按钮，系统显示增加角色界面，输入角色编码、角色名称，在备注中可以加入对此角色的注释。在所属用户名称中可以选中归属该角色的用户，单击"增加"按钮，保存新增设置。

（3）修改角色：可以使用"定位"功能，在角色列表中查找，选中要修改的角色，单击"修改"按钮，进入角色编辑界面，对当前所选角色记录进行编辑。除角色编号不能进行修改之外，其他的信息均可以修改。

（4）删除当前的角色：单击"删除"按钮，则将选中的角色删除。在删除前系统会请用户进行确认。如果该角色有所属用户，是不允许删除的，必须先进行"修改"，将所属用户置于非选中状态，然后才能进行角色的删除。

操作提示：

➢ 用户设置和角色设置不分先后顺序，用户可以根据自己的需要先后设置。但对于自动传递权限来说，应该首先设定角色，然后分配权限，最后进行用户的设置。这样在设置用户的时候，如果选择其归属某一个角色，则其自动具有该角色的权限。

➢ 一个角色可以拥有多个用户，一个用户也可以分属于多个不同的角色。

➢ 若角色已经在用户设置中被选择过，则系统会将这些用户名称自动显示在角色设置中的所属用户名称的列表中。

➢ 只有系统管理员才有权限进行本功能的设置。

二、用户管理

"用户管理"功能主要用于完成本账套用户的增加、删除、修改等维护工作。设置用户后，系统对于登录操作要进行相关的合法性检查。

用户管理

【操作流程】

（1）在"系统管理"主界面，执行"权限"→"用户"命令，打开"用户管理"窗口，如图 2-20 所示。

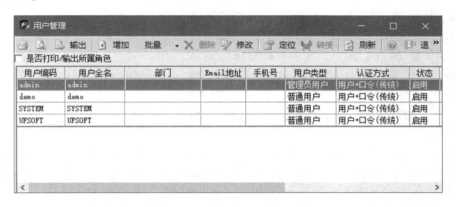

图 2-20

（2）增加用户：在"用户管理"窗口中，单击"增加"按钮，打开"操作员详细情况"对话框。此时录入编号、姓名、口令、所属部门等信息，并在"所属角色"列表框中选中归属的角色，然后单击"增加"按钮，保存新增用户信息，如图 2-21 所示。

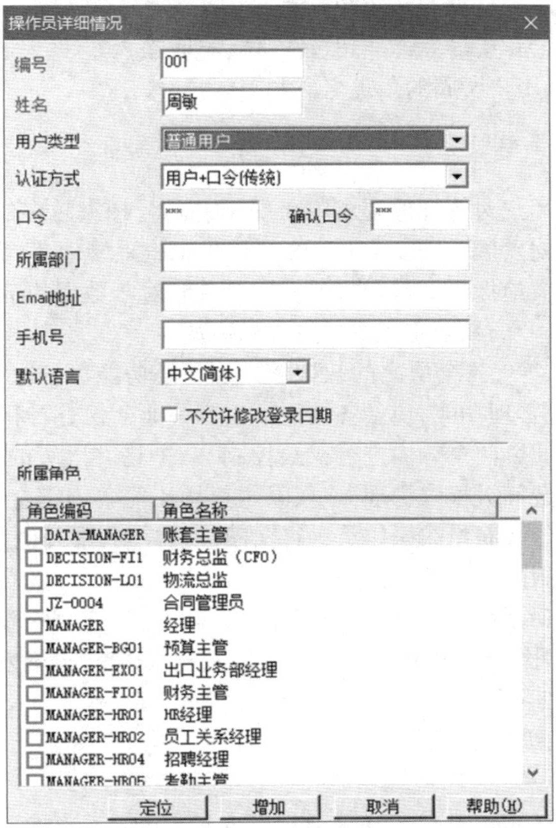

图 2-21

（3）修改用户信息：在用户列表中查找，选中要修改的用户信息，单击"修改"按钮，可进入修改状态。

（4）删除用户信息：选中要删除的用户，单击"删除"按钮，可删除该用户。正在启用的用户不能删除。已经勾选了某些角色的用户，必须先删除角色后再删除用户。

（5）单击"退出"按钮，退出当前的功能设置。

"操作员详细情况"对话框中的各栏目说明如下：

◆ 编号：必须输入，不能为空，最大不能超过20位，不能输入数字、字母、汉字之外的非法字符。

◆ 姓名：必须输入，不能为空，最大不能超过20位，不能输入数字、字母、汉字之外的非法字符。

◆ 认证方式：有"用户+口令""动态口令""CA认证"三种。"用户+口令"指的是ERP-U8软件提供的用户身份认证方式，通过系统管理模块来管理用户安全信息。"动态口令"指的是采用第三方的用户身份认证方式。ERP-U8 V10.1默认支持"易安全动态口令系统"，可以由用户配置。"CA认证"指数字证书认证，支持两家CA厂商（天威诚信、北京数字认证中心）的认证，其他厂商通过二次开发的模式进行支持。

◆ 口令：可以为空，最大不能超过20位，输入时界面以隐含符号"*"代替输入信息。

◆ 确认口令：不能输入非法字符。必须与前面输入的口令完全一致，否则不允许进行下一项内容的输入，也不允许保存该用户信息。

◆ 所属部门：可以为空，最大不能超过20位，不能输入非法字符。

◆ 所属角色：选择用户所属的角色名称和ID号。

三、权限管理

随着经济的发展，用户对管理的要求不断变化、提高，越来越多的信息都表明权限管理必须向更细、更深的方向发展。用友ERP-U8提供集中权限管理，除了给用户提供对各模块操作的权限之外，还相应地提供了对金额的权限管理及对于数据的字段级和记录级的控制，不同的组合方式将为企业的权限管理提供有效的方法。

用友ERP-U8可以实现三个层次的权限管理：一是功能级权限管理，该权限提供划分更为细致的功能级权限管理功能，包括各功能模块相关业务的查看和分配权限；二是数据级权限管理，该权限可以通过两个方面进行权限控制，一个是字段级的权限控制，另一个是记录级的权限控制；三是金额级权限管理，该权限主要用于完善内部金额控制，实现对具体金额划分级别，对不同岗位和职位的操作员进行金额级别控制，限制他们制单时可以使用的金额，不涉及内部系统控制的不在管理范围内。

功能权限的分配在"系统管理"中进行设置，数据权限和金额权限在"企业应用平台"→"系统服务"→"数据权限分配"中进行分配。对于数据权限和金额权限的设置，必须在系统管理的功能权限分配之后才能进行。

下面主要介绍功能级权限管理。

【操作流程】

（1）以系统管理员（admin）身份登录，打开"系统管理"主界面，执行"权限"→"权限"命令，打开"操作员权限"窗口，如图2-22所示。

项目二 系统基础设置与管理 039

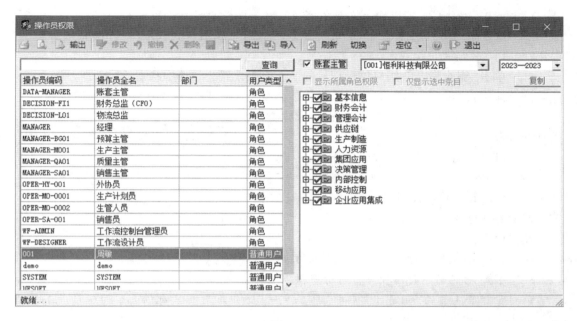

图 2-22

（2）从操作员列表中选择操作员或者角色，单击"修改"按钮后，设置操作员或者角色的权限，如图 2-23 所示。

图 2-23

（3）系统提供 51 个子系统的功能权限的分配，可以单击展开各个子系统的详细功能，在复选框内单击鼠标使其为选中状态后，系统将权限分配给当前的用户。此时如果选中根目录的上一级，则系统的相应下级全部为选中状态。

（4）选中某权限后，权限树下面显示该权限号。该权限号支持鼠标右键"复制"和快捷键【Ctrl+C】复制。可以通过单击"复制"，复制其他角色或用户的权限，以提高权限分配的易用性。

（5）单击"删除"按钮，则将该操作员的所有权限设置为非选中状态。

（6）如果将"账套主管"选中，则该操作员具有该年度账的51个子系统的所有权限。

（7）可以对操作员（编码或名称）进行模糊查询，查询到符合条件的操作员。

（8）可以对功能权限进行导入和导出。

（9）设置完毕后直接退出，系统提示信息如图2-24所示，单击"是"按钮保存此次操作，单击"否"按钮取消此次操作。

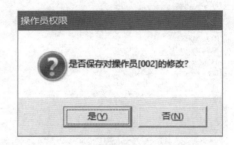

图 2-24

操作提示：

➢ "修改"功能用于对操作员进行权限的分配。

➢ "删除"功能用于将该操作员的所有权限删除。

➢ 对于账套主管的分配，只需要将"账套主管"选中即可。只有以系统管理员（admin）的身份才能进行账套主管的权限分配。如果以账套主管的身份注册，只能分配子系统的权限。需要注意的是，系统一次只能对一个账套的某一个年度账进行分配，一个账套可以有多个账套主管。

➢ 不能对正在使用的用户权限进行修改、删除操作。如果对某角色分配了权限，则在增加新的用户（该用户属于此角色）时，该用户自动拥有此角色具有的权限。

任务三　系统安全管理

 任务分析

在用友 ERP-U8 中，除通过设置操作员权限保证系统安全外，还可以启用安全管理系统，满足用户对信息的私密性、完整性、真实性和可靠性的需求。

 任务实施

一、安全策略

"安全策略"功能提供了与安全策略有关的选项，"上机日志"中会记录对安全策略的各种修改，以方便用户查看。

【操作流程】

以系统安全员 sadmin（密码为空）身份登录"系统管理"主界面，执行"系统"→"安全策略"命令，打开"安全策略"对话框，如图2-25所示。

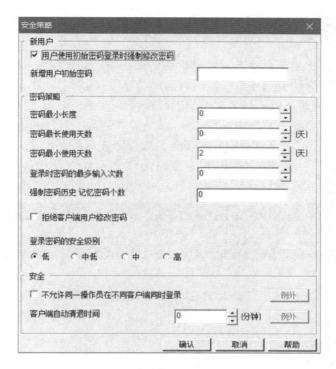

图 2-25

"安全策略"对话框中的各栏目说明如下：

◆ 用户使用初始密码登录时强制修改密码：如果选中此项，则所有新增用户或老用户只要没有修改初始密码，登录时都会强制其修改密码后才能登录。

◆ 新增用户初始密码：这是提供给系统管理员的易用性改进操作。在此处系统管理员可以设置一个企业级的用户初始密码，即新增用户时的默认密码，可修改。

◆ 密码最小长度：控制用户设置密码长度的最小值，默认为0，即不控制长度。

◆ 密码最长使用天数：用户密码从设置开始计算，最长的使用天数。达到使用期限，用户必须修改密码才能正常登录。只能输入数字（单位为天），默认为0，即不控制密码最长使用天数。

◆ 密码最小使用天数：用户密码从设置开始计算，最短的使用天数，即用户每次设置的密码都必须使用一定天数之后才可以修改密码。只能输入数字（单位为天），默认为0，即不控制密码最小使用天数。建议此控制与"强制密码历史记忆密码个数"结合使用。

◆ 登录时密码的最多输入次数：只能输入数字，默认为0，表示不限制次数。

◆ 强制密码历史记忆密码个数：ERP-U8保存用户曾经使用过的密码，系统管理员在此处录入的个数，意味着用户修改密码时，不能重复修改为在这个数字内的前几个使用过的密码。建议此控制与"密码最小使用天数"结合使用。

◆ 拒绝客户端用户修改密码：用以满足用户在IT管理方面的需求，如统一分配用户及密码，方便系统维护。

◆ 登录密码的安全级别：分为高、中、中低、低，默认为低。修改密码时，按安全策略的密码安全度设置进行控制。

二、设置备份计划

设置备份计划的作用是自动定时对设置好的账套进行输出（备份）。设置备份计划的优势在于定时备份账套功能和多个账套同时输出功能,这两项功能在很大程度上减轻了系统管理员的工作量,同时可以更好地对系统进行管理。

【操作流程】

（1）以系统管理员（admin）身份或者账套主管身份进入系统管理模块。

（2）执行"系统"→"设置备份计划"命令,打开"备份计划设置"窗口。此时窗口中有11个功能按钮,如图2-26所示。

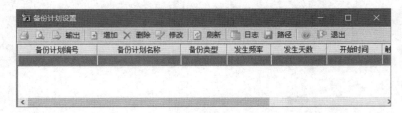

图 2-26

各功能按钮作用如下：

① "打印"按钮：对设置的备份计划进行打印输出。

② "预览"按钮：对设置的备份计划进行打印效果的预先显示。

③ "输出"按钮：将设置的备份计划输出为其他格式的文件,格式有多种,如 SQL、Excel、DBF、TXT 等,其功能是可以为其他应用提供数据来源。

④ "增加"按钮：此项功能的操作是设置备份计划的起始工作,单击"增加"按钮,打开"备份计划详细情况"对话框,如图2-27所示。

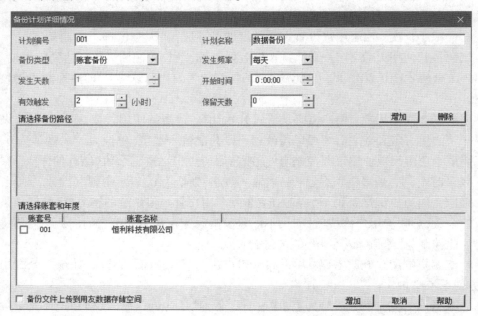

图 2-27

"备份计划详细情况"对话框中的各栏目说明如下:
- 计划编号:系统可以同时设置多个不同条件组合的计划,系统编号是这些计划的标识号,最大长度为12个字符。
- 计划名称:可以对备份计划进行标识,最大长度为40个字符。
- 备份类型:以系统管理员(admin)身份进入时可以进行选择,分为账套备份和年度备份;以账套主管身份进入时,此处是非选项"年度备份"。
- 发生频率:系统提供"每天""每周""每月"几个选项,即可以设置备份的周期。
- 发生天数:系统根据发生频率,确认执行备份计划的确切天数。
- 开始时间:在已知的发生频率和发生天数条件的某一时间开始进行备份。
- 有效触发:从备份开始到某个时间点,每隔一定时间进行一次触发检查,直到成功。此处不是检查的周期,而是检查的最终时间点。
- 保留天数:系统可以自动删除时限之外的备份数据,当数值为0时,系统永不删除备份。例如:设置为100,则系统以机器时间为准,将100天前的备份数据自动删除。
- 请选择备份路径:可以选择备份的目的地。

⑤ "删除"按钮:删除选定的备份计划。
⑥ "修改"按钮:修改备份计划的内容。除"计划编号"不能修改之外,其他都可以修改。特别说明一点,在单击"修改"后,系统显示"注销当前计划"按钮,可以注销或启用当前设置好的备份计划。
⑦ "刷新"按钮:重新初始化当前界面。
⑧ "日志"按钮:详细记录每次的备份情况。
⑨ "路径"按钮:在设置备份时使用的临时压缩路径,该路径对手工备份也有效。
⑩ "帮助"按钮:调用当前界面的帮助。
⑪ "退出"按钮:退出备份计划设置。

操作提示:
➢ 备份路径只能是本地磁盘。
➢ 对于"发生天数",可以按规定范围进行选择,如果手工输入超过规定数值,则在保存时系统会提示有效范围。

三、升级数据

随着信息技术的不断发展,应用系统的开发不断融入新技术和更为先进的管理思想,由此产生了对老系统的数据更新问题。为保证客户数据的一致性和可追溯性,用友ERP-U8在系统管理中提供了升级工具,对于用友软件以前的SQL数据,可以使用此功能将数据升级。

【操作流程】
(1)登录进入"系统管理"主界面,选择"升级SQL Server数据库"。
(2)在弹出的"升级SQL Sever数据库"对话框中选择需要升级的账套和该账套的年度账,单击"确认"按钮进行升级,如图2-28所示。

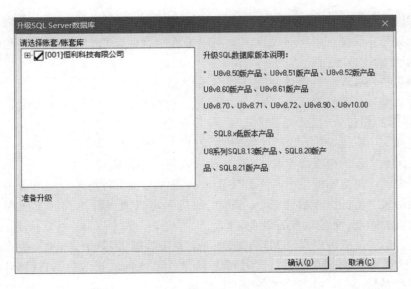

图 2-28

操作提示：
➤ 系统支持 SQL 版本数据到 V10.1 产品的直接升级操作。
➤ 在升级之前，一定要将原有的 SQL 数据备份。

任务四　基本信息设置

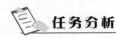

创建账套只是在系统中建立了一个数据库框架结构，在使用系统之前，还需要对用友 ERP-U8 系统进行基础设置，主要包括基本信息设置、基础档案设置、业务参数设置和单据设置等工作，为系统的运行打下良好的基础。

用友 ERP-U8 的基本信息设置包括系统启用、编码方案和数据精度三项内容。

一、系统启用

启用"总账""固定资产""薪资管理""网上银行"系统，启用日期统一为 2023 年 1 月 1 日。

【操作流程】

（1）运行"企业应用平台"，输入账套主管的编号和密码，选择"001"账套，如图 2-29 所示。

系统启用

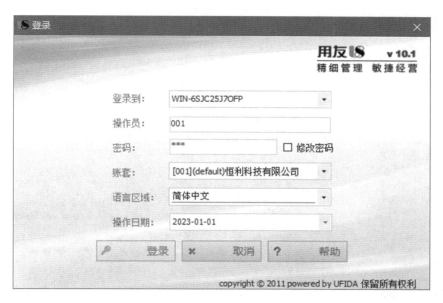

图 2-29

（2）单击"登录"按钮，进入企业应用平台（如果是首次登录，系统提示修改密码），如图 2-30 所示。

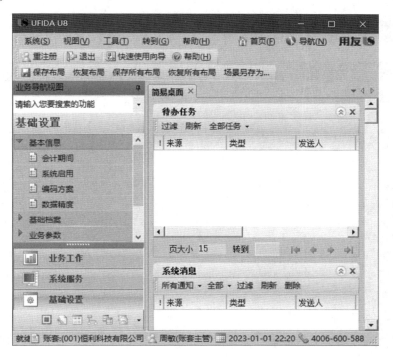

图 2-30

（3）在"基础设置"页签中，执行"基本信息"→"系统启用"命令，打开"系统启用"对话框，如图 2-31 所示，对话框中列示所有可以启用的产品。勾选"总账"，系统显示启用日期的日历，在"启用自然日期"框内输入启用的年、月、日数据，这里选择"2023-01-01"。

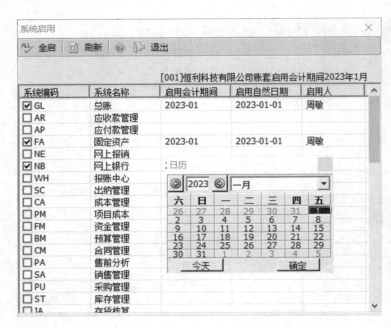

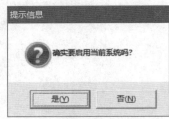

图 2-31　　　　　　　　　　　　　　　　　　图 2-32

（4）单击"确定"按钮后，系统弹出提示信息框，如图 2-32 所示，单击"是"按钮返回，保存此次的启用信息，当前操作员被作为启用人录入系统。

（5）按照上述步骤分别启用"固定资产""网上银行""薪资管理"系统，如图 2-33 所示。

图 2-33

操作提示：
➢ 进入任何系统时都要判断该系统是否已经启用。未启用的系统不能登录。
➢ 各系统的启用日期必须晚于或等于账套的启用日期。

二、编码方案

本功能主要用于设置有级次档案的分级方式和各级编码长度，可分级设置的内容有：科目编码、客户分类编码、部门编码、存货分类编码、地区分类编码、货位编码、供应商分类编码、收发类别编码、结算方式编码等。编码级次和各级编码长度的设置将决定用户单位如何编制基础数据的编号，进而构成用户分级核算、统计和管理的基础。

恒利科技有限公司的编码方案按以下要求设置。科目：4-2-2-2；部门：2-2；收发类别：1-2-1；供应商分类：2-2-2；客户分类：2-2-2；存货分类：2-2-2-2；结算方式分类：1-2；其他采用系统默认设置。

【操作流程】

在"基础设置"页签中，执行"基本信息"→"编码方案"命令，打开"编码方案"对话框，如图 2-34 所示，进行相应的设置。

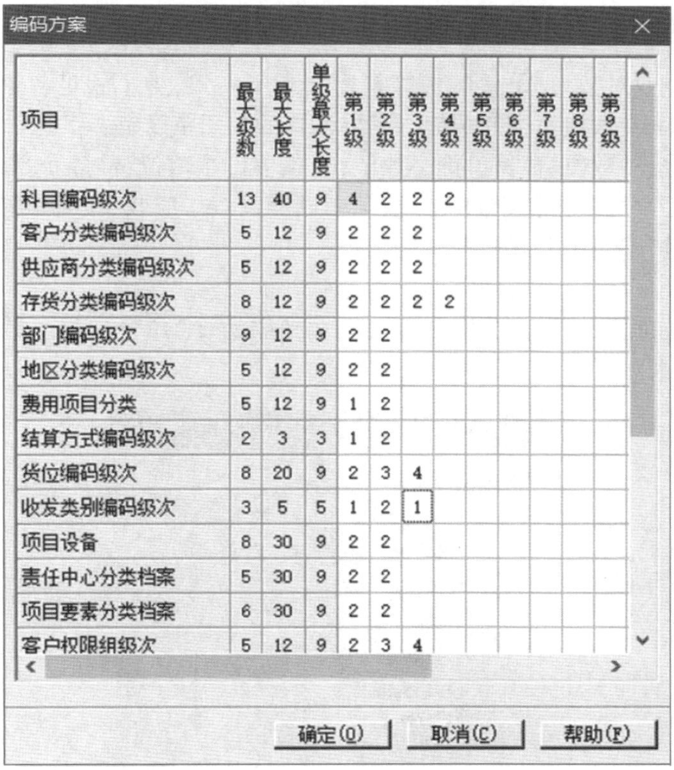

项目	最大级数	最大长度	单级最大长度	第1级	第2级	第3级	第4级	第5级	第6级	第7级	第8级	第9级
科目编码级次	13	40	9	4	2	2	2					
客户分类编码级次	5	12	9	2	2	2						
供应商分类编码级次	5	12	9	2	2	2						
存货分类编码级次	8	12	9	2	2	2	2					
部门编码级次	9	12	9	2	2							
地区分类编码级次	5	12	9	2	2							
费用项目分类	5	12	9	1	2							
结算方式编码级次	2	3	3	1	2							
货位编码级次	8	20	9	2	3	4						
收发类别编码级次	3	5	5	1	2	1						
项目设备	8	30	9	2	2							
责任中心分类档案	5	30	9	2	2							
项目要素分类档案	6	30	9	2	2							
客户权限组级次	5	12	9	2	3	4						

图 2-34

操作提示： 在新建账套时是否选择"存货分类""客户分类""供应商分类""有无外币核算""是否使用预制会计科目"等内容，会导致编码方案显示的结果不完全相同。

"编码方案"对话框中部分项目说明如下：

◆ 科目编码级次：系统的最大限制为 13 级 40 位，且任何一级的编码长度都不得超过 9 位。一般单位用 32222 即可。

◆ 客户分类编码级次：系统的最大限制为 5 级 12 位，且任何一级的编码长度都不得超过 9 位。用户在此设定的客户分类编码级次和长度将决定用户单位的客户编号如何编制。

◆ 供应商分类编码级次：系统的最大限制为 5 级 12 位，且任何一级的编码长度都不得超过 9 位。用户在此设定的供应商分类编码级次和长度将决定用户单位的供应商编号如何编制。

◆ 存货分类编码级次：系统的最大限制为 8 级 12 位，且任何一级的编码长度都不得超过 9 位。

◆ 部门编码级次：系统的最大限制为 9 级 12 位，且任何一级的编码长度都不得超过 9 位。用户在此设定的部门编码级次和长度将决定用户单位的部门编号如何编制。

◆ 结算方式编码级次：系统将结算方式编码级次固定为 2 级，总长度不得超过 3 位。用户在此设定的结算方式编码级次和长度将决定用户单位的结算方式类别编号如何编制。

三、数据精度

由于各用户企业对数量、单价的核算精度要求不一致，为了满足各用户企业的不同需求，系统提供了自定义数据精度的功能。需要设置的数据精度有：存货数量小数位、存货体积小数位、存货重量小数位、存货单价小数位、开票单价小数位、件数小数位、换算率小数位和税率小数位。用户可根据企业的实际情况来进行设置。应收、应付、销售、采购、库存、存货、采购计划系统均须使用数据精度。

【操作流程】

在"基础设置"页签中，执行"基本信息"→"数据精度"命令，打开"数据精度"对话框，如图 2-35 所示。

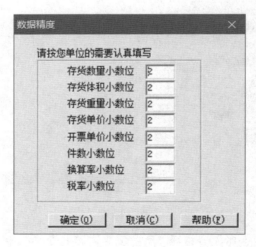

图 2-35

"数据精度"对话框中各项目说明如下：

◆ 存货数量小数位：用户可根据企业的实际情况，输入在进行存货数量核算时所要求的小数位数。只能输入 0~6 之间的整数，系统默认值为 2。

◆ 存货体积小数位：用户可根据企业的实际情况，输入在进行存货体积核算时所要求的小数位数。只能输入 0~6 之间的整数，系统默认值为 2。

◆ 存货重量小数位：用户可根据企业的实际情况，输入在进行存货重量核算时所要求的小数位数。只能输入 0~6 之间的整数，系统默认值为 2。

◆ 存货单价小数位：用户可根据企业的实际情况，输入在进行存货单价核算时所要求的小数位数。只能输入 0~8 之间的整数，系统默认值为 4。

◆ 开票单价小数位：用户可根据企业的实际情况，输入在开票时所要求的单价的小数位数。只能输入 0~8 之间的整数，系统默认值为 4。

◆ 件数小数位：用户可根据企业的实际情况，输入在开票时所要求的件数的小数位数。只能输入 0~6 之间的整数，系统默认值为 2。

◆ 换算率小数位：用户可根据企业的实际情况，输入在进行单位换算时所要求的换算率的小数位数。只能输入 0~6 之间的整数，系统默认值为 2。

◆ 税率小数位：只能输入 0~6 之间的整数，系统默认值为 2。

任务五　基础档案设置

 任务分析

设置基础档案就是对手工资料进行加工整理，根据本单位信息化管理的需要，建立软件系统应用平台，是手工业务的延续和提升。

 任务实施

一、机构人员

1. 本单位信息

"本单位信息"功能用于维护企业本身的一些基本信息，包括企业的名称、法人代表、联系电话等。本单位信息可以在系统建账时输入，在企业应用平台的基本信息中增加此功能，方便用户修改和维护。在系统管理中，只有账套主管可以修改此信息；在企业应用平台中，只有账套主管才能查看和修改此信息。

【操作流程】

在"基础设置"页签中，执行"基础档案"→"机构人员"→"单位信息"命令，打开"单位信息"对话框，如图 2-36 所示，在对话框中输入各项基本信息。

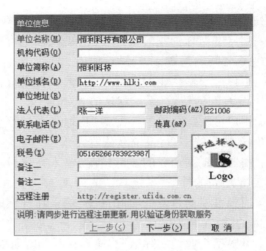

图 2-36

2. 部门档案

"部门档案"功能主要用于设置企业各个职能部门的信息。部门指某使用单位下辖的具有分别进行财务核算或业务管理要求的单元体,可以是现实中的部门机构,也可以是虚拟的核算单元。用户在设置部门档案时可按照已经定义好的部门编码级次原则输入部门编号及其信息,最多可分9级,编码总长12位。部门档案包含部门编码、部门名称、负责人等信息。

恒利科技有限公司部门档案的具体内容按项目实践二中表2-5进行设置。

【操作流程】

(1) 在"基础设置"页签中,执行"基础档案"→"机构人员"→"部门档案"命令,打开"部门档案"窗口,如图2-37所示。

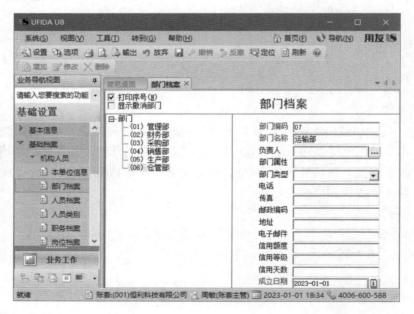

图 2-37

（2）单击"增加"按钮，可增加一条部门记录。

（3）在窗口左边，将光标定位到要修改的部门编码上，单击"修改"按钮，这时即处于修改状态，除部门编码不能修改之外，其他信息均可修改。

（4）单击左边目录树中要删除的部门档案，背景显示蓝色表示选中，单击"删除"按钮，系统弹出"确认信息"对话框，如图2-38所示。单击"是"按钮即可删除相应编码的部门档案。

注意：若部门档案被其他对象引用就不能被删除。

单击"否"按钮，则部门档案不被删除。

图 2-38

3. 人员类别

"人员类别"功能用于对企业的人员类别进行分类设置和管理。一般是按树形层次结构进行分类，系统预置在职人员、离退人员、离职人员三类顶级类别，用户可以自定义扩充人员子类别。

恒利科技有限公司人员类别及档案名称的具体内容按项目实践二中表2-6进行设置。

【操作流程】

（1）在"基础设置"页签中，执行"基础档案"→"机构人员"→"人员类别"命令，打开"人员类别"窗口，如图2-39所示。

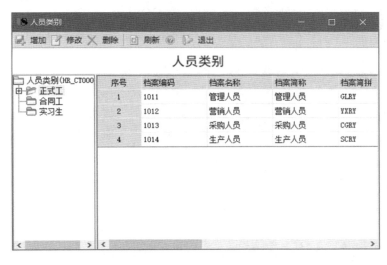

图 2-39

（2）从左侧人员类别目录中选择一个人员类别，单击"增加"按钮，输入档案编码、档案名称、档案简称、档案简拼等信息，单击"确定"按钮，保存增加的人员类别，并作为当前人员类别的下级。

（3）选定要修改的人员类别档案，单击"修改"按钮，或者双击鼠标修改档案内容。

注意：档案编码不可修改。

（4）选定要删除的人员类别，单击"删除"按钮，系统弹出一个信息提示框，单击"确定"按钮即可完成删除操作。

4. 人员档案

"人员档案"功能主要用于设置企业各职能部门中需要进行核算和业务管理的职员信息,必须先设置好部门档案,才能在这些部门下设置相应的职员档案。除了固定资产和成本管理产品外,其他产品均需要使用职员档案。如果企业不需要对职员信息进行核算和管理,则可以不设置职员档案。

恒利科技有限公司人员档案的具体内容按项目实践二中表 2-7 进行设置。

人员档案

【操作流程】

(1) 在"基础设置"页签中,执行"基础档案"→"机构人员"→"人员档案"命令,打开"人员列表"窗口。选择某个部门,单击"增加"按钮,打开"人员档案"窗口,如图 2-40 所示。

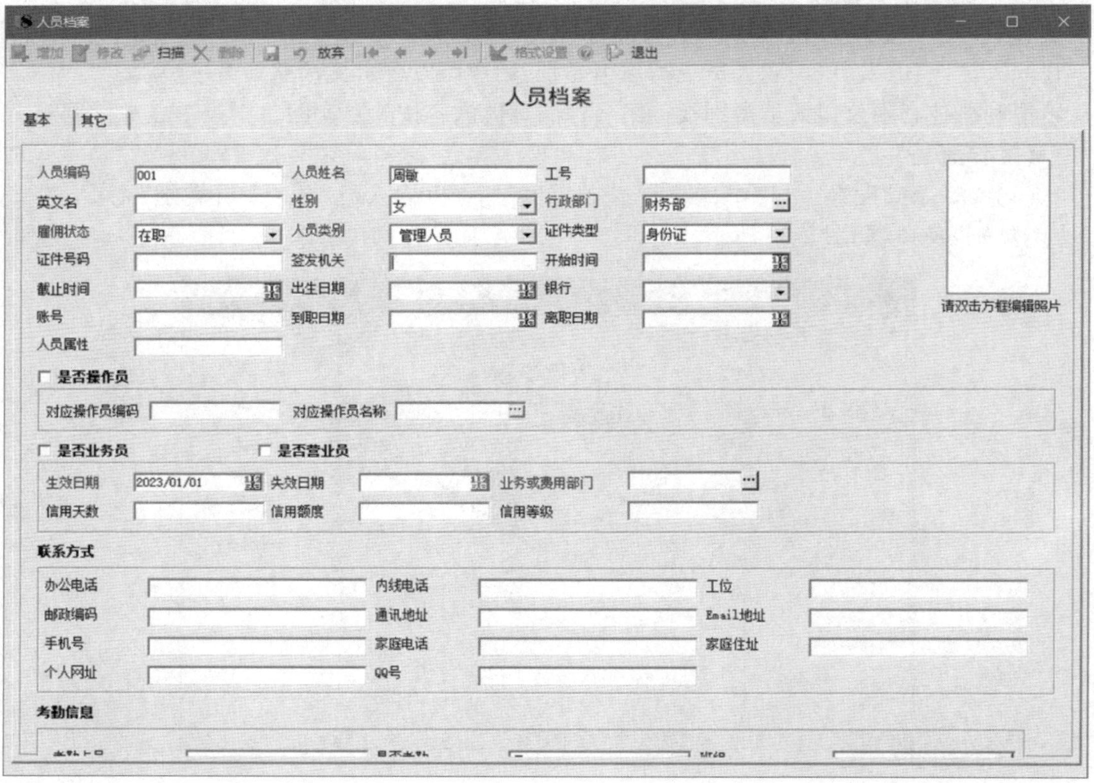

图 2-40

(2) 在左侧部门目录中选择要增加人员的末级部门,单击功能键中的"增加"按钮,系统显示"添加职员档案"空白页,用户可根据自己企业的实际情况,在相应栏目中输入适当内容。其中蓝色名称为必输项。

(3) 如果要修改某个人员的档案内容,只需要在"人员列表"窗口中选中要修改的人员,单击"修改"按钮,即可进入修改状态,注意修改后人员编号必须保持唯一。

(4) 如果要删除某个人员的档案,只需要双击这个人员,进入删除该人员档案的界面,单击"删除"按钮,系统提示"确定删除这些记录吗?",单击"是"按钮即可删除。

二、客商信息

1. 地区分类

企业可以根据自身管理要求对客户、供应商的所属地区进行相应的分类,建立地区分类体系,以便对业务数据进行统计、分析。用友 ERP-U8 产品中的采购管理、销售管理、库存管理和应收应付款管理等系统都会用到地区分类。地区分类最多有 5 级,企业可以根据实际需要进行分类。

恒利科技有限公司对客商地区无分类。

【操作流程】

(1) 在"基础设置"页签中,执行"基础档案"→"客商信息"→"地区分类"命令,打开"地区分类"窗口,如图 2-41 所示。

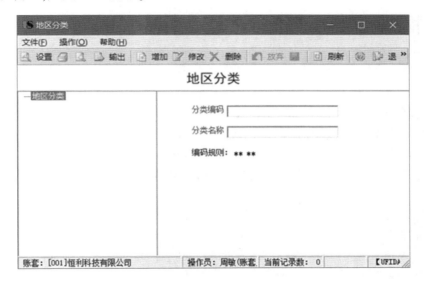

图 2-41

(2) 单击"增加"按钮,新增地区分类。

(3) 单击"修改"按钮,修改地区分类。

(4) 选中要删除的分类,单击"删除"按钮,系统提示"确信删除编码为××的档案?",单击"是"按钮,即可删除地区分类。

2. 行业分类

企业可以根据自身管理要求对客户所属的行业进行相应的分类,建立行业分类体系,以便按行业对业务数据进行统计分析。行业分类最多可以设置 5 级。

恒利科技有限公司对客商行业无分类。

【操作流程】

(1) 在"基础设置"页签中,执行"基础档案"→"客商信息"→"行业分类"命令,打开"行业分类"窗口,如图 2-42 所示。

(2) 单击"增加"按钮,新增行业分类。

(3) 单击"修改"按钮,修改行业分类。

(4)单击"删除"按钮,删除行业分类。

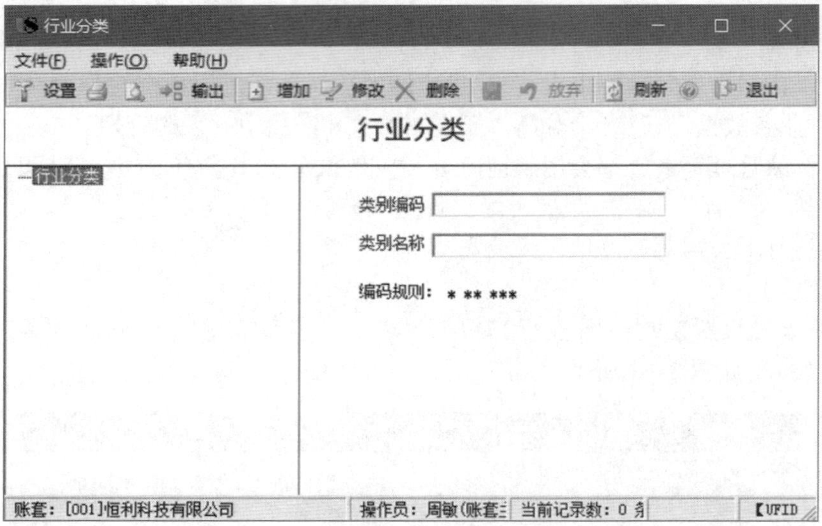

图 2-42

3. 供应商分类

企业可以根据自身管理的需要对供应商进行分类管理,建立供应商分类体系。可将供应商按行业、地区等进行划分,设置供应商分类后,根据不同的分类建立供应商档案。没有对供应商进行分类管理需求的用户可以不使用本功能。

供应商分类

恒利科技有限公司供应商分类的具体内容按项目实践二中表 2-8 进行设置。

【操作流程】

(1)在"基础设置"页签中,执行"基础档案"→"客商信息"→"供应商分类"命令,打开"供应商分类"窗口,如图 2-43 所示。

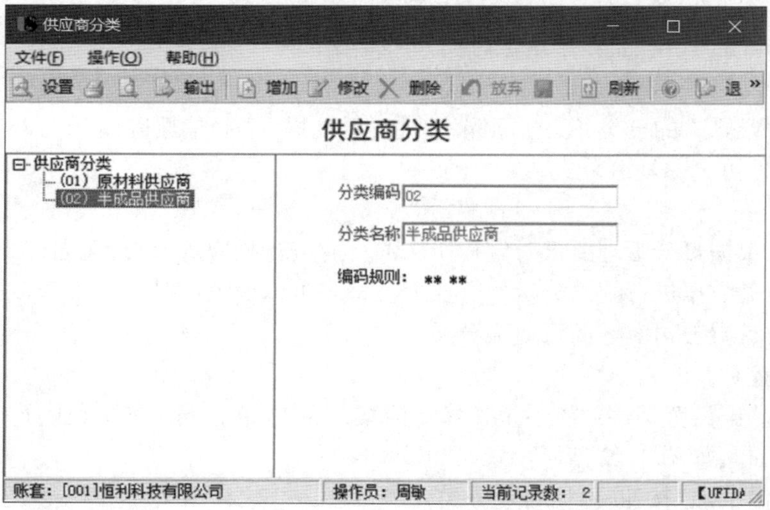

图 2-43

(2) 单击"增加"按钮,新增供应商分类。
(3) 单击"修改"按钮,修改供应商分类。
(4) 单击"删除"按钮,删除供应商分类。

4. 供应商档案

"供应商档案"功能主要用于设置往来供应商的档案信息,以便对供应商资料的管理和业务数据的录入、统计、分析等。如果在建立账套时选择了供应商分类,则必须在设置完成供应商分类档案的情况下才能编辑供应商档案。

恒利科技有限公司供应商档案的具体内容按项目实践二中表2-9进行设置。

【操作流程】

(1) 在"基础设置"页签中,执行"基础档案"→"客商信息"→"供应商档案"命令,打开"供应商档案"对话框。

(2) 在"供应商档案"对话框中单击"增加"按钮,打开"增加供应商档案"窗口,新增供应商档案,如图2-44所示。

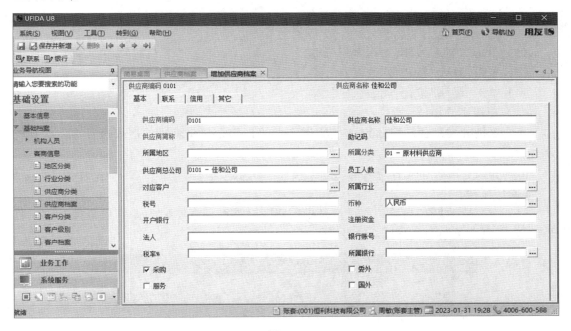

图 2-44

(3) 在"供应商档案"对话框中单击"修改"按钮,修改供应商档案。
(4) 在"供应商档案"对话框中单击"删除"按钮,删除供应商档案。

5. 客户分类

企业可以根据自身管理的需要对客户进行分类管理,建立客户分类体系。可将客户按行业、地区等进行划分,设置客户分类后,根据不同的分类建立客户档案。没有对客户进行分类管理需求的用户可以不使用本功能。

恒利科技有限公司客户分类的具体内容按项目实践二中表2-10进行设置。

【操作流程】

(1) 在"基础设置"页签中,执行"基础档案"→"客商信息"→"客户分类"命令,打开

"客户分类"窗口,如图 2-45 所示。

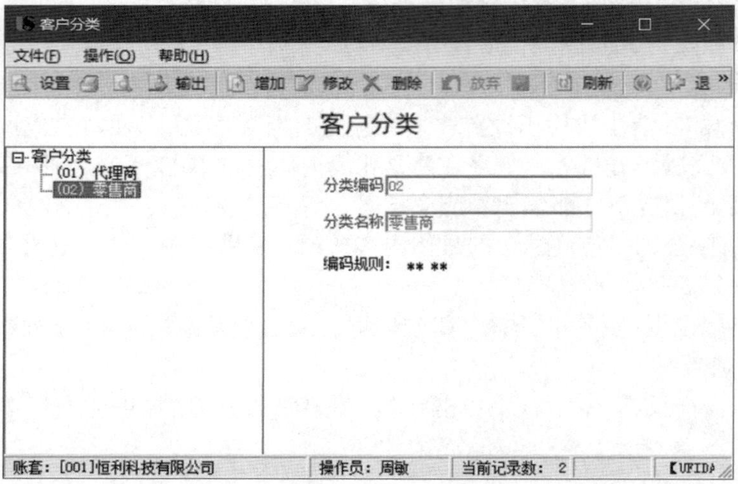

图 2-45

(2) 单击"增加"按钮,新增客户分类。
(3) 单击"修改"按钮,修改客户分类。
(4) 单击"删除"按钮,删除客户分类。

6. 客户级别分类

客户级别分类是客户细分的一种方法,企业可以根据自身管理的需要进行客户级别的分类。

恒利科技有限公司对客户级别无分类。

【操作流程】

(1) 在"基础设置"页签中,执行"基础档案"→"客商信息"→"客户级别分类"命令,打开"客户级别分类"窗口,如图 2-46 所示。

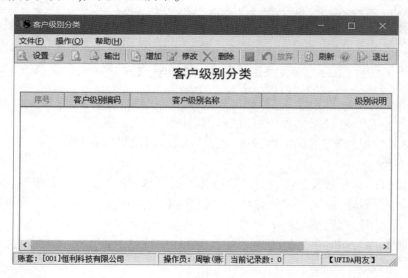

图 2-46

(2) 单击"增加"按钮,新增客户级别。
(3) 单击"修改"按钮,修改客户级别。
(4) 单击"删除"按钮,删除客户级别。

7. 客户档案

"客户档案"功能主要用于设置往来客户的档案信息,以便于对客户资料的管理和业务数据的录入、统计、分析。如果在建立账套时选择了客户分类,则必须在设置完成客户分类档案的情况下才能编辑客户档案。

恒利科技有限公司客户档案的具体内容按项目实践二中表2-11进行设置。

【操作流程】

(1) 在"基础设置"页签中,执行"基础档案"→"客商信息"→"客户档案"命令,打开"客户档案"对话框。

(2) 在"客户档案"对话框中单击"增加"按钮,打开"增加客户档案"窗口,新增客户档案,如图2-47所示。

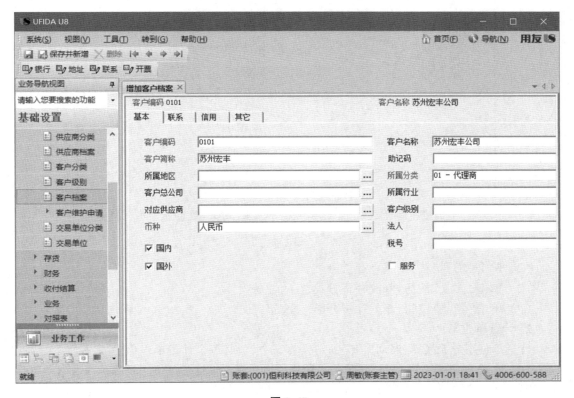

图 2-47

(3) 在"客户档案"对话框中单击"修改"按钮,修改客户档案。
(4) 在"客户档案"对话框中单击"删除"按钮,删除客户档案。

三、存货

1. 存货分类

企业可以根据对存货的管理要求对存货进行分类管理,以便于对业务数据的统计和分析。存货分类最多可分 8 级,编码总长不能超过 12 位,每级级长用户可自由定义。"存货分类"功能用于设置存货分类编码、名称及所属经济分类。

恒利科技有限公司存货分类的具体内容按项目实践二中表 2-12 进行设置。

【操作流程】

(1) 在"基础设置"页签中,执行"基础档案"→"存货"→"存货分类"命令,打开"存货分类"窗口,如图 2-48 所示。

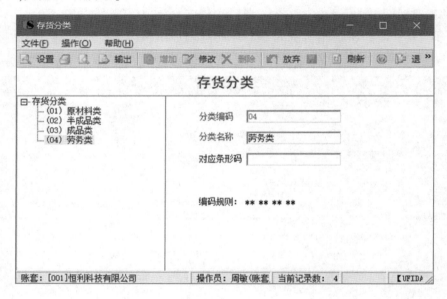

图 2-48

(2) 单击"增加"按钮,新增存货分类。
(3) 单击"修改"按钮,修改存货分类。
(4) 单击"删除"按钮,删除存货分类。

2. 计量单位

计量单位组分无换算、浮动换算、固定换算三个类别,每个计量单位组中有一个主计量单位和多个辅助计量单位。用户可以设置主辅计量单位之间的换算率,还可以设置采购、销售、库存和成本系统所默认的计量单位。必须先增加计量单位组,再增加组下的具体计量单位内容。

恒利科技有限公司计量单位的具体内容按项目实践二中表 2-13 进行设置。

计量单位

【操作流程】

(1) 在"基础设置"页签中,执行"基础档案"→"存货"→"计量单位"命令,打开"计量单位"窗口。

（2）在"计量单位"窗口中单击"增加"按钮，新增一个计量单位组"（01）无换算单位<无换算率>"，单击"单位"按钮，打开计量单位录入界面，如图2-49所示，可以增加单位信息。

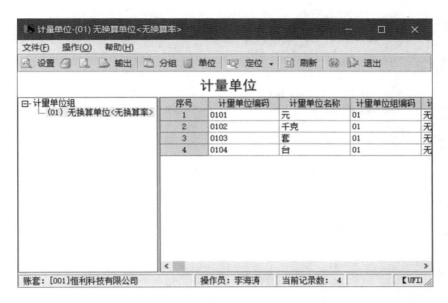

图 2-49

（3）在"计量单位"窗口中单击"修改"按钮，修改计量单位组。
（4）在"计量单位"窗口中单击"删除"按钮，删除计量单位组。

3．存货档案

"存货档案"功能主要用于设置企业在生产经营中使用到的各种存货信息，以便于对这些存货进行资料管理、实物管理和业务数据的统计与分析。本功能可以完成对存货目录的设立和管理，随同发货单或发票一起开具的应税劳务等也应设置在存货档案中。本功能可为输入基础档案提供方便，完善基础档案中的数据项，提供存货档案的多计量单位设置。

恒利科技有限公司存货档案的具体内容按项目实践二中表2-12进行设置。

【操作流程】

（1）在"基础设置"页签中，执行"基础档案"→"存货"→"存货档案"命令，打开"存货档案"对话框。
（2）在"存货档案"对话框中单击"增加"按钮，打开"增加存货档案"窗口，新增存货档案，如图2-50所示。
（3）在"存货档案"对话框中单击"修改"按钮，修改存货档案。
（4）在"存货档案"对话框中单击"删除"按钮，删除存货档案。

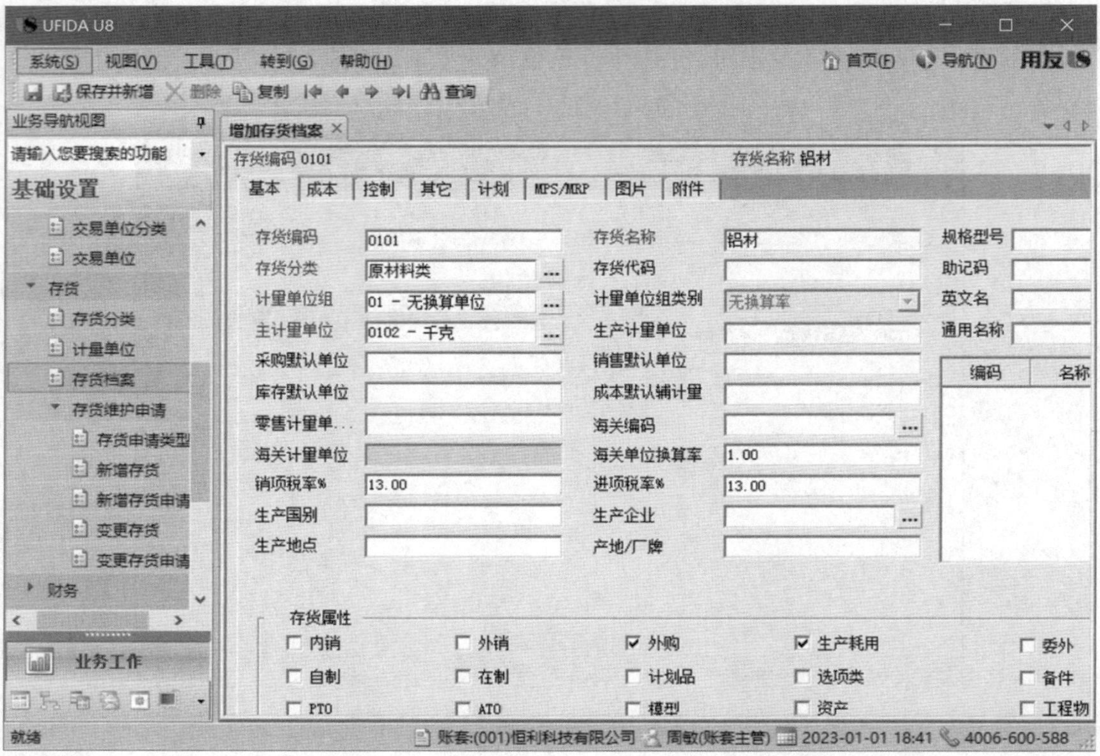

图 2-50

四、财务

1. 科目档案

会计科目是填制会计凭证、登记会计账簿、编制会计报表的基础。会计科目是对会计对象的具体内容分门别类进行核算所规定的项目。每个会计科目核算的经济内容是不同的,据此会计科目可以分为五类:行政事业单位中分为资产、负债、净资产、收入、支出;企业中分为资产、负债、所有者权益、成本、损益。

本功能可以完成对会计科目的设立和管理,用户可以根据业务的需要方便地增加、插入、修改、查询、打印会计科目。

恒利科技有限公司会计科目的具体内容按项目实践二中表 2-14 进行设置。

【操作流程】

(1) 在"基础设置"页签中,执行"基础档案"→"财务"→"会计科目"命令,打开"会计科目"窗口,如图 2-51 所示。

图 2-51

会计科目包含的信息说明如下(图 2-51、图 2-52):

◆ 级次:即科目级次,以数字 1、2、3、4、5、6 表示。级次由系统根据科目编码自动定义。

◆ 科目编码:科目编码必须唯一;科目编码必须按其级次的先后次序建立。

◆ 科目名称:分为科目中文名称和科目英文名称,可以是汉字、英文字母或数字,可以含有减号(-)、正斜杠(/),但不能输入其他字符。

◆ 科目类型:行业性质为企业时,科目类型分为资产、负债、所有者权益、成本、损益,没有成本类的企业可不设成本类;行业性质为行政单位或事业单位时,按新会计制度科目类型设置。

◆ 账页格式:定义该科目在账簿打印时的默认打印格式。系统提供了金额式、外币金额式、数量金额式、外币数量式四种账页格式供选择。一般情况下,有外币核算的科目可设为外币金额式,有数量核算的科目可设为数量金额式,既有外币核算又有数量核算的科目可设为外币数量式,既无外币核算又无数量核算的科目可设为金额式。

◆ 助记码:用于帮助记忆科目,一般可用科目名称中各个汉字拼音的首字母组成,可以加快录入速度,也可减少汉字录入的量。在需要录入科目的地方输入助记码,系统可自动将助记码转换成科目名称。

◆ 辅助核算:也叫辅助账类,用于说明本科目是否有其他核算要求,系统除完成一般的总账、明细账核算外,还会提供以下几种专项核算功能供用户选用:部门核算、个人往来核算、客户往来核算、供应商往来核算、项目核算。

◆ 其他核算:用于说明本科目是否有其他要求,如银行账、日记账等。一般情况下,现金科目要设为日记账;银行存款科目要设为银行账和日记账。

◆ 科目性质(余额方向):增加登记在借方的科目,科目性质为借方;增加登记在贷方的科目,科目性质为贷方。一般情况下,资产类科目的科目性质为借方,负债类科目的科目性质为贷方。

操作提示：

➢ 只能在一级科目设置科目性质，下级科目的科目性质与其一级科目的科目性质相同。已有数据的科目不能再修改科目性质。

➢ 外币核算：用于设定该科目核算是否有外币核算，以及核算的外币名称。一个科目只能核算一种外币，只有有外币核算要求的科目才允许也必须设定外币名称。

➢ 数量核算：用于设定该科目是否有数量核算，以及数量计量单位。计量单位可以是任何汉字或字符，如千克、件、吨等。

➢ 受控系统：为了加强各系统间的相互联系与控制，在定义会计科目时引入受控系统概念，即设置某科目为受控科目，受控于某一系统，则该受控系统只能使用受控科目制单。例如"应收账款"是应收系统的受控科目，则应收系统只能使用"应收账款"科目制单。

（2）增加科目：在"会计科目"窗口中单击"增加"按钮，打开"新增会计科目"对话框，根据栏目说明输入科目信息，单击"确定"按钮保存，如图 2-52 所示。

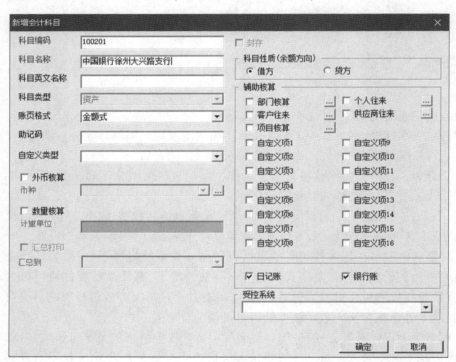

会计科目设置

图 2-52

（3）修改科目：在"会计科目"窗口中，选择要修改的科目，单击"修改"按钮或双击该科目，即可打开"修改会计科目"对话框，用户可以在此对话框中对需要修改的会计科目进行调整。

（4）成批复制科目：在新增会计科目过程中可能会遇到新增会计科目的下级科目与一个已设置好的科目的下级明细科目类似的情况，在这种情况下如果重新设置一批新的下级明细科目，非常浪费时间和人力，所以 ERP-U8 产品提供了成批复制下级明细科目的功能，可以将本账套或其他账套中相似的下级科目复制给某一科目，减少重复设置的工作量，并提高正确率和一致性。具体操作是：在"会计科目"窗口中，单击"编辑"菜单下的"成批复制"

命令,打开"成批复制"对话框,在各栏目中输入相应科目信息,系统自动进行成批复制,如图2-53所示。

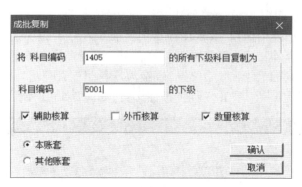

会计科目复制

图 2-53

（5）删除科目：在"会计科目"窗口中,选择要删除的科目,单击"删除"按钮,系统提示信息如图2-54所示,单击"确定"按钮即可删除该科目。

（6）指定现金、银行科目：指定的现金、银行存款科目供出纳管理使用,所以在查询现金、银行存款日记账前,必须指定现金、银行存款总账科目。如果不指定会计科目,就不能以出纳身份进行出纳签字,也不能查询现金和银行存款日

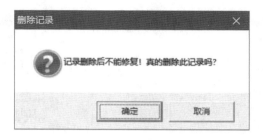

图 2-54

记账。具体操作是：在"会计科目"窗口中,单击"编辑"菜单下的"指定科目"命令,在弹出的"指定科目"对话框中用">"">>"选择现金、银行存款总账科目,选择完毕后,单击"确定"按钮即可,如图2-55所示。

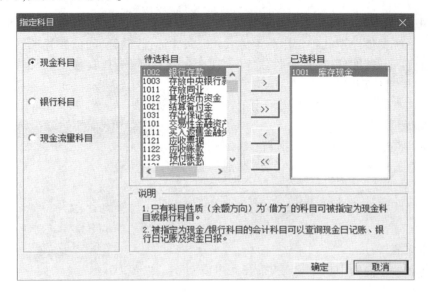

图 2-55

（7）指定现金流量科目：在这里指定现金流量科目,才能在填制凭证时录入现金流量

项目。在填制凭证录入分录的同时录入现金流量科目才能为以后的现金流量统计表、现金流量明细表提供数据。此处指定的现金流量科目供利用 UFO 报表软件编制现金流量表时取数函数使用,所以在录入凭证时,对指定的现金流量科目,系统自动弹出窗口,要求用户指定当前录入分录的现金流量科目。具体操作:在"会计科目"窗口中,单击"编辑"菜单下的"指定科目"命令,在弹出的"指定科目"对话框中选择"现金流量科目",用">"">>"选择现金流量科目,选择完毕后,单击"确定"按钮即可,如图 2-56 所示。

会计科目指定

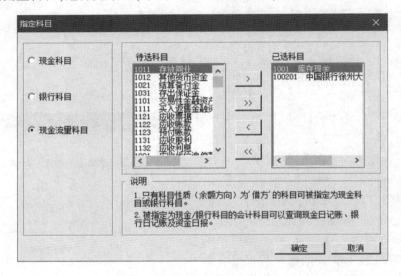

图 2-56

2. 凭证类别

许多单位为了便于管理或方便登账,一般对记账凭证进行分类编制,但各单位的分类方法不尽相同,所以本系统提供了"凭证类别"功能,用户完全可以按照本单位的需要对凭证进行分类。系统提供以下几种常用分类方式:记账凭证;收款凭证、付款凭证、转账凭证;现金凭证、银行凭证、转账凭证;现金收款凭证、现金付款凭证、银行收款凭证、银行付款凭证、转账凭证;自定义凭证类别。

恒利科技有限公司的凭证类别采用记账凭证分类方式。

【操作流程】

(1)在"基础设置"页签中,执行"基础档案"→"财务"→"凭证类别"命令,打开"凭证类别预置"对话框,如图 2-57 所示。

(2)选择所需分类方式,单击"确定"按钮,即可完成设置。

3. 外币设置

汇率管理是专为外币核算服务的,在此可以对本账套所使用的外币进行定义。

恒利科技有限公司的外币设置采用固定汇率。

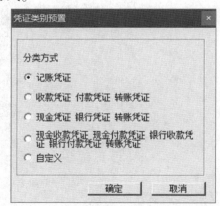

图 2-57

【操作流程】

(1) 在"基础设置"页签中,执行"基础档案"→"财务"→"外币设置"命令,打开"外币设置"对话框,如图 2-58 所示。

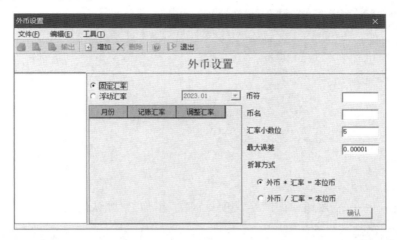

图 2-58

(2) 根据需要进行设置,单击"确认"按钮即可。

操作提示:

➢ 如果系统设置了外币核算,在填制凭证时所用的汇率应预先在此进行定义,以便制单时调用,减少录入汇率的次数和差错。

➢ 当汇率变化时,应预先在此进行定义,否则,制单时不能正确录入汇率。

➢ 对于使用固定汇率(即使用月初或年初汇率)作为记账汇率的用户,在填制每月的凭证前,应预先在此录入该月的记账汇率,否则在填制该月外币凭证时,将会出现汇率为零的错误。

➢ 对于使用变动汇率(即使用当日汇率)作为记账汇率的用户,在填制该天的凭证前,应预先在此录入该天的记账汇率。

4. 项目目录

企业在实际业务处理中会对多种类型的项目进行核算和管理,用户可以将具有相同特性的一类项目定义成一个项目大类。一个项目大类可以核算多个项目。为了便于管理,还可以对这些项目进行分类。可以将存货、成本对象、现金流量、项目成本等作为核算的项目分类。

使用项目核算与管理的首要步骤是设置项目档案。项目档案设置包括:增加或修改项目大类,定义项目核算科目、项目分类、项目栏目结构,进行项目目录的维护。下面主要讲述成本核算项目的建立步骤和方法。

恒利科技有限公司新增项目目录的具体内容按项目实践二中表 2-15、表 2-16 进行设置。

成本核算项目目录设置

【操作流程】

(1) 在"基础设置"页签中,执行"基础档案"→"财务"→"项目目录"命令,打开"项目档案"对话框,在对话框中单击"增加"按钮,打开"项目大类定义_增加"对话框,在"项目大类名称"窗格下输入新项目大类名称,如图2-59所示。

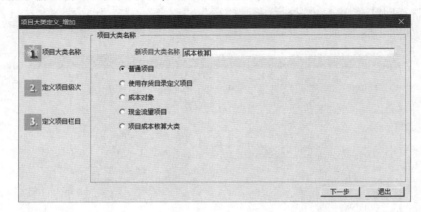

图 2-59

(2)单击"下一步"按钮,打开"定义项目级次"窗格,取默认值,如图2-60所示。

图 2-60

(3)单击"下一步"按钮,打开"定义项目栏目"窗格,取默认值,单击"完成"按钮完成设置,如图2-61所示。

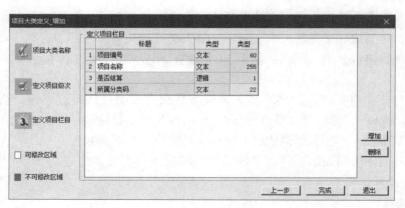

图 2-61

(4)在"项目档案"对话框中,在"项目大类"下拉列表中选取"成本核算",单击"核算科目"选项卡,选定所有待选科目,单击"确定"按钮,如图 2-62 所示。

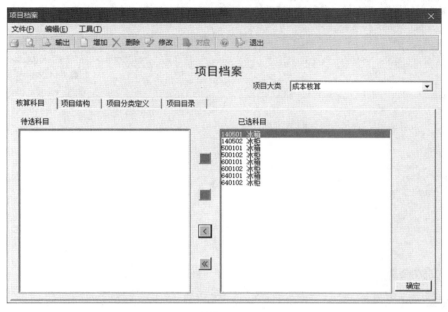

图 2-62

(5)在"项目档案"对话框中,单击"项目分类定义"选项卡,输入分类编码和分类名称,单击"确定"按钮,如图 2-63 所示。

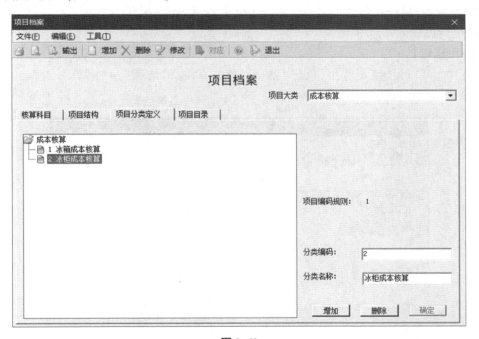

图 2-63

(6)在"项目档案"对话框中,单击"项目目录"选项卡,单击"维护"按钮,打开"项目目录维护"窗口,单击"增加"按钮,增加相应项目,即可实现项目目录维护,如图 2-64 所示。

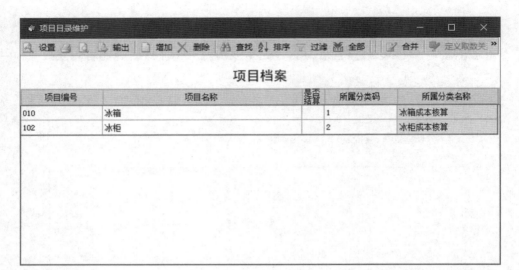

图 2-64

五、收付结算

1. 结算方式

"结算方式"功能用来建立和管理用户在经营活动中所涉及的结算方式。它与财务结算方式一致,如现金结算、支票结算等。结算方式最多可以分为 2 级。结算方式一旦被引用,便不能进行修改和删除操作。

恒利科技有限公司新增项目目录结算方式的具体内容按项目实践二中表 2-17 进行设置。

结算方式

【操作流程】

(1)在"基础设置"页签中,执行"基础档案"→"收付结算"→"结算方式"命令,打开"结算方式"窗口,如图 2-65 所示。

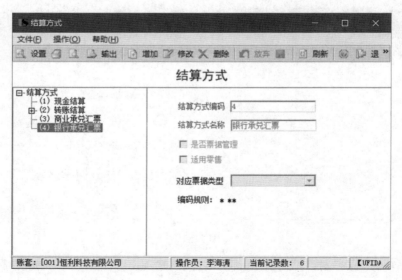

图 2-65

（2）增加结算方式：单击"增加"按钮，输入结算方式编码、结算方式名称并选择是否进行票据管理，新增结算方式。单击"保存"按钮，便可将本次增加的内容保存，并在左边的树形结构中添加和显示。

（3）修改结算方式：选择要修改的结算方式，单击"修改"按钮进行修改。结算方式一旦被引用，便不能进行修改。

（4）删除结算方式：选择要删除的结算方式，单击"删除"按钮即可。结算方式一旦被引用，便不能进行删除。

操作提示：

➢ 结算方式编码：用以标识某结算方式。用户必须按照结算方式编码级次的先后顺序来进行录入，录入值必须唯一。

➢ 结算方式名称：用户根据企业的实际情况录入所用结算方式的名称，录入值必须唯一。结算方式名称最多可录入 6 个汉字(或 12 个字符)。

➢ 票据管理标志：用户可根据实际情况，通过单击复选框来选择该结算方式下的票据是否要进行票据管理。

2．付款条件

付款条件也叫现金折扣，是指企业为了鼓励客户偿还货款而允诺在一定期限内给予的规定折扣优待。这种折扣条件通常可表示为 5/10、2/20、$n/30$。它们的含义分别是：客户在 10 天内偿还货款，可得到 5% 的折扣，只要付原价 95% 的货款；在 20 天内偿还货款，可得到 2% 的折扣，只要付原价 98% 的货款；在 30 天内偿还货款，则须按照全额支付货款；在 30 天以后偿还货款，则不仅要按全额支付货款，还可能要支付延期付款利息或违约金。

付款条件将主要在采购订单、销售订单、采购结算、销售结算、客户目录、供应商目录中引用。系统最多同时支持 4 个时间段的折扣。

【操作流程】

（1）在"基础设置"页签中，执行"基础档案"→"收付结算"→"付款条件"命令，打开"付款条件"窗口，如图 2-66 所示。

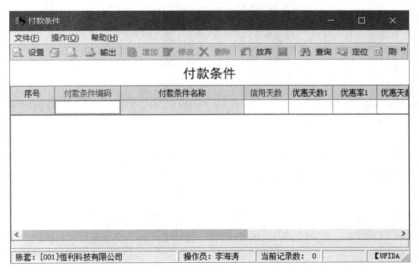

图 2-66

（2）增加付款条件：单击“增加”按钮，界面增加一空行，输入唯一且最多 3 个字符的付款条件编码、付款条件名称、信用天数、优惠天数和优惠率。

（3）修改付款条件：选择要修改的付款条件，单击“修改”按钮进行修改。付款条件编码和名称不可修改。

（4）删除付款条件：选择要删除的付款条件，单击“删除”按钮即可将已有的付款条件内容删除。

操作提示：

➢ 只有启动应收应付系统后，才可以设置付款条件。

➢ 付款条件一旦被引用，便不能进行修改和删除操作。

3. 银行档案

“银行档案”功能用于设置企业所用的各银行总行的名称和编码，用于工资、人力资源、网上报销、网上银行等系统。用户可以根据业务的需要方便地增加、修改、删除、查询、打印银行档案。

【操作流程】

（1）在“基础设置”页签中，执行“基础档案”→“收付结算”→“银行档案”命令，打开“银行档案”窗口，如图 2-67 所示。

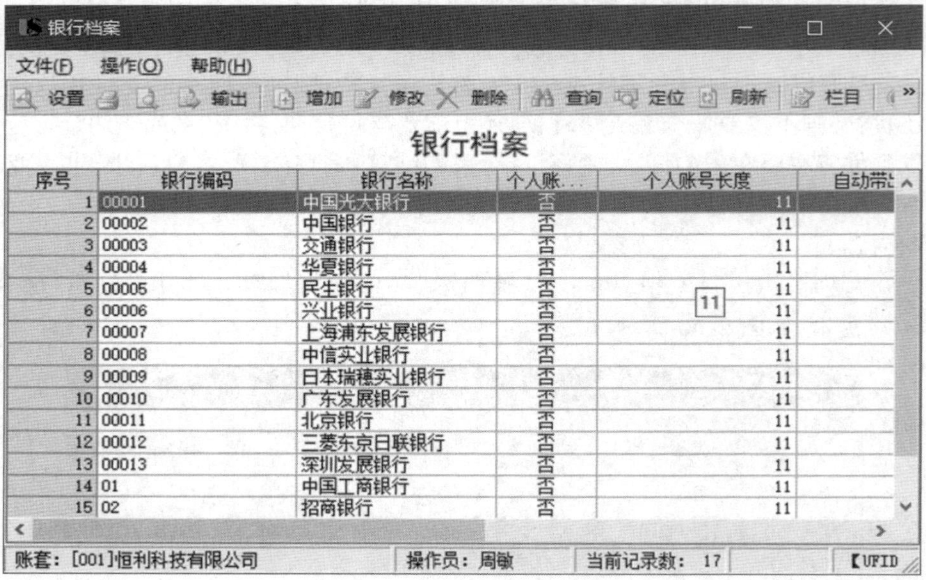

序号	银行编码	银行名称	个人账...	个人账号长度	自动带...
1	00001	中国光大银行	否	11	
2	00002	中国银行	否	11	
3	00003	交通银行	否	11	
4	00004	华夏银行	否	11	
5	00005	民生银行	否	11	
6	00006	兴业银行	否	11	
7	00007	上海浦东发展银行	否	11	
8	00008	中信实业银行	否	11	
9	00009	日本瑞穗实业银行	否	11	
10	00010	广东发展银行	否	11	
11	00011	北京银行	否	11	
12	00012	三菱东京日联银行	否	11	
13	00013	深圳发展银行	否	11	
14	01	中国工商银行	否	11	
15	02	招商银行	否	11	

图 2-67

（2）增加银行档案：单击“增加”按钮，界面增加一空行，用户可根据自己企业的实际情况，在相应栏目中输入适当内容。也可以在最后一空行中双击鼠标，直接进入增加银行档案的状态。

（3）修改银行档案：选择要修改的银行档案，单击“修改”按钮进行修改。

（4）删除银行档案：选择要删除的银行档案，单击“删除”按钮即可删除。

4. 本单位开户银行

系统支持多个开户行及账号。此功能用于维护及查询使用单位的开户银行信息。开户银行一旦被引用,便不能进行修改和删除操作。

恒利科技有限公司"本单位开户银行"的具体内容按项目实践二中表 2-18 进行设置。

本单位开户
银行设置

【操作流程】

(1) 在"基础设置"页签中,执行"基础档案"→"收付结算"→"本单位开户银行"命令,打开"本单位开户银行"窗口。

(2) 增加开户银行:单击"增加"按钮,界面增加一空白行,用户可根据自己企业的实际情况,在相应栏目中输入开户银行编码、账户名称和银行账号等信息。

(3) 修改开户银行:选择要修改的银行档案,单击"修改"按钮,打开"修改本单位开户银行"对话框进行修改,如图 2-68 所示。开户银行一旦被引用,便不能进行修改。

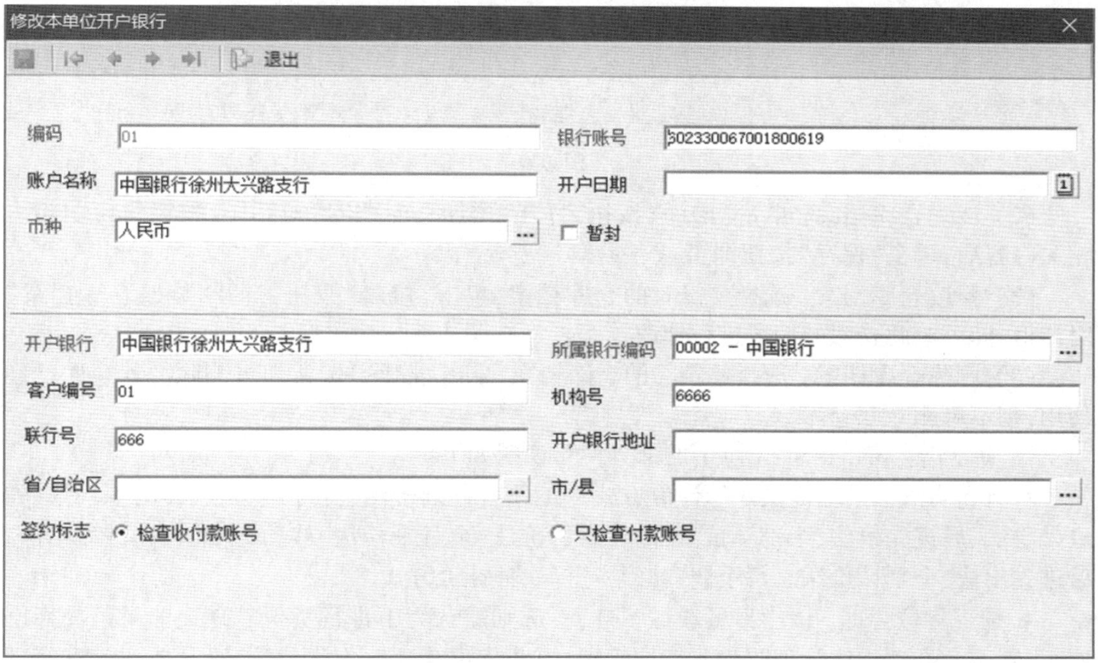

图 2-68

(4) 删除开户银行:选择要删除的银行档案,单击"删除"按钮即可删除。开户银行一旦被引用,便不能进行删除。

六、业务

业务模块包括仓库档案、采购类型、销售类型等项目的设置,如果企业对存货、采购、销售进行管理,就必须进行设置。业务模块中显示的项目是用户在启用了库存管理、采购管理、销售管理、存货管理等系统后进行设置的,否则这类项目在业务模块中不显示出来。

1. 仓库档案

存货一般是用仓库来保管的,对存货进行核算管理,首先需要对仓库进行管理,因此进行仓库设置是供应链管理系统的重要基础准备工作之一。第一次使用本系统时,应先将本单位使用的仓库档案输入系统中,即进行仓库档案设置。

【操作流程】

（1）在“基础设置”页签中，执行“基础档案”→“业务”→“仓库档案”命令，打开“仓库档案”窗口，如图 2-69 所示。

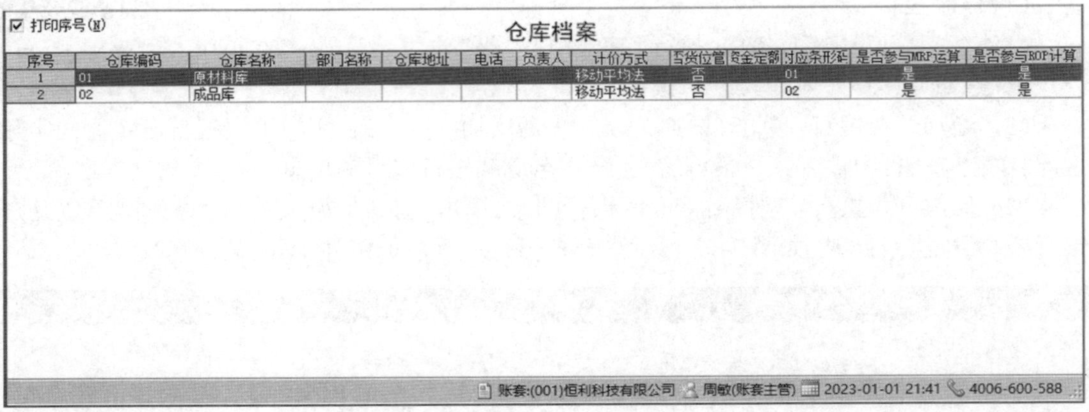

☑ 打印序号(N)

仓库档案

序号	仓库编码	仓库名称	部门名称	仓库地址	电话	负责人	计价方式	否货位管	资金定额	对应条形码	是否参与MRP运算	是否参与ROP计算
1	01	原材料库					移动平均法	否		01	是	是
2	02	成品库					移动平均法	否		02	是	是

图 2-69

（2）增加仓库档案：单击“增加”按钮，打开“增加仓库档案”对话框，按栏目说明输入相关内容后，单击“保存”按钮即可。

（3）修改仓库档案：选择要修改的仓库档案，单击“修改”按钮，打开“修改仓库档案”对话框，即可对此仓库的档案进行修改。

（4）删除仓库档案：选择要删除的仓库档案，单击“删除”按钮即可删除。若仓库已经使用，则不可删除此仓库。

“仓库档案”窗口（图 2-69）中的部分栏目说明如下：

◆ 计价方式：系统提供 6 种计价方式。工业有计划价法、全月平均法、移动平均法、先进先出法、后进先出法、个别计价法；商业有售价法、全月平均法、移动平均法、先进先出法、后进先出法、个别计价法。每个仓库必须选择一种计价方式。

◆ 是否货位管理：该栏目可选可不选，不选则默认为不进行货位管理。如果该仓库已使用，则不允许由货位管理改为非货位管理；由非货位管理改为货位管理后，要在库存管理的盘点单中录入该仓库各货位各存货的结存情况。

◆ 对应条形码：该编码的位长为 30 位，不允许有重复的记录存在。新增记录时系统缺省将仓库编码带入，可以随时修改，可以为空。

2. 收发类别

收发类别是为用户对材料的出入库情况进行分类汇总统计而设置的，表示材料的出入库类型，用户可根据各单位的实际需要自由灵活地进行设置。

【操作流程】

（1）在“基础设置”页签中，执行“基础档案”→“业务”→“收发类别”命令，打开“收发类别”窗口，如图 2-70 所示。

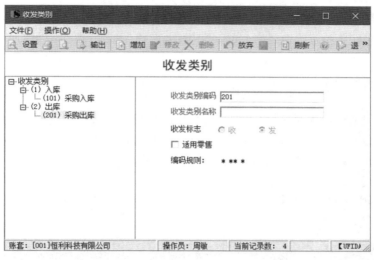

图 2-70

（2）增加收发类别：单击"增加"按钮，即可增加收发类别，按栏目输入相关内容后，单击"保存"按钮即可。

（3）修改收发类别：选择要修改的收发类别，单击"修改"按钮即可对此收发类别进行修改。

（4）删除收发类别：选择要删除的收发类别，单击"删除"按钮即可删除。

3．采购类型

采购类型是由用户根据企业需要自行设定的项目。用户在使用用友采购管理系统填制采购入库单等单据时，会涉及采购类型项目。如果企业需要按采购类型进行统计，那就应该建立采购类型项目。

【操作流程】

（1）在"基础设置"页签中，执行"基础档案"→"业务"→"采购类型"命令，打开"采购类型"窗口，如图 2-71 所示。

图 2-71

(2)增加采购类型:单击"增加"按钮,即可增加采购类型。

(3)修改采购类型:选择要修改的采购类型,单击"修改"按钮即可对此采购类型进行修改。

(4)删除采购类型:选择要删除的采购类型,单击"删除"按钮即可删除。

4. 销售类型

用户在处理销售业务时,可以根据自身的实际情况自定义销售类型,以便于按销售类型对销售业务数据进行统计和分析。利用本功能可以完成对销售类型的设置和管理,用户可以根据业务的需要方便地增加、修改、删除、查询、打印销售类型。

【操作流程】

(1)在"基础设置"页签中,执行"基础档案"→"业务"→"销售类型"命令,打开"销售类型"窗口,如图2-72所示。

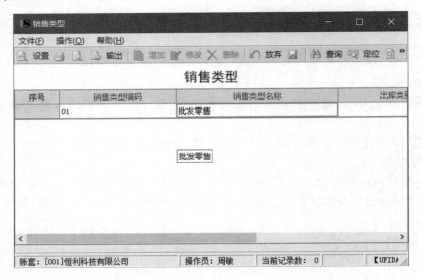

图 2-72

(2)增加销售类型:单击"增加"按钮,即可增加销售类型。

(3)修改销售类型:选择要修改的销售类型,单击"修改"按钮即可对此销售类型进行修改。

(4)删除销售类型:选择要删除的销售类型,单击"删除"按钮即可删除。

任务六 业务参数设置

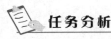 任务分析

恒利科技有限公司在2023年1月1日启用ERP-U8系统建立了账套,对公司账务处理中的基本信息和基础档案进行了设置,详细设置了机构人员、客商信息、存货分类、会计科目、凭证类别、收付结算等项目。为了确保会计信息系统的顺利运行,还必须进一步对业务参数进行设置。

任务实施

一、财务会计

1. 应收款管理

系统运行前,用户可利用"应收款管理"功能设置运行所需要的账套参数,以便系统根据用户所设定的选项进行相应的处理。

【操作流程】

(1)在"基础设置"页签中,执行"业务参数"→"财务会计"→"应收款管理"命令,打开"账套参数设置"对话框,如图 2-73 所示。对话框中有"常规""凭证""权限与预警""核销设置"4 个选项卡。

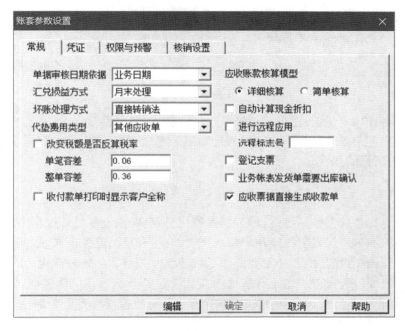

图 2-73

(2)单击各选项卡,进行选项的设置,选择所需要的账套参数。

(3)设置完各个账套参数后,单击"确定"按钮,系统即保存所做的操作,单击"取消"按钮,系统即取消所做的操作。

2. 应付款管理

系统运行前,用户可利用"应付款管理"功能设置运行所需要的账套参数,以便系统根据用户所设定的选项进行相应的处理。

【操作流程】

(1)在"基础设置"页签中,执行"业务参数"→"财务会计"→"应付款管理"命令,打开"账套参数设置"对话框,如图 2-74 所示。对话框中有"常规""凭证""权限与预警""核销设置""收付款控制"5 个选项卡。

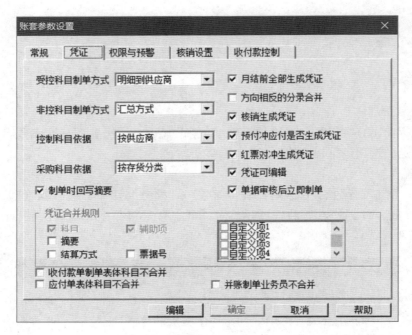

图 2-74

（2）单击各选项卡，进行选项的设置，选择所需要的账套参数。

（3）设置完各个账套参数后，单击"确定"按钮，系统即保存所做的操作，单击"取消"按钮，系统即取消所做的操作。

二、供应链

系统选项也称系统参数、业务处理控制参数，是指企业在业务处理过程中所使用的各种控制参数。系统参数的设置将决定用户使用系统的业务流程、业务模式、数据流向。

用户在进行选项设置之前，一定要详细了解选项开关对业务处理流程的影响，并结合企业的实际业务需要进行设置。由于有些选项在日常业务开始后不能随意更改，用户最好在业务开始前进行全盘考虑，尤其一些对其他系统有影响的选项设置更要考虑清楚。需要进行选项设置的项目主要包括销售管理、采购管理、库存管理、存货核算等。

1. 销售管理

【操作流程】

（1）在"基础设置"页签中，执行"业务参数"→"供应链"→"销售管理"命令，打开"销售选项"对话框，如图 2-75 所示。对话框中有"业务控制""其他控制""信用控制""可用量控制""价格管理"5 个选项卡。

（2）单击各选项卡，进行选项的设置，选择所需要的参数。

（3）设置完各个参数后，单击"确定"按钮，系统即保存所做的操作，单击"取消"按钮，系统即取消所做的操作。

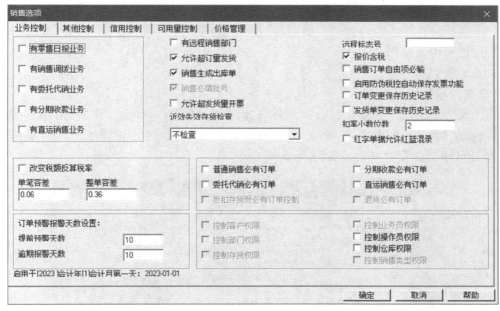

图 2-75

2. 采购管理

【操作流程】

(1) 在"基础设置"页签中,执行"业务参数"→"供应链"→"采购管理"命令,打开"采购系统选项设置"对话框,如图 2-76 所示。对话框中有"业务及权限控制""公共及参照控制""其他业务控制""预算控制"4 个选项卡。

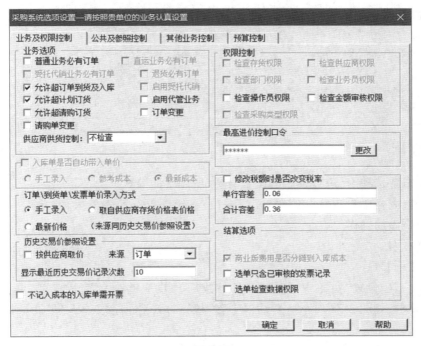

图 2-76

(2)单击各选项卡,进行选项的设置,选择所需要的参数。

(3)选择完各个参数后,单击"确定"按钮,系统即保存所做的操作,单击"取消"按钮,系统即取消所做的操作。

3. 库存管理

【操作流程】

(1)在"基础设置"页签中,执行"业务参数"→"供应链"→"库存管理"命令,打开"库存选项设置"对话框,如图 2-77 所示。对话框中有"通用设置""专用设置""预计可用量控制""预计可用量设置""其它设置"5 个选项卡。

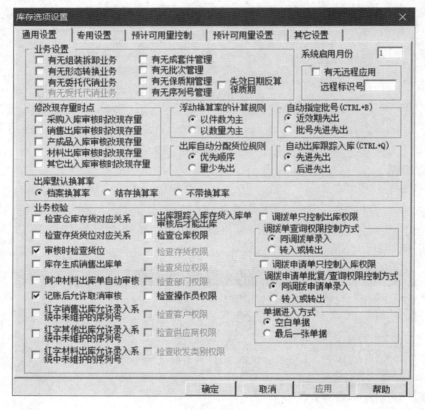

图 2-77

(2)单击各选项卡,进行选项的设置,选择所需要的参数。

(3)设置完各个参数后,单击"确定"按钮,系统即保存所做的操作,单击"取消"按钮,系统即取消所做的操作。

4. 存货核算

【操作流程】

(1)在"基础设置"页签中,执行"业务参数"→"供应链"→"存货核算"命令,打开"选项录入"对话框,如图 2-78 所示。对话框中有"核算方式""控制方式""最高最低控制"3 个选项卡。

(2)单击各选项卡,进行选项的设置,选择所需要的参数。

（3）设置完各个参数后，单击"确定"按钮，系统即保存所做的操作，单击"取消"按钮，系统即取消所做的操作。

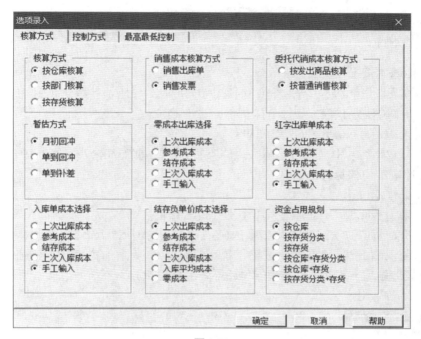

图 2-78

项目实践二

【实训目的】

1. 掌握 ERP-U8 系统的启动和注册方法。
2. 掌握系统用户及权限的含义及设置方法。
3. 掌握 ERP-U8 系统中账套的建立和操作方法。
4. 了解年度账的管理和系统安全管理。
5. 理解基础信息设置的作用和方法。
6. 掌握基础档案设置的作用和方法。
7. 掌握业务参数设置的作用和方法。

【实训任务】

1. 系统启动和注册。
2. 增加、删除、修改操作员。
3. 建立账套。
4. 进行财务分工和权限的设置。
5. 输出（备份）、引入账套数据。

6. 根据实训资料进行基本信息设置。
7. 根据实训资料进行基础档案设置。
8. 根据实训资料进行业务参数配置。

【实训资料】

一、企业基本情况

1. 企业名称：恒利科技有限公司（简称：恒利科技）；地址：徐州市铜山区大兴路17号；邮编：221006；法定代表人：张一祥。
2. 纳税人识别号：05165266783923987。
3. 企业开户银行：中国银行徐州大兴路支行；账号：602330067001800619。

二、会计政策和核算方法

1. 企业记账本位币为人民币。
2. 存货采用实际成本法核算，采用个别计价法计价。
3. 固定资产折旧方法采用平均年限法（一），按月分类计提折旧。
4. 增值税税率13%，城市建设维护税税率7%，教育费附加税率3%，企业所得税税率25%（企业所得税实行查账计征，按季预缴，年终汇算清缴）。
5. 损益结转采用账结法。

三、企业经营产品

冰箱和冰柜两类产品，具体内容如表2-3所示。

表2-3 产品情况

生产产品	所用材料	单位	单价/元	每台产品生产所耗用量
冰箱	铝材	千克	40	5
	塑材	千克	20	10
	机芯	台	680	1
	辅材	套	120	1
冰柜	铝材	千克	40	10
	塑材	千克	20	15
	机芯	台	680	1
	辅材	套	120	1

四、企业基本资料

1. 账套信息。账套号：001；账套名称：恒利科技有限公司；启用日期：2023年1月1日。
2. 单位信息。单位名称：恒利科技有限公司；单位简称：恒利科技；纳税人识别号：05165266783923987。
3. 核算类型。

企业类型：工业；行业性质：2007年新会计制度科目；按行业性质预置科目。

基础信息：存货、客户、供应商分类，无外币核算。

编码方案。科目编码：4-2-2-2；部门：2-2；收发类别：1-2-1；供应商分类：2-2-2；客户分类：2-2-2；存货分类：2-2-2-2；结算方式：1-2；其他采用系统默认设置。

数据精度：采用系统默认设置。

4. 操作员管理。操作员基本信息如表2-4所示。

表2-4 操作员基本信息

操作员编号	操作员密码	操作员姓名	工作职责	系统权限
001	001	周 敏	账套主管	账套全部权限
002	002	李海涛	财务主管	基本信息中的所有权限 财务会计中的所有权限 人力资源中的薪资管理权限
003	003	孙 方	记账会计	基本信息中的所有权限 财务会计中除出纳管理外的所有权限
004	004	王大力	出纳会计	出纳签字、出纳管理
005	005	刘 鹏	业务主管	供应链、生产制造

5. 系统启用。启用总账、固定资产、薪资管理、网上银行系统，启用日期统一为2023年1月1日。

五、基础数据

1. 基础档案。

（1）单位名称：恒利科技有限公司；单位简称：恒利科技；法人代表：张一祥；纳税人识别号：05165266783923987。

（2）编码方案。科目编码：4-2-2-2；部门：2-2；收发类别：1-2-1；供应商分类：2-2-2；客户分类：2-2-2；存货分类：2-2-2-2；结算方式：1-2；其他采用系统默认设置。

数据精度：采用系统默认设置。

（3）部门档案：如表2-5所示。

表2-5 部门档案

部门编码	部门名称	部门编码	部门名称
01	管理部	0501	生产一部
02	财务部	0502	生产二部
03	采购部	06	仓管部
04	销售部	07	运输部
05	生产部		

(4) 人员类别：如表 2-6 所示。

表 2-6　人员类别

人员类别	档案编码	分类编码	档案名称
正式工	101	1011	管理人员
正式工	101	1012	营销人员
正式工	101	1013	采购人员
正式工	101	1014	生产人员
合同工	102	1021	临时管理人员
合同工	102	1022	临时营销人员
合同工	102	1023	临时采购人员
合同工	102	1024	临时生产人员

(5) 人员档案：如表 2-7 所示。

表 2-7　人员档案

人员编号	人员姓名	性别	行政部门	是否业务员	人员类别	雇用状态
001	周　敏	男	财务部	否	管理人员	在职
002	李海涛	男	财务部	否	管理人员	在职
003	孙　方	女	财务部	否	管理人员	在职
004	王大力	男	财务部	否	管理人员	在职
005	刘　鹏	男	财务部	否	管理人员	在职
006	张一祥	男	管理部	否	管理人员	在职
007	韩一冰	女	管理部	否	管理人员	在职
008	周　明	男	采购部	是	采购人员	在职
009	李大力	男	采购部	是	采购人员	在职
010	赵东方	男	销售部	是	营销人员	在职
011	吴明飞	男	销售部	是	营销人员	在职
012	赵红兵	男	生产一部	否	生产人员	在职
013	张　远	男	生产一部	否	生产人员	在职
014	王　和	女	生产二部	否	生产人员	在职
015	何　飞	男	生产二部	否	生产人员	在职
016	陈　力	男	仓管部	否	管理人员	在职

(6) 供应商分类：如表 2-8 所示。

表 2-8　供应商分类

分类编码	分类名称	分类编码	分类名称
01	原材料供应商	02	半成品供应商

(7) 供应商档案：如表 2-9 所示。

表 2-9　供应商档案

供应商编号	供应商名称/简称	所属分类	分管部门	供应商编号	供应商名称/简称	所属分类	分管部门
0101	佳和公司	01	采购部	0201	永益公司	02	采购部
0102	新达公司	01	采购部	0202	明远公司	02	采购部

(8) 客户分类：如表 2-10 所示。

表 2-10　客户分类

分类编码	分类名称	分类编码	分类名称
01	代理商	02	零售商

(9) 客户档案：如表 2-11 所示。

表 2-11　客户档案

客户编号	客户名称/简称	所属分类码	分管部门	客户编号	客户名称/简称	所属分类码	分管部门
0101	苏州宏丰公司	01	销售部	0201	徐州科达公司	02	销售部
0102	上海安迅公司	01	销售部	0202	山东恒达公司	02	销售部

(10) 存货分类及存货档案：如表 2-12 所示（存货进项税、销项税税率 13%，运输费税率 9%）。

表 2-12　存货分类及存货档案

存货分类	存货编码	存货名称	计量单位	属　性
01 原材料类	0101	铝材	千克	外购、生产耗用
	0102	塑材	千克	外购、生产耗用
	0103	机芯	台	外购、生产耗用
	0104	辅材	套	外购、生产耗用
02 半成品类	0201	冰箱组件	套	外购、生产耗用
	0202	冰柜组件	套	外购、生产耗用
03 成品类	0301	冰箱	台	自制、外销
	0302	冰柜	台	自制、外销
04 劳务类	0401	运输费	元	外购、应税劳务

(11) 计量单位：如表2-13所示。

表2-13　计量单位

计量单位组编码	计量单位组名称	计量单位组类别	计量单位编码	计量单位名称
01	无换算单位	无换算率	0101	元
			0102	千克
			0103	套
			0104	台

2. 科目设置。

(1) 新增或修改会计科目及设置：如表2-14所示。

表2-14　会计科目设置

类型	科目编码	科目名称	计量单位	辅助账类型	账页格式	余额方向	操作提示
资产	1001	库存现金		日记账	金额式	借	修改
资产	1002	银行存款		银行账 日记账	金额式	借	修改
资产	100201	中国银行徐州大兴路支行		银行账 日记账	金额式	借	新增
资产	1121	应收票据		客户往来	金额式	借	修改
资产	1122	应收账款		客户往来	金额式	借	修改
资产	1123	预付账款		供应商往来	金额式	借	修改
资产	1221	其他应收款		个人往来	金额式	借	修改
资产	1403	原材料			金额式	借	修改
资产	140301	主要原料			金额式	借	新增
资产	14030101	铝材	千克	数量核算	数量金额式	借	新增
资产	14030102	塑材	千克	数量核算	数量金额式	借	新增
资产	14030103	机芯	台	数量核算	数量金额式	借	新增
资产	14030104	辅材	套	数量核算	数量金额式	借	新增
资产	140302	半成品类			金额式	借	新增
资产	14030201	冰箱组件	台	数量核算	数量金额式	借	新增
资产	14030202	冰柜组件	台	数量核算	数量金额式	借	新增
资产	1405	库存商品			金额式	借	修改
资产	140501	冰箱	台	数量核算 项目核算	数量金额式	借	新增
资产	140502	冰柜	台	数量核算 项目核算	数量金额式	借	新增

续表

类型	科目编码	科目名称	计量单位	辅助账类型	账页格式	余额方向	操作提示
负债	2001	短期借款			金额式	贷	修改
负债	200101	中国银行徐州大兴路支行			金额式	贷	新增
负债	2201	应付票据		供应商往来	金额式	贷	修改
负债	220101	商业承兑汇票		供应商往来	金额式	贷	新增
负债	220102	银行承兑汇票		供应商往来	金额式	贷	新增
负债	2202	应付账款		供应商往来	金额式	贷	修改
负债	2203	预收账款		客户往来	金额式	贷	修改
负债	2221	应交税费			金额式	贷	修改
负债	222101	应交增值税			金额式	贷	新增
负债	22210101	进项税额			金额式	贷	新增
负债	22210102	销项税额			金额式	贷	新增
负债	22210103	已交税金			金额式	贷	新增
负债	222102	未交增值税			金额式	贷	新增
负债	222103	应交所得税			金额式	贷	新增
负债	222104	应交城市维护建设税			金额式	贷	新增
负债	222105	应交教育费附加			金额式	贷	新增
负债	2501	长期借款			金额式	贷	修改
负债	250101	徐州经济开发区支行			金额式	贷	新增
所有者权益	4104	利润分配			金额式	贷	修改
所有者权益	410401	未分配利润			金额式	贷	新增
所有者权益	410402	提取法定盈余公积			金额式	贷	新增
所有者权益	410403	提取任意盈余公积			金额式	贷	新增
成本	5001	生产成本			金额式	借	成批复制1405科目
成本	500101	冰箱	台	数量核算项目核算	数量金额式	借	

续表

类型	科目编码	科目名称	计量单位	辅助账类型	账页格式	余额方向	操作提示
成本	500102	冰柜	台	数量核算 项目核算	数量金额式	借	
成本	5101	制造费用			金额式	借	修改
成本	510101	折旧费			金额式	借	新增
成本	510102	工资			金额式	借	新增
成本	510103	其他			金额式	借	新增
损益	6001	主营业务收入			金额式	贷	成批复制 1405科目
损益	600101	冰箱	台	数量核算 项目核算	数量金额式	贷	
损益	600102	冰柜	台	数量核算 项目核算	数量金额式	贷	
损益	6401	主营业务成本			金额式	借	成批复制 1405科目
损益	640101	冰箱	台	数量核算 项目核算	数量金额式	借	
损益	640102	冰柜	台	数量核算 项目核算	数量金额式	借	
损益	6601	销售费用			金额式	借	修改
损益	660101	折旧费			金额式	借	新增
损益	660102	工资			金额式	借	新增
损益	660103	广告费			金额式	借	新增
损益	660104	其他			金额式	借	新增
损益	6602	管理费用			金额式	借	修改
损益	660201	折旧费		部门核算	金额式	借	新增
损益	660202	工资		部门核算	金额式	借	新增
损益	660204	电话费		部门核算	金额式	借	新增
损益	660205	其他		部门核算	金额式	借	新增
损益	6603	财务费用			金额式	借	修改
损益	660301	利息支出			金额式	借	新增
损益	660302	手续费			金额式	借	新增

（2）指定现金科目、银行科目和现金流量科目。

3. 凭证类别：采用记账凭证方式。

4. 项目目录：新增项目大类及分类分别如表2-15、表2-16所示。

表 2-15　项目大类

项目大类名称	核算科目	项目分类
成本核算	140501 库存商品—冰箱 500101 生产成本—冰箱 600101 主营业务收入—冰箱 640101 主营业务成本—冰箱	1 冰箱成本核算
	140502 库存商品—冰柜 500102 生产成本—冰柜 600102 主营业务收入—冰柜 640102 主营业务成本—冰柜	2 冰柜成本核算

表 2-16　项目目录

项目编号	项目名称	是否结算	所属分类名称	项目编号	项目名称	是否结算	所属分类名称
101	冰箱	否	1 冰箱成本核算	102	冰柜	否	2 冰柜成本核算

5. 结算方式：如表 2-17 所示。

表 2-17　结算方式

编号	结算名称	编号	结算名称
1	现金结算	202	转账支票
2	转账结算	3	商业承兑汇票
201	现金支票	4	银行承兑汇票

6. 本单位开户银行：如表 2-18 所示。

表 2-18　开户银行

编码	银行账号	开户银行	客户编号	机构号	联行号
01	6023300670018006199	中国银行徐州大兴路支行	01	6666	666

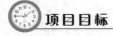
总账管理系统设置与管理

项目目标

1. 掌握总账的设置和期初数据的录入及修改方法。
2. 掌握凭证的填制、删除和修改方法。
3. 掌握审核凭证、凭证记账的顺序和操作方法。
4. 掌握总账、明细账的查询及打印操作方法。
5. 掌握现金、银行存款日记账的查询及打印操作方法。
6. 掌握银行对账的设置与操作方法。
7. 掌握个人往来管理、部门辅助管理、项目核算管理的操作方法。
8. 了解客户管理及供应商往来管理。

用友 ERP-U8 总账管理系统适用于各类企事业单位进行总账设置、凭证管理、账簿管理、个人往来款管理、部门管理、项目核算和出纳管理等，主要包括总账参数设置、凭证管理、出纳管理、现金流量管理、账簿管理、期末处理等功能。总账管理系统以凭证管理为主线，提供凭证处理、预提摊销处理、自动转账、汇兑损益、结转损益等会计核算功能，以及往来核算、生成现金流量表等财务管理功能；通过部门、个人、客户、供应商、项目以及自定义核算功能，实现企业各项业务的精细化核算；系统提供了丰富的账簿和财务报表，帮助企业管理者及时掌握企业财务和业务运营情况；系统完全符合 2007 年新会计准则及各行业对企业会计核算的各项要求，既可以独立运行，又可以与报表、工资管理、固定资产管理、应收款管理、应付款管理等模块共同使用，提供更完整、全面的财务管理解决方案。

任务一　总账管理系统初始设置

任务分析

恒利科技有限公司前期进行了系统基础信息设置和基础档案设置，在此基础上还需要进行总账设置，包括凭证、账簿等参数的设置以及期初科目余额的录入等内容。

一、选项设置

系统在建立新的账套后由于具体情况需要,或业务变更,发生一些账套信息与核算内容不符的情况,可以通过此功能进行账簿选项的查看和调整,可对"凭证""账簿""凭证打印""权限"等内容的操作控制选项进行修改。

选项设置

【操作流程】

在"业务工作"页签中,执行"财务会计"→"总账"→"设置"→"选项"命令,打开"选项"对话框进行设置;也可以在"基础设置"页签中,执行"业务参数"→"财务会计"→"总账"命令,打开"选项"对话框进行设置,如图3-1所示。

图 3-1

"选项"对话框中各选项卡说明如下:

(1)"凭证"选项卡(图3-1)。

① 制单控制:

◆ 制单序时控制:此项和"系统编号"选项联用,制单时凭证编号必须按日期顺序排列,如果有特殊需要,可以将其改为不序时制单。

◆ 支票控制:若选择此项,在制单时使用银行科目编制凭证时,系统针对票据管理的结算方式进行登记。如果录入的支票号在支票登记簿中已存在,系统提供登记支票报销的功能;否则,系统提供登记支票登记簿的功能。

② 凭证控制：若要求出纳签字、审核后才可对凭证执行领导签字，则选择"主管签字以后不可取消审核和出纳签字"复选框。现金流量科目必录现金流量项目，选择此项后，在录入凭证时如果使用现金流量科目，则必须输入现金流量项目及金额。

③ 凭证编号方式：系统在"填制凭证"功能中一般按照凭证类别按月自动编制凭证编号，即"系统编号"；但有的企业需要系统允许在制单时手工录入凭证编号，即"手工编号"。

④ 现金流量参照科目：用来设置现金流量录入界面的参照内容和方式。选中"现金流量科目"单选按钮时，系统只参照凭证中的现金流量科目；选中"对方科目"单选按钮时，系统只显示凭证中的非现金流量科目；选中"自动显示"复选框时，系统依据前两个选项将现金流量科目或对方科目自动显示在指定现金流量项目界面中，否则需要手工参照选择。

（2）"账簿"选项卡（图3-2）。

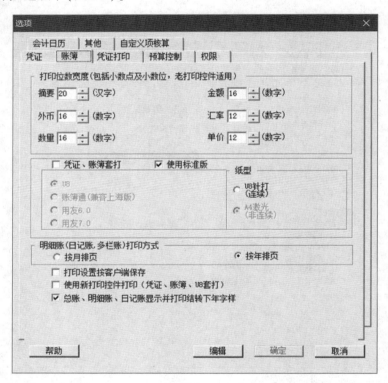

图 3-2

① 凭证、账簿套打：这一功能是用友公司专门为用友软件用户设计的，适合于用各种打印机输出管理用表单与账簿。

② 打印设置按客户端保存：有多个用户使用多台不同型号的打印机时，选择此项则按照每个用户自己的打印机类型和打印选项设置打印凭证和账簿。

③ 总账、明细账、日记账显示并打印结转下年字样：若选择此项，总账、明细账、日记账显示及打印界面最后一行摘要处显示"结转下年"，在借贷方向、余额处显示对应信息。

（3）"凭证打印"选项卡（图 3-3）。

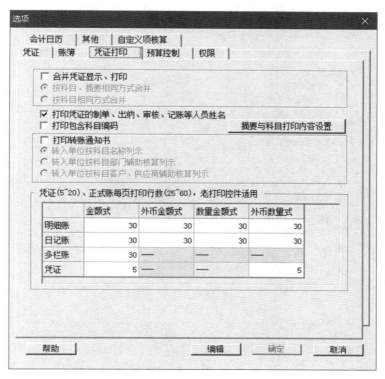

图 3-3

① 合并凭证显示、打印：若选择此项，则在填制凭证、查询凭证、出纳签字和凭证审核时，以系统选项中的设置显示；在科目明细账显示或打印时凭证"按科目、摘要相同方式合并"显示或"按科目相同方式合并"显示，并在明细账显示界面提供是否"合并显示"的选项。

② 打印凭证的制单、出纳、审核、记账等人员姓名：若选择此项，则在打印凭证时，自动打印制单人、出纳、审核人、记账人的姓名。

③ 打印包含科目编码：若选择此项，则在打印凭证时，自动打印科目编码。

④ 摘要与科目打印内容设置：通过此功能，可设置凭证中的摘要栏与科目栏内打印的辅助项。

(4)"权限"选项卡(图3-4)。

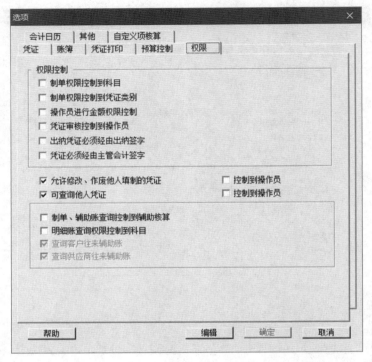

图 3-4

① 制单权限控制到科目：须先在系统管理的"功能权限"中设置科目权限，再选择此项，权限设置才有效。若选择此项，则在制单时，操作员只能使用具有相应制单权限的科目制单。

② 制单权限控制到凭证类别：须先在系统管理的"功能权限"中设置凭证类别权限，再选择此项，权限设置才有效。若选择此项，则在制单时，只显示此操作员有权限的凭证类别，同时在凭证类别参照中按人员的权限过滤出有权限的凭证类别。

③ 操作员进行金额权限控制：选择此项，可以对不同级别的人员进行金额大小的控制，这样可以减少由于不必要的责任事故带来的经济损失。若为外部凭证或常用凭证调用生成，则处理方法与预算处理相同，不做金额控制。

④ 凭证审核控制到操作员：若只允许某操作员审核其本部门操作员填制的凭证，则应选择此选项。

⑤ 出纳凭证必须经由出纳签字：若要求现金、银行科目凭证必须由出纳人员核对签字后才能记账，则应选择此选项。

⑥ 凭证必须经由主管会计签字：若要求所有凭证必须由主管签字后才能记账，则应选择此选项。

⑦ 允许修改、作废他人填制的凭证：若选择了此项，在制单时可修改或作废别人填制的凭证，否则不能修改或作废。

⑧ 可查询他人凭证：若允许操作员查询他人凭证，则应选择此选项。

⑨ 制单、辅助账查询控制到辅助核算：设置此项权限，制单时才能使用有辅助核算属

性的科目录入分录,辅助账查询时只能查询有权限的辅助项内容。

⑩ 明细账查询权限控制到科目:这是权限控制的开关,在系统管理中设置明细账查询权限,必须在总账管理系统选项中打开,才能起到控制作用。

(5)"会计日历"选项卡(图 3-5)。

图 3-5

"会计日历"选项卡用于查看各会计期间的起始日期与结束日期,以及启用会计年度和启用日期。此处仅能查看会计日历的信息,如需修改,请到系统管理中进行。

注意:

① 总账管理系统的启用日期不能在系统的启用日期之前。

② 若总账中已录入期初余额(包括辅助期初余额),则不能修改总账启用日期。

③ 总账中已制单的月份不能修改总账的启用日期,其他系统中已制单的月份不能修改总账的启用日期。

④ 第二年进入系统,不能修改总账的启用日期。

(6)"其他"选项卡(图3-6)。

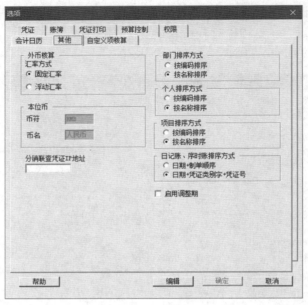

图3-6

① 外币核算：如果企业有外币业务，则应选择相应的汇率方式——固定汇率、浮动汇率。"固定汇率"即在制单时，一个月只按一个固定的汇率折算本位币金额；"浮动汇率"即在制单时，按当日汇率折算本位币金额。

② 本位币：可以在这里输入核算的本位币的币符和币名。例如：如果企业核算本位币是人民币，那么币符为"RMB"，币名为"人民币"。

③ 部门排序方式：在查询部门账或参照部门目录时，是按部门编码排序还是按部门名称排序，可根据需要在这里设置。

④ 个人排序方式：在查询个人账或参照个人目录时，是按个人编码排序还是按个人名称排序，可根据需要在这里设置。

⑤ 项目排序方式：在查询项目账或参照项目目录时，是按项目编码排序还是按项目名称排序，可根据需要在这里设置。

⑥ 日记账、序时账排序方式：在查询日记账、序时账时，是按"日期+制单顺序"排序还是按"日期+凭证类别+凭证号"排序，可根据需要在这里设置。

⑦ 分销联查凭证IP地址：在这里输入分销系统的网址，可以联查分销系统的单据。

⑧ 启用调整期：如果希望在结账后仍旧可以填制凭证以调整报表数据，可在总账选项中启用调整期。调整期启用后，加入关账操作，在结账之后关账之前为调整期。在调整期内填制的凭证为调整期凭证。

二、期初余额

"期初余额"功能包括录入科目期初余额和核对期初余额，并进行试算平衡。

恒利科技有限公司2023年1月期初余额的具体内容按项目实践三中表3-1进行录入。

1. 录入期初余额

如果是第一次使用账务处理系统，必须使用此功能输入科目余额。如果系统中已有上年的数据，在使用"结转上年余额"后，上年各账户余额将自动结转到本年。

库存现金期初余额录入

银行存款期初余额录入

【操作流程】

（1）在"业务工作"页签中，执行"财务会计"→"总账"→"设置"→"期初余额"命令，打开"期初余额录入"窗口，进行期初数据录入，如图 3-7 所示。

图 3-7

（2）录入辅助核算科目的期初余额：辅助核算科目必须按辅助项录入期初余额。在"期初余额录入"窗口中双击辅助核算科目的期初余额，屏幕显示"辅助期初余额"录入窗口，如图 3-8（a）所示，双击"往来明细"按钮，打开"期初往来明细"窗口，如图 3-8（b）所示，单击"增行"按钮即可进行期初往来明细的录入。

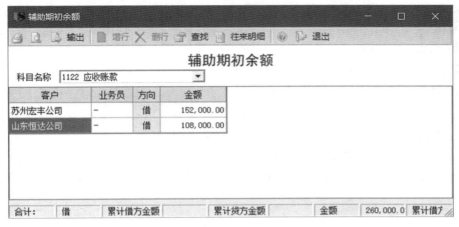

期初往来明细录入

(a)

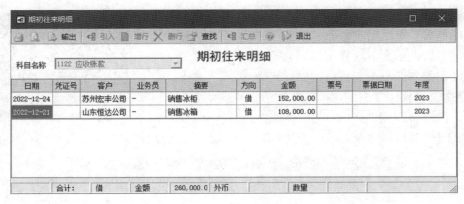

(b)

图 3-8

操作提示：

➤ 无论往来核算在总账管理系统中还是在应收/应付款管理系统中，有往来辅助核算的科目都要按明细录入数据；只要求录入最末级科目的余额和累计发生数，上级科目的余额和累计发生数由系统自动计算。若年中启用，则只要录入末级科目的期初余额及累借、累贷，年初余额将自动计算出来；如果某科目为数量、外币核算，可以录入期初数量、外币余额。

➤ 必须先录入本币余额，再录入外币余额；若期初余额有外币、数量余额，则必须有本币余额；在录入辅助核算期初余额之前，必须先设置各辅助核算目录。

2. 调整科目余额方向

每个科目的余额方向由科目性质确定，资产类科目余额方向一般为借，负债类科目余额方向一般为贷。余额方向在"期初余额录入"窗口中也可以调整。

【操作流程】

（1）在"期初余额录入"窗口中，把光标定位到要调整的科目上，单击窗口上方的"方向"按钮，弹出"总账"对话框，如图 3-9 所示。

（2）单击"是"按钮，可以修改科目的余额方向（即科目性质）。用户只能调整一级科目的余额方向，且该科目及其下级科目尚未录入期初余额。当一级科目方向调整后，其下级科目也随一级科目相应调整方向。

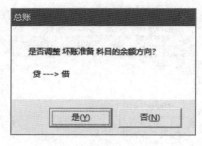

图 3-9

3. 对账

在进行期初设置时的一些不经意的修改，可能会导致总账与辅助账、总账与明细账核对有误，系统提供对期初余额进行对账的功能，可以及时做到账账核对，并可尽快修正错误的账务数据。

【操作流程】

（1）在"期初余额录入"窗口中，单击窗口上方的"对账"按钮，打开"期初对账"对话框，如图 3-10 所示。

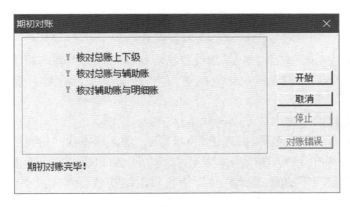

图 3-10

（2）单击"开始"按钮可对当前期初余额进行对账,核对内容为:核对总账上下级;核对总账与辅助账;核对辅助账与明细账。

（3）如果对账后发现有错误,可单击"对账错误"按钮,系统将把对账中发现的问题列出来,以便查找错误。

4. 余额试算平衡

期初余额录入完毕,可以通过试算平衡来进一步查找错误。

【操作流程】

（1）在"期初余额录入"窗口中,单击窗口上方的"试算"按钮,打开"期初试算平衡表"对话框,如图 3-11 所示。

对账和试算平衡

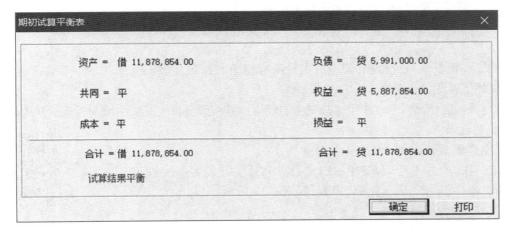

图 3-11

（2）对话框显示试算结果是否平衡,如果不平衡,应重新修改,调整至平衡后再进行下一步操作。

操作提示:

➢ 若期初余额试算不平衡,则不能记账,但可以填制凭证。

➢ 若已经使用本系统记过账,则不能再录入、修改期初余额,也不能执行"结转上年余额"的命令。

➢ 若录入的自定义项在总账"选项"中设置为辅助核算项,则该自定义项为必录项;否则,可选择性录入。

5. 其他功能

开账:系统将上一年基础档案、基础设置结转到本年。其中基础档案包括会计科目、备查科目设置、外币设置;基础设置包括"选项"→"自定义项作为辅助核算设置"及"选项"→"行业性质显示"。

结转:系统将以前年度的数据结转到本年年初。

查找:输入科目编码或名称,或通过"科目参照"输入要查找的科目,可快速显示此科目所在的记录行。如果在录入期初余额时使用查找功能,可以提高输入速度。

清零:期初余额清零功能,当此科目下级科目的期初数据互相抵消使本科目的期初余额为零时,清除此科目的所有下级科目的期初数据。存在已记账凭证时此按钮置灰。

任务二 凭证管理

任务分析

凭证管理是日常工作中最频繁的工作,也是最基本的工作。记账凭证是登记账簿的依据,会计账簿的准确与完整完全依赖于记账凭证,因而用户要确保记账凭证输入的准确与完整。

任务实施

一、填制凭证

记账凭证是本系统处理的起点,也是所有报表数据最主要的一个来源。日常业务处理从填制凭证开始。

恒利科技有限公司2023年1月发生的经济业务按照项目实践三中填制凭证的要求填制。

1. 凭证录入

【操作流程】

(1)在"业务工作"页签中,执行"财务会计"→"总账"→"凭证"→"填制凭证"命令,打开"填制凭证"界面,如图3-12所示。

凭证录入

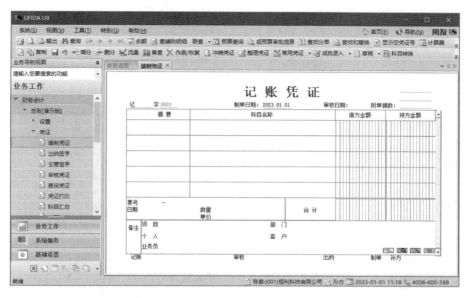

图 3-12

（2）单击菜单中的"增加"按钮或按【F5】键,增加一张新凭证。

（3）输入凭证类别字,也可以单击 按钮或按【F2】键,参照选择一个凭证类别,确定后按【Enter】键,系统将自动生成凭证编号。选择"自动编号",则由系统按时间自动编号；否则,须手工编号。

（4）制单日期：系统将用户进入系统时输入的操作日期默认为记账凭证的填制日期,可修改或单击 按钮参照输入,制单日期应晚于建账日期且早于系统日期。

（5）用户根据需要自行定义和输入凭证自定义项,系统对这些信息不进行校验,只进行保存。单击凭证右上角的输入框后进行输入即可。

（6）输入本张凭证的每一笔分录,如图 3-13 所示。每笔分录由摘要、科目、发生金额组成。摘要部分可以直接录入,也可以设置常用摘要；会计科目一定要录入末级科目,可以直接输入科目编码或名称；金额部分直接录入,但金额不可以为"0",如果金额借、贷方向输入错误,可以用空格键调整借贷方向。

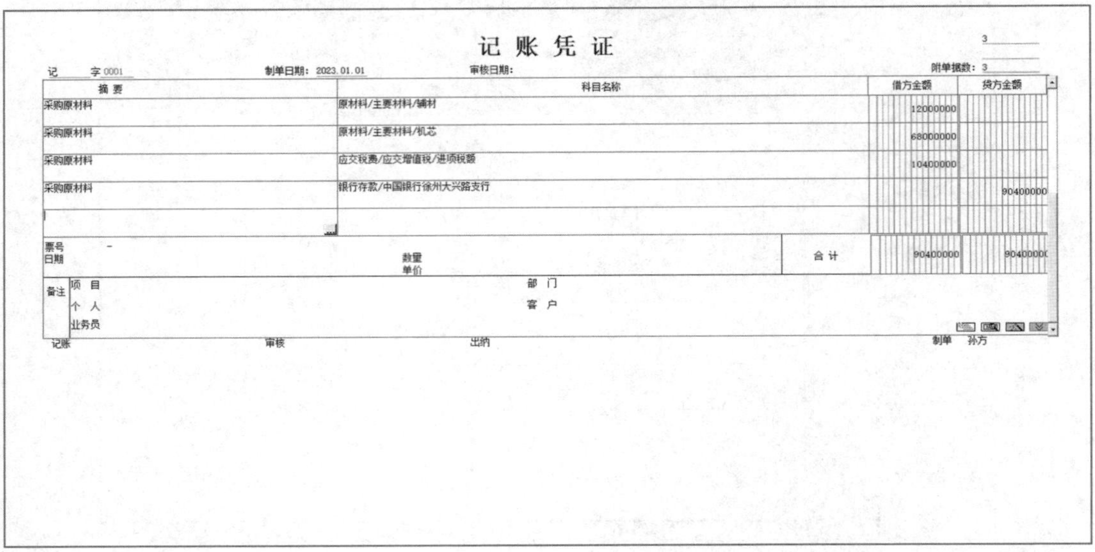

图 3-13

（7）辅助信息。

① 系统根据科目属性要求用户输入相应的辅助信息，如数量、单价、部门、项目、客户、个人、供应商、自定义项等。需要修改时，双击所要修改的辅助信息项，系统显示辅助信息录入窗，即可进行修改。

② 如果该科目要进行数量核算，则屏幕提示用户输入数量、单价。系统根据数量乘以单价自动算出金额。若在账套选项中未设置数据的小数位，则自动四舍五入取整。

③ 原材料的明细科目定义为数量金额式时，系统会弹出"辅助项"对话框，输入数量、单价，单击"确定"按钮关闭，如图 3-14 所示。在这里录入的辅助信息将在凭证下方的备注中显示。

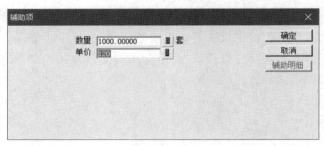

图 3-14

④ 如果该科目要进行外币核算，系统自动将凭证格式改为外币式。如果系统有其他辅助核算，则先输入其他辅助核算后，再输入外币信息。一般企业使用"外币×汇率＝本币"的公式折算本币金额，也有些企业采用"外币÷汇率＝本币"的公式折算本币金额。

⑤ 如果会计科目设置了科目属性或定义了自定义项，则根据屏幕提示或通过参照功能输入。如在"会计科目"中被指定为银行科目或设置了"银行账"的属性，屏幕提示用户输入"结算方式""票号""发生日期"。

⑥ 在银行存款科目输入金额后，系统会弹出"辅助项"对话框，输入结算方式、票号、单

击"确定"按钮关闭,如图 3-15 所示。

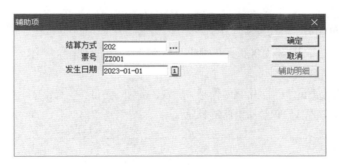

图 3-15

⑦ 若在制单时同时进行支票登记,应在"选项"中设置"支票控制"选项。在输入支票号后,系统会自动勾销支票登记簿中未报销的支票。

⑧ 若科目在"会计科目"中被指定为现金流量科目,或在凭证界单击"流量"按钮,则系统显示"现金流量录入修改"对话框,如图 3-16 所示。单击"项目编码"下方的提示按钮,系统打开现金流量项目"参照"窗口,如图 3-17 所示,用户可以根据需要进行选择。

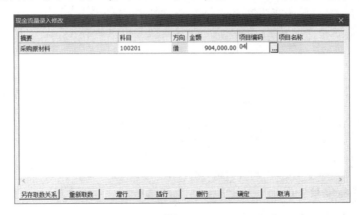

图 3-16

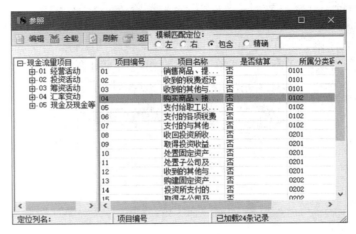

图 3-17

（8）当此张凭证全部录入完毕后，单击"保存"按钮或按【F6】键保存，单击"增加"按钮继续填制下一张凭证。

2. 凭证作废和删除

孙方填制一张提取现金1 000元的凭证，发现错误，进行删除操作。

【操作流程】

（1）单击"填制凭证"界面中的"作废/恢复"按钮，凭证左上角显示"作废"字样，表示已将该凭证作废，如图3-18所示。

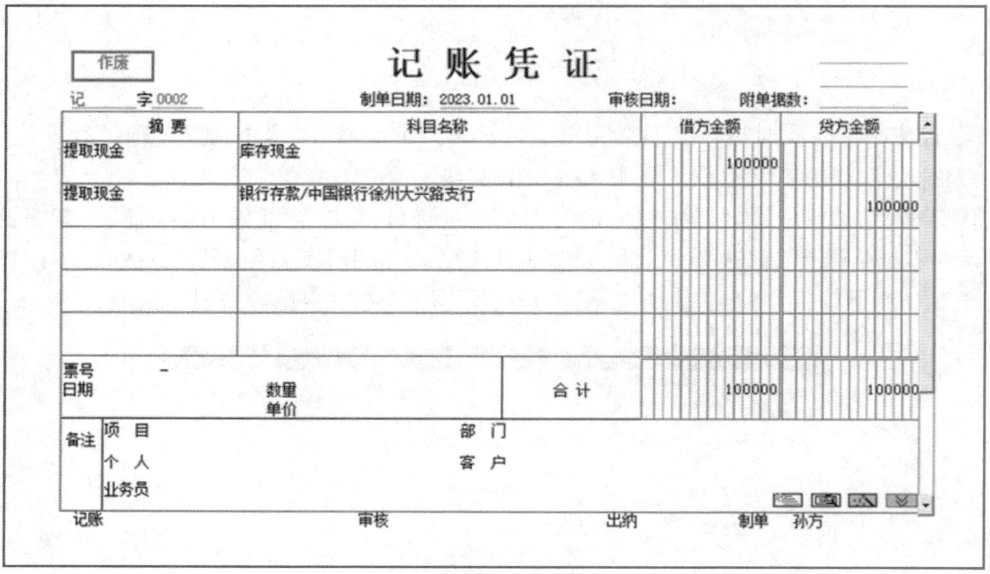

凭证作废和删除

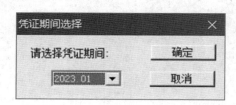

图 3-18

注意：作废凭证仍保留凭证内容及凭证编号，只在凭证左上角显示"作废"字样。作废凭证不能修改，不能审核，相当于一张空凭证。在记账时，不对作废凭证做数据处理。在账簿查询时，也查不到作废凭证的数据。

（2）若当前凭证已作废，单击"制单"→"作废/恢复"按钮，可取消作废标志，并将当前凭证恢复为有效凭证。

（3）如果不想保留有些作废凭证，可以通过凭证整理功能将这些凭证彻底删除，并利用留下的空号对未记账凭证重新编号。单击"填制凭证"界面中的"整理凭证"按钮，在打开的"凭证期间选择"对话框中选择要整理的月份，如图3-19所示。

图 3-19

单击"确定"按钮后，屏幕显示"作废凭证表"对话框，如图3-20所示。

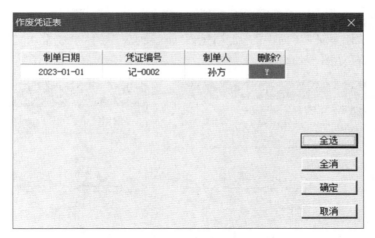

图 3-20

单击"确定"按钮后,将这些凭证从数据库中删除,并对剩下的凭证重新排号。在打开的"提示"对话框中,可以选择重排凭证号的方式,如图 3-21 所示,单击"是"按钮即可。

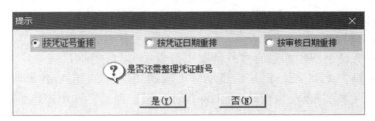

图 3-21

3. 红字冲销凭证
【操作流程】

(1) 单击"填制凭证"界面中的"冲销凭证"按钮,打开"冲销凭证"对话框,如图 3-22 所示。

图 3-22

(2) 输入要冲销的凭证所在月份、凭证类别和凭证号,单击"确定"按钮,系统自动制作一张红字冲销凭证。

4. 常用凭证的生成和调用

企业日常经济业务中,有大量重复的或相似的业务,在填制凭证过程中,可以充分利用系统的"常用凭证"功能,提高工作效率。

【操作流程】

（1）单击"填制凭证"界面中的"常用凭证"下拉列表中的"生成常用凭证"，打开"常用凭证生成"对话框，如图3-23所示。

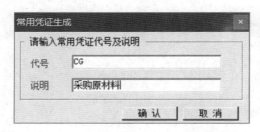 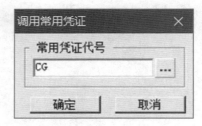

图3-23　　　　　　　　　　　　　图3-24

（2）输入代号、说明后，单击"确认"按钮，系统自动生成一张常用的记账凭证。

（3）如果想使用一张常用凭证，单击"填制凭证"界面中的"常用凭证"下拉列表中的"调用常用凭证"，打开"调用常用凭证"对话框，如图3-24所示。

（4）输入常用凭证代号后，单击"确定"按钮，系统自动调用该代号的一张常用记账凭证，直接修改后保存即可。

5. 凭证草稿保存

用户在新增凭证过程中如果有意外情况不能继续，可以保存这张未完成且未保存过的凭证。这张凭证是一张草稿凭证，可以是结转生成的凭证，但不包括其他系统生成的凭证。在保存时，系统不做任何合法性校验，也不保存凭证号。以后要使用或继续完成这张草稿凭证时可以由操作员引入。

【操作流程】

（1）单击"填制凭证"界面中的"草稿"下拉列表中的"凭证草稿保存"，保存当前未完成的凭证，方便以后引用或继续完成。每个操作员只能保存一张未完成的凭证，保存第二张草稿凭证时系统提示"已存在一张未完成凭证，是否覆盖"，若选择"是"，则保存第二张凭证草稿，删除第一张凭证草稿；若选择"否"，则不保存第二张凭证草稿。

（2）当引入凭证草稿时，单击"填制凭证"界面中的"草稿"下拉列表中的"凭证草稿引入"，将以前未完成的凭证引入并继续完成。当凭证填制完成需要保存时，系统提示"是否保留引入的凭证"，若选择"是"，则保存那张未完成的凭证，以后还可以引用；若选择"否"，则删除那张未完成的凭证。

二、出纳签字

会计填制凭证工作完成之后，如果该凭证是出纳凭证，且在系统"选项"对话框中选择了"出纳凭证必须经由出纳签字"，则须由出纳核对签字。

由于出纳凭证涉及企业现金的收入与支出，应加强对出纳凭证的管理。出纳人员可通过出纳签字功能对制单员填制的带有现金或银行科目的凭证进行检查核对，主要核对出纳凭证中出纳科目的金额是否正确。审查认为错误或有异议的凭证，应交与制单人员修改后再核对。

出纳签字

恒利科技有限公司由王大力进行出纳签字。

【操作流程】

（1）在“业务工作”页签中，执行“财务会计”→“总账”→“凭证”→“出纳签字”命令，打开“出纳签字”对话框，如图 3-25 所示。

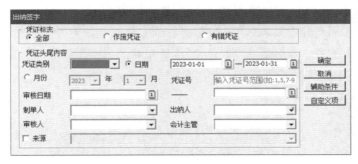

图 3-25

（2）输入所查询凭证的日期、凭证号、制单人、凭证来源等条件，缩小查询范围，在大量凭证环境下可减少查询等待时间。单击“确定”按钮后，屏幕显示凭证一览表，如图 3-26 所示。

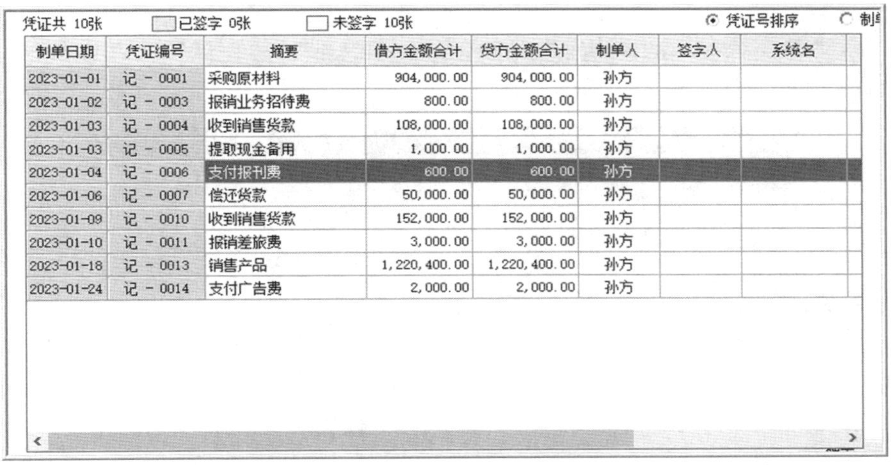
凭证共 10张　已签字 0张　未签字 10张　凭证号排序

制单日期	凭证编号	摘要	借方金额合计	贷方金额合计	制单人	签字人	系统名
2023-01-01	记 - 0001	采购原材料	904,000.00	904,000.00	孙方		
2023-01-02	记 - 0003	报销业务招待费	800.00	800.00	孙方		
2023-01-03	记 - 0004	收到销售货款	108,000.00	108,000.00	孙方		
2023-01-03	记 - 0005	提取现金备用	1,000.00	1,000.00	孙方		
2023-01-04	记 - 0006	支付报刊费	600.00	600.00	孙方		
2023-01-06	记 - 0007	偿还贷款	50,000.00	50,000.00	孙方		
2023-01-09	记 - 0010	收到销售货款	152,000.00	152,000.00	孙方		
2023-01-10	记 - 0011	报销差旅费	3,000.00	3,000.00	孙方		
2023-01-18	记 - 0013	销售产品	1,220,400.00	1,220,400.00	孙方		
2023-01-24	记 - 0014	支付广告费	2,000.00	2,000.00	孙方		

图 3-26

（3）双击要签字的凭证，打开“记账凭证”窗口，审核无误后，单击窗口左上角“签字”按钮，凭证下方出纳处显示当前操作员姓名，表示这张凭证出纳员已签字。若想对已签字的凭证取消签字，单击“取消”按钮即可。

（4）为了提高工作效率，系统提供对已审核的凭证进行成批签字的功能，单击“记账凭证”窗口中的“批处理”下拉列表中的“成批出纳签字”和“成批取消签字”，可进行签字的成批操作。

（5）如果在录入凭证时没有录入结算方式和票据号，在出纳签字时还可以补充录入。单击“记账凭证”窗口中的“票据结算”按钮，屏幕列示所有需要进行填充结算方式、票据号、票据日期的分录，包括已填写的分录；填制结算方式和票号时，针对票据的结算方式进行相应支票登记判断。需要注意的是，已签字凭证不能填写票据，只有取消签字后才能进行填写。

操作提示：

➤ 凭证合并状态可以进行出纳签字，但不能填补结算方式和票号。

➢ 已签字的凭证不能被修改、删除,需要取消签字才能进行修改、删除操作。

➢ 取消签字只能由出纳员自己操作。

➢ 企业可根据实际需要决定是否要对出纳凭证进行出纳签字管理,若不需要此功能,可在“选项”对话框中取消“出纳凭证必须经由出纳签字”的设置。

➢ 企业可以依据实际需要加入“出纳签字后方可执行领导签字”的控制,同时在取消签字时确保领导尚未签字。可通过在“选项”对话框中选中“主管签字以后不可以取消审核和出纳签字”来实现这一功能。

三、审核凭证

审核凭证是指审核人按照财会制度,对制单人填制的记账凭证进行检查核对,主要审核记账凭证是否与原始凭证相符、会计分录是否正确等。审核人认为错误或有异议的凭证,应交与制单人修改后再审核。只有具有审核权的人才能使用本功能。

审核凭证

恒利科技有限公司由李海涛进行凭证审核。

【操作流程】

(1) 在“业务工作”页签中,执行“财务会计”→“总账”→“凭证”→“审核凭证”命令,打开“凭证审核”对话框,如图 3-27 所示。

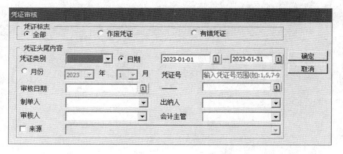

图 3-27

(2) 输入审核凭证的条件,单击“确定”按钮后,屏幕显示凭证一览表,如图 3-28 所示。

制单日期	凭证编号	摘要	借方金额合计	贷方金额合计	制单人	审核人	系统名	备注	审核日期	年度
2023-01-01	记 - 0001	采购原材料	904,000.00	904,000.00	孙方					2023
2023-01-02	记 - 0002	生产领用材料	240,000.00	240,000.00	孙方					2023
2023-01-02	记 - 0003	报销业务招待费	800.00	800.00	孙方					2023
2023-01-03	记 - 0004	收到销售货款	108,000.00	108,000.00	孙方					2023
2023-01-03	记 - 0005	提取现金备用	1,000.00	1,000.00	孙方					2023
2023-01-04	记 - 0006	支付报刊费	600.00	600.00	孙方					2023
2023-01-06	记 - 0007	偿还货款	50,000.00	50,000.00	孙方					2023
2023-01-06	记 - 0008	采购材料	632,800.00	632,800.00	孙方					2023
2023-01-07	记 - 0009	生产领用材料	900,000.00	900,000.00	孙方					2023
2023-01-09	记 - 0010	收到销售货款	152,000.00	152,000.00	孙方					2023
2023-01-10	记 - 0011	报销差旅费	3,000.00	3,000.00	孙方					2023
2023-01-16	记 - 0012	完工入库	240,000.00	240,000.00	孙方					2023
2023-01-18	记 - 0013	销售产品	1,220,400.00	1,220,400.00	孙方					2023
2023-01-24	记 - 0014	支付广告费	2,000.00	2,000.00	孙方					2023
2023-01-24	记 - 0015	完工入库	900,000.00	900,000.00	孙方					2023
2023-01-28	记 - 0016	销售产品	5,152,800.00	5,152,800.00	孙方					2023

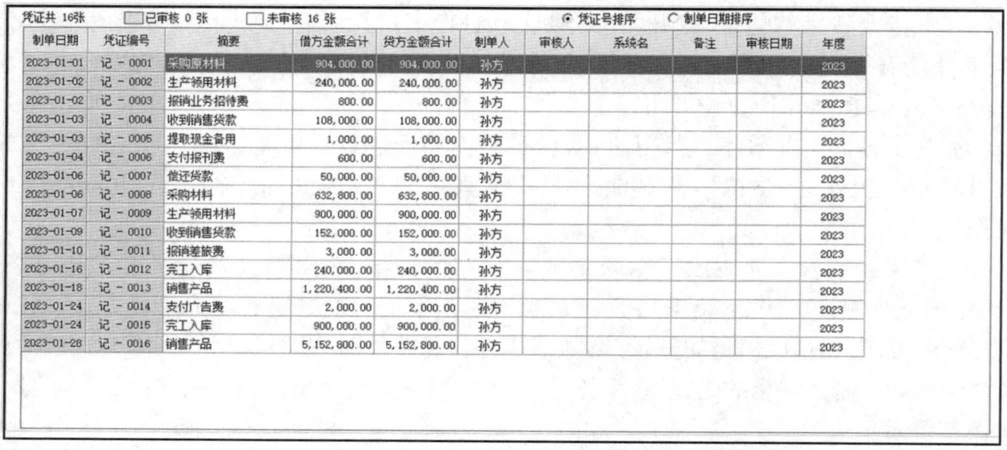

图 3-28

（3）双击要签字的凭证，打开"记账凭证"窗口，审核无误后，单击窗口左上角"审核"按钮，凭证下方审核处显示当前操作员姓名，表示这张凭证审核员已签字。若想对已签字的凭证取消签字，单击"取消"按钮即可。

操作提示：

➤ 双击凭证一览表中的某张凭证，则屏幕显示此张凭证，如果此凭证不是所要审核的凭证，可用鼠标单击翻页按钮，翻页查找。

➤ 单击"余额"按钮，可查看选中科目的最新余额一览表。

➤ 通过"科目转换"按钮可切换显示科目编码和科目名称，用【↑】键或【↓】键在分录中移动时，凭证辅助信息位置将显示当前分录的辅助信息。

➤ 若审核人发现该凭证有错误，可单击"标错"按钮，对凭证进行标错，以便制单人对其进行修改。

➤ 审核人在确认该张凭证正确后，单击"审核"按钮，凭证下方审核处自动显示审核人名，并显示审核日期，即该张凭证审核完毕，系统自动显示下一张待审核凭证。

（4）为了提高工作效率，系统提供对已审核的凭证进行成批签字的功能，单击"记账凭证"窗口中的"批处理"下拉列表中的"成批审核凭证"和"成批取消审核"，可进行审核的成批操作。

（5）对照式审核主要是为了满足金融、证券等一些特殊行业的需要，通过对凭证的二次录入，达到系统自动审核凭证的目的。此项功能可满足对金额有特别控制要求的企业或单位的需求，确保经济业务处理不会发生输入错误。

单击"审核列表"窗口上方的"对照式审核"按钮，再次录入凭证，单击"对照检查"或"审核"按钮，对照检查原有凭证和待审核凭证，可查看全部凭证、已审核凭证和审核发现有错误的凭证。审核完毕，继续进行下一张凭证的审核。

操作提示：

➤ 审核人和制单人不能是同一个人。

➤ 凭证在合并显示状态可直接审核，用户可根据需要选择是否展开凭证进行审核。

➤ 若想对已审核的凭证取消审核，单击"取消"按钮即可。取消审核签字只能由审核人本人进行操作。

➤ 凭证一经审核，就不能被修改、删除，只有被取消审核签字后才可以进行修改或删除。

➤ 审核人除了要具有审核权外，还需要有对审核凭证制单人所制凭证的审核权，该项权限在"基础设置"的"数据权限"中设置。

➤ 采用手工制单的用户，在凭单上审核完后还须对录入计算机中的凭证进行审核。

➤ 作废凭证不能被审核，也不能被标错。

➤ 已标错的凭证可以直接修改、作废，但不能被审核，若想审核，须先取消标错后才能审核。已审核的凭证不能标错。

➤ 预算审批通过的凭证，只能进行审核，不能进行其他操作。

➤ 取消审核时，无论预算管理系统返回何值，全部认为成功，系统只提示，不进行控制。

➤ 企业可以依据实际需要加入"审核后方可执行领导签字"的控制，同时在取消审核时确保领导尚未签字。可通过在"选项"对话框中选中"主管签字以后不可以取消审核和出纳签字"来实现这一功能。

四、主管签字

为了加强对企业财务的集中管理,本系统的会计核算中心采取主管签字的管理模式。此模式中,经主管会计签字后,这些凭证才能记账。

【操作流程】

在"业务工作"页签中,执行"财务会计"→"总账"→"凭证"→"主管签字"命令,打开"主管签字"对话框。具体操作和出纳签字类似。

操作提示:

➢ 已签字的凭证不能再签字。
➢ 取消签字只能由签字人本人操作。
➢ 没有授权的凭证,也不能签字。
➢ 签字人不能与制单人相同,即不能对自己制作的凭证进行主管签字。

五、查询凭证

【操作流程】

在"业务工作"页签中,执行"财务会计"→"总账"→"凭证"→"查询凭证"命令,打开"凭证查询"对话框。具体操作步骤不再赘述。

查询凭证

操作提示:

➢ 在凭证一览表中双击某张凭证,则屏幕显示此张凭证,并将光标锁定在符合查询条件的第一条分录。
➢ 如果在此需要修改凭证,可在权限范围内单击"修改"按钮,修改后单击"保存"按钮或按【F6】键保存修改的内容。可翻页查找其他凭证或单击"查询"按钮并输入条件查找。
➢ 通过"科目转换"按钮可以切换显示科目编码和科目名称,用【↑】键或【↓】键在分录中移动时,凭证下方将显示当前分录的辅助信息。
➢ 选中所要查询的凭证分录,单击"查辅助明细"按钮,弹出当前分录的辅助往来核算的明细表,表头列示科目及辅助核算项目,数据行列示从本年度账套开始到本凭证录入日期为止所有符合条件的明细账;方向为"借"或"贷",相等为"平";余额根据"借方合计−贷方合计"取绝对值,平则为空;如两清则在两清标志列以"Y"表示,汇总时间超过 3 秒,则有进度提示。
➢ 当认为某张凭证应作为常用凭证保存时,可通过"填制凭证"对话框中的"常用凭证"下拉列表中的"生成常用凭证"制作常用凭证。给该张凭证确定一个代号并附以说明,该张凭证即被存入常用凭证库中,以后可按所存代号调用这张常用凭证。
➢ 当需要对某张凭证做冲销时,可通过"填制凭证"对话框中的"冲销凭证"制作冲销凭证。

六、打印凭证

【操作流程】

(1) 在"业务工作"页签中,执行"财务会计"→"总账"→"凭证"→"凭证打印"命令,打开"凭证打印"对话框,如图 3-29 所示。

打印凭证

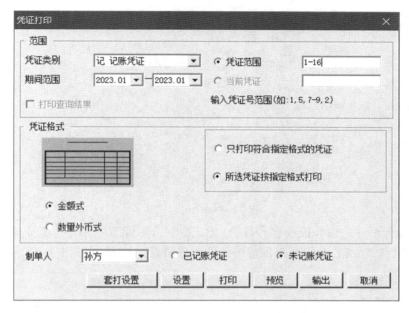

图 3-29

（2）选择"打印凭证"菜单或单击"打印"按钮可打印当前显示的凭证。

"凭证打印"对话框中的各栏目说明如下：

◆ 凭证类别、凭证范围：选择打印凭证的类别和要打印的凭证号范围，若不输入，则打印所有凭证。凭证号范围可以输入"1""3""5—9"，其分别表示打印 1 号、3 号、5—9 号凭证。

◆ 期间范围、凭证格式：选择打印凭证的起止时间范围、凭证格式。

◆ 只打印符合指定格式的凭证：例如，凭证格式选择了"金额式"，则只打印所选凭证范围内的金额式的凭证，数量外币式的凭证不打印。

◆ 所选凭证按指定格式打印：例如，所选凭证范围中有金额式凭证也有数量外币式凭证，打印时，选择了金额式的凭证格式，则那些数量外币式的凭证也按金额式打印。

◆ 制单人：只打印选中制单人的凭证。

◆ 其他按钮，如"套打设置""设置""预览""打印"等按钮，可以实现打印及打印格式的设置。"输出"按钮可将当前显示的凭证内容按 Access、Excel、DBF、TXT 等数据结构进行输出，为二次开发提供数据来源。当选择按文本类型（.TXT）输出数据时，将按文本格式引出凭证数据，可实现不同机器间的凭证资源的共享。

七、科目汇总

利用本功能可按条件对记账凭证进行汇总并生成科目汇总表。

恒利科技有限公司孙方对 1—16 号凭证进行科目汇总。

【操作流程】

（1）在"业务工作"页签中，执行"财务会计"→"总账"→"凭证"→"科目汇总"命令，打开"科目汇总"对话框，如图 3-30 所示。

科目汇总

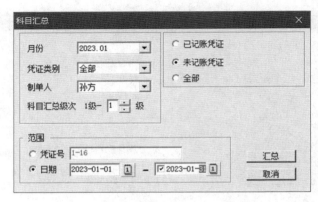

图 3-30

（2）选择要汇总记账凭证的会计月份、凭证类别、科目汇总级次、凭证号、制单人等汇总条件。单击"汇总"按钮，系统根据设置的条件生成科目汇总表，如图 3-31 所示。

科目编码	科目名称	外币名称	计量单位	金额合计 借方	金额合计 贷方	外币合计 借方
1001	库存现金			1,000.00	2,400.00	
1002	银行存款			1,480,400.00	957,000.00	
1122	应收账款			5,152,800.00	260,000.00	
1221	其他应收款				2,000.00	
1403	原材料			1,360,000.00	1,140,000.00	
1405	库存商品			1,140,000.00		
资产 小计				9,134,200.00	2,361,400.00	
2202	应付账款			50,000.00	632,800.00	
2211	应付职工薪酬				146,950.00	
2221	应交税费			176,800.00	733,200.00	
负债 小计				226,800.00	1,512,950.00	
5001	生产成本			1,178,925.00	1,140,000.00	
成本 小计				1,178,925.00	1,140,000.00	
6001	主营业务收入				5,640,000.00	
6601	销售费用			20,750.00		
6602	管理费用			93,675.00		
损益 小计				114,425.00	5,640,000.00	
合计				10,654,350.00	10,654,350.00	

科目汇总表 共17张凭证，其中作废凭证0张，原始单据共33张 月份：2023.01

图 3-31

（3）屏幕上显示背景色的数据有辅助核算，双击此行，或将光标移动到要查询的专项明细的科目上，单击"专项"按钮，即可查看该科目的专项明细情况。例如，双击"应收账款"科目，打开"科目汇总表（专项明细）"的窗口，如图 3-32 所示。

科目及专项编码	科目及专项名称	金额合计 借方	金额合计 贷方	外币合计 借方
1122	应收账款	5,152,800.00	260,000.00	
0202	山东恒达公司		108,000.00	
0201	徐州科达公司	5,152,800.00		
0101	苏州宏丰公司		152,000.00	

科目汇总表（专项明细） 月份：2023.01

图 3-32

（4）当光标位于科目汇总表的某一科目行上时，单击窗口上方的"详细"按钮，系统显示对方明细科目汇总表。例如，选择"银行存款"科目，单击"详细"按钮，打开该科目的详细汇总表窗口，如图3-33所示。

2023年01月银行存款(1002)科目汇总表							
借方				贷方			
对方科目编码	对方科目名称	金额	凭证张数	对方科目编码	对方科目名称	金额	凭
1122	应收账款	260,000.00	2	1001	库存现金	1,000.00	
2221	应交税费	140,400.00	1	1403	原材料	800,000.00	
6001	主营业务收入	1,080,000.00	1	2202	应付账款	50,000.00	
				2221	应交税费	104,000.00	
				6601	销售费用	2,000.00	
本期合计		1,480,400.00	3	本期合计		957,000.00	

日期：2023-1-1至2023-1-31

图 3-33

八、摘要汇总

摘要汇总，即按凭证摘要汇总一定期间内的科目汇总情况。

【操作流程】

（1）在"业务工作"页签中，执行"财务会计"→"总账"→"凭证"→"摘要汇总表"命令，打开"摘要汇总表查询条件"对话框。这时选择"应收账款"科目，如图3-34所示。

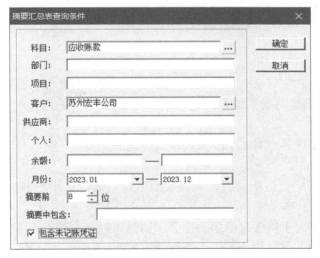

图 3-34

（2）参照输入要汇总的科目名称，如果选择的科目带有部门、项目或科目等科目属性，要选择相应的部门、项目或科目等内容。

（3）可输入余额范围和汇总月份等条件，摘要汇总表只显示输入余额和月份范围内的汇总结果。

（4）选择显示摘要的位数，例如，选择显示"摘要前8位"，则摘要汇总表中摘要显示前8位汉字，超过8位的部分不显示，并根据关键字汇总。

(5) 设置后单击"确定"按钮,系统显示"摘要汇总表"窗口,如图3-35所示。

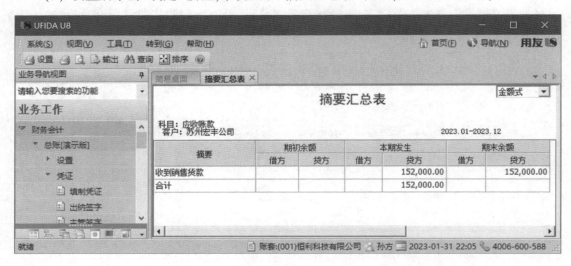

图3-35

(6) 在"摘要汇总表"界面上方,单击"排序"按钮,系统显示排序选择窗口,排序条件如下:

① 按摘要排序:按摘要的首位汉字的拼音的第一个字母排序。
② 按期末借方排序:按期末借方余额升序排序。
③ 按期末贷方排序:按期末贷方余额升序排序。

选择排序条件后,即可完成摘要的排序汇总。

九、记账

记账凭证经审核签字后,即可用来登记总账和明细账、日记账、部门账、往来账、项目账以及备查账等。本系统记账采用向导方式,使记账过程更加明确。

恒利科技有限公司孙方对1—16号凭证进行记账处理。

记账

【操作流程】

(1) 在"业务工作"页签中,执行"财务会计"→"总账"→"凭证"→"记账"命令,打开"记账"对话框,如图3-36所示。

(2) 屏幕上列出大于结账月的第一个会计期间(包括调整期)的未记账凭证清单,并同时列出其中的空号与已审核凭证范围。若编号不连续,则用逗号分隔。若显示宽度不够,可拖动表头调整列宽查看。

(3) 可以选择将其他月份的调整期凭证记账,如果有待记账的调整期凭证,屏幕上列出已结账月份的调整期凭证。

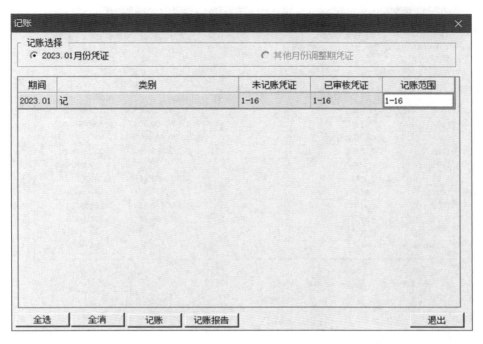

图 3-36

（4）只有已审核的凭证才能记账，在"记账范围"栏中输入凭证编号或单击"全选"按钮选择本次记账范围。单击"记账"按钮，打开"期初试算平衡表"对话框，如图 3-37 所示。

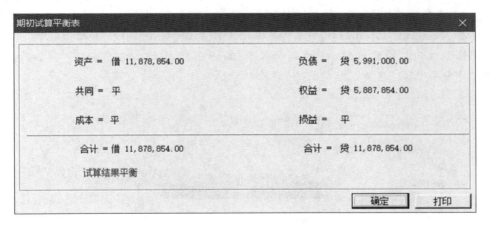

图 3-37

（5）可以查看本次记账凭证的记账报告：单击"记账"对话框中的"记账报告"按钮，屏幕显示所选凭证的汇总表及凭证总数，供用户进行核对。核对后单击"记账"按钮，系统开始登录有关的账簿，并显示记账过程进度。记账完毕后，系统显示所有科目的记账结果，如图 3-38 所示。

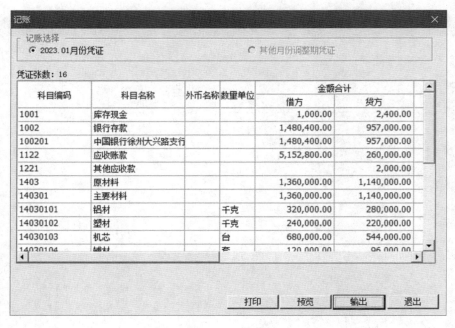

图 3-38

操作提示：

➤ 记账后发现错误，可以用"恢复记账前状态"来重新记账，该功能初始状态处于隐藏状态，可以激活后再使用。具体操作如下：

① 在"业务工作"页签中，执行"财务会计"→"总账"→"期末"→"对账"命令，打开"对账"对话框，按下组合键【Ctrl+H】(注：再次按下组合键【Ctrl+H】隐藏此功能)，系统显示"恢复记账前状态功能已被激活"的提示信息，如图 3-39 所示，单击"确定"按钮后，在"凭证"菜单中就会出现"恢复记账前状态"这个功能。

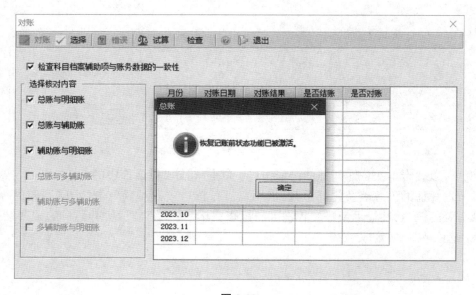

图 3-39

② 在"业务工作"页签中，执行"财务会计"→"总账"→"凭证"→"恢复记账前状态"命令，打开"记账"对话框。单击"恢复记账前状态"按钮，屏幕显示"恢复记账前状态"对话框，如图3-40所示。

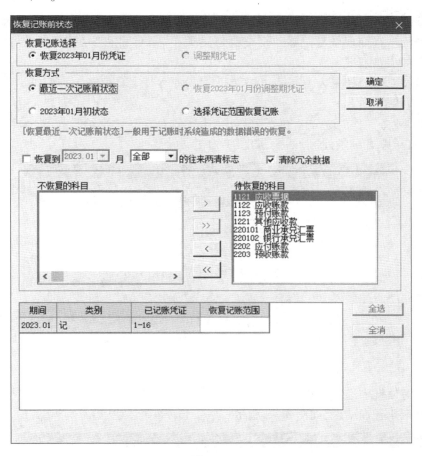

图3-40

③ 根据需要，选择相应的恢复方式和恢复内容，单击"确定"按钮后即可实现恢复记账前的状态。

➢ 已结账的月份不能恢复记账前状态，只有账套主管才能恢复到月初的记账前状态。

任务三　出纳管理

任务分析

出纳管理是专为出纳人员提供的一个集成功能，以使出纳人员更为方便地完成出纳工作。本功能包括：查询及打印现金日记账、银行日记账、资金日报，在支票登记簿中登记支票，录入银行对账单，进行银行对账，输出余额调节表。

恒利科技有限公司的出纳员王大力根据公司的经济业务完成出纳相应的工作任务。

 **任务实施**

一、查询现金日记账

本功能用于查询现金日记账。现金科目必须在"会计科目"功能下的"指定科目"中预先指定。

恒利科技有限公司王大力查询2023年1月份库存现金日记账。

【操作流程】

（1）在"业务工作"页签中，执行"财务会计"→"总账"→"出纳"→"现金日记账"命令，打开"现金日记账查询条件"对话框，如图3-41所示。

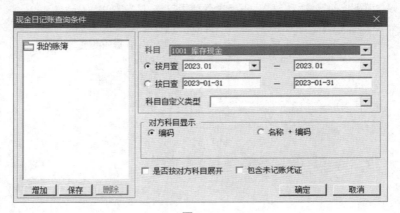

图3-41

（2）在对话框中选择科目范围、查询会计月份或查询会计日，单击"确定"按钮后，系统显示现金日记账查询结果，如图3-42所示。

图3-42

（3）在"现金日记账"界面上方，单击"凭证"按钮，可以查看相应的凭证；单击"总账"按钮，可以查看现金科目的三栏式总账；单击"锁定"按钮，则不可以调整栏目列宽；单击"还原"按钮，返回系统默认的列宽；单击"转换"按钮，进行中英文科目名称转换。

（4）系统提供四种账页格式：金额式、外币金额式、数量金额式、数量外币式。在外币金额式显示格式中，若为末级科目，则显示外币名称，非末级科目则不显示。系统显示外币金额式账簿的同时可以按不同的币种提供月初余额、合计金额、累计金额。

（5）单击"查询"按钮，输入查询条件，选择查询方式，可以重新查询。

（6）单击"过滤"按钮，输入相关过滤条件（包括自定义项），可缩小查询范围，快速查出需要的凭证。

（7）单击"摘要"按钮，打开"摘要选项"对话框，如图 3-43 所示。"辅助项"选项卡中的"部门""个人""项目""供应商""客户"等选项表示会计科目属性。"自定义项"选项卡显示所有自定义项以供选择。如果该科目设有科目属性，且录入凭证时录入了科目属性内容，在摘要选项中被选中打上"√"，则账表显示时摘要栏显示相关的科目属性内容、自定义项内容以及结算方式、票号、日期、业务员等内容。

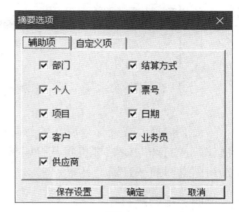

图 3-43

注意：该科目必须具有至少一项科目属性，这里的选项才能起作用。

二、查询银行日记账

本功能用于查询银行日记账，银行科目必须在"会计科目"功能下的"指定科目"中预先指定，银行日记账的查询方式同现金日记账，这里不再赘述。

三、查询资金日报

资金日报表是反映现金、银行存款每日发生额及余额情况的报表，在企业财务管理中占据重要位置。本功能用于查询现金、银行存款科目某日的发生额及余额情况。

恒利科技有限公司王大力查询 2023 年 1 月份资金日报表。

【**操作流程**】

（1）在"业务工作"页签中，执行"财务会计"→"总账"→"出纳"→"资金日报"命令，打开"资金日报表查询条件"对话框，如图 3-44 所示。

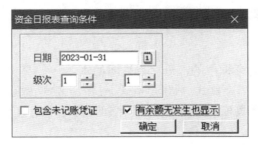

图 3-44

(2) 在"日期"处输入需要查询日报表的日期,并选择科目显示级次,单击"确定"按钮,屏幕显示资金日报表,如图 3-45 所示。表中项目包括今日共借、今日共贷及今日余额等。

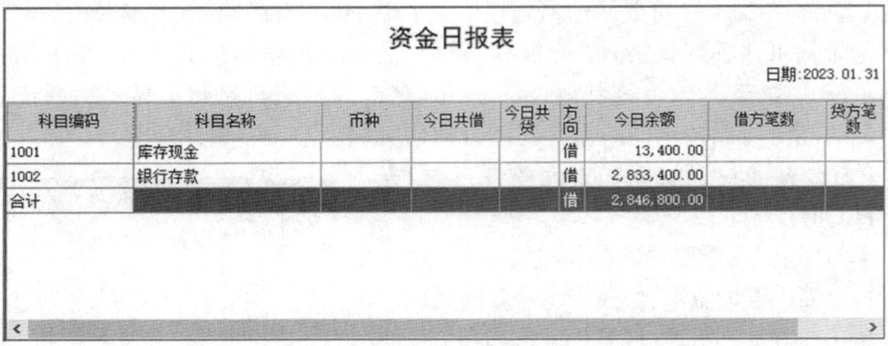

科目编码	科目名称	币种	今日共借	今日共贷	方向	今日余额	借方笔数	贷方笔数
1001	库存现金				借	13,400.00		
1002	银行存款				借	2,833,400.00		
合计					借	2,846,800.00		

日期:2023.01.31

图 3-45

(3) 选择要查询报表所在的行并单击工具栏上的"日报"按钮,即可打开"日报单"对话框,单击"打印"按钮,即可将其打印输出。单击"昨日"按钮可查看昨日余额。单击"还原"按钮则返回前一日资金日报。

四、日记账打印

本功能用于打印正式现金日记账、银行存款日记账。下面以现金日记账打印为例说明操作方法。

【操作流程】

在"业务工作"页签中,执行"财务会计"→"总账"→"出纳"→"账簿打印"→"现金日记账"命令,打开"现金日记账打印"对话框,如图 3-46 所示。

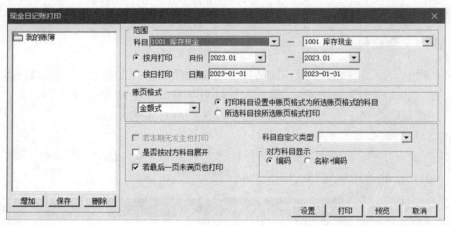

图 3-46

"现金日记账打印"对话框中的部分栏目说明如下:

◆ 账页格式:可以选择金额式、数量金额式、外币金额式、数量外币式。

◆ 打印科目设置中账页格式为所选账页格式的科目:只打印科目设置中账页格式与所选的账页格式相同的科目。

◆ 所选科目按所选账页格式打印:所选的科目全部按所选账页格式打印。

◆ 是否按对方科目展开：选择此项，则必须选择显示打印对方科目"名称+编码"，指现金日记账可以显示打印对方科目编码及名称，并选择打印一级科目或至末级。

◆ 若最后一页未满页也打印：若未选中该项，当所打印的日记账最后一页不能打满一页时，则不打印该页；若该科目日记账只有一页，且不满页，则不打印该科目日记账。

操作提示：系统默认日记账与明细账每页打印行数一样，都为 30 行，但可通过"选项"进行调整。若不使用套打功能，系统默认摘要为 20 个汉字，金额、数量、外币打印宽度为 16 位数字，单价、汇率显示宽度为 12 位数字（包括小数点及小数位），若不想按此宽度打印，可在"选项"中修改金额、数量、外币、单价、汇率的宽度。

五、支票登记簿

在手工记账时，银行出纳员通常会建立支票领用登记簿，用以登记支票领用情况。本系统特为银行出纳员提供了"支票登记簿"功能，以供其详细登记支票领用人、领用日期、支票用途、是否报销等情况。如果是外币科目支票登记，这里显示外币金额。

当需要使用支票登记簿功能时，请在"结算方式"设置中勾选"是否票据管理"，如图 2-65 所示。

恒利科技有限公司王大力使用支票登记簿进行增加、删除、查询等操作。

【操作流程】

（1）在"业务工作"页签中，执行"财务会计"→"总账"→"出纳"→"支票登记簿"命令，屏幕显示如图 3-47 所示。

（2）选择银行科目，单击"确定"按钮，输出显示该科目的支票登记簿，如图 3-48 所示。

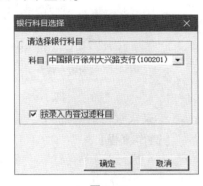

图 3-47

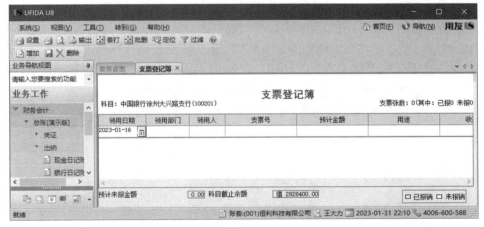

图 3-48

注意：只有在"会计科目"中设置银行账的科目才能使用支票登记簿，如图 2-52 所示。

六、银行对账

本系统提供的银行对账是将系统登记的银行存款日记账与银行对账单进行核对，银行对账单由用户根据开户行发来的对账单录入。在"业务工作"页签中,执行"财务会计"→"总账"→"出纳"→"银行对账"命令即可。

恒利科技有限公司关于银行对账的基础数据及 2023 年 1 月银行对账单数据的详细内容,见项目实践三中的银行对账处理。

1. 银行对账业务流程

银行对账业务流程如图 3-49 所示。

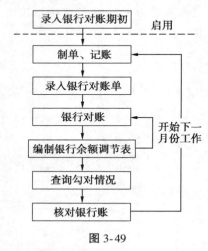

图 3-49

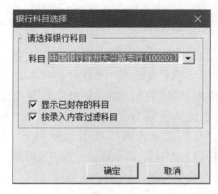

图 3-50

2. 录入银行对账期初

【操作流程】

(1) 执行"财务会计"→"总账"→"出纳"→"银行对账"→"银行对账期初录入"命令,屏幕显示如图 3-50 所示。

录入银行对账期初

(2) 选择银行科目后单击"确定"按钮,打开"银行对账期初"对话框,如图 3-51 所示。分别录入单位日记账及银行对账单的调整前余额,单击"对账单期初未达项"和"日记账期初未达项"按钮录入银行对账单期初未达账项及单位日记账期初未达账项,系统将根据调整前余额及期初未达账项自动计算出银行对账单与单位日记账的调整后余额。这里有一笔 2022 年 12 月 26 日的企业已付银行未付款,计 523 400 元。

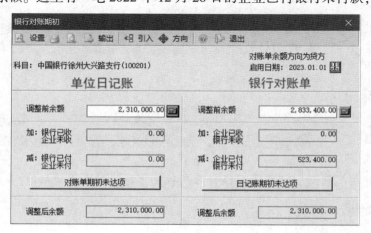

图 3-51

（3）如果需要删除系统默认的日记账期初未达项,可单击"引入"按钮。

3. 录入银行对账单

【操作流程】

（1）执行"财务会计"→"总账"→"出纳"→"银行对账"→"银行对账单"命令,选择银行科目和月份,如图3-52所示。

录入银行对账单

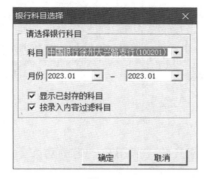

图 3-52

（2）单击"确定"按钮,打开"银行对账单"录入窗口,如图3-53所示,单击"增加"按钮,可录入新增内容。

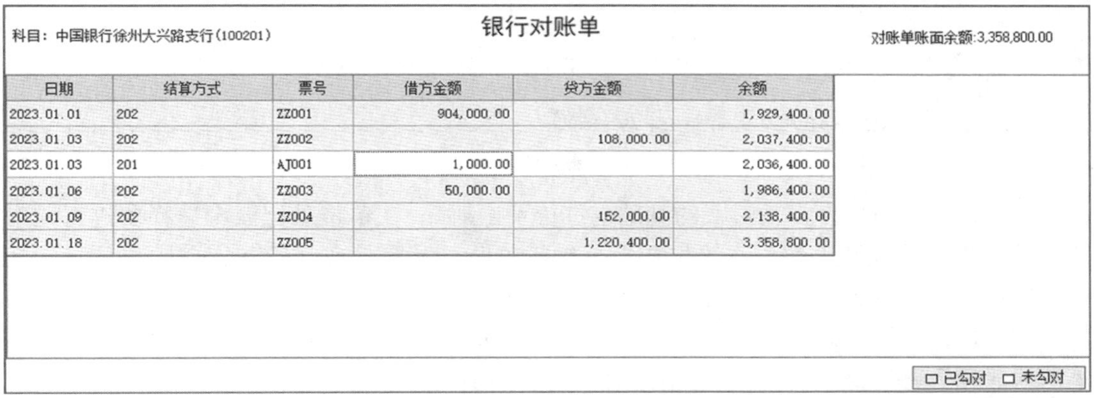

科目：中国银行徐州大兴路支行(100201)　　　银行对账单　　　对账单账面余额:3,358,800.00

日期	结算方式	票号	借方金额	贷方金额	余额
2023.01.01	202	ZZ001	904,000.00		1,929,400.00
2023.01.03	202	ZZ002		108,000.00	2,037,400.00
2023.01.03	201	AJ001	1,000.00		2,036,400.00
2023.01.06	202	ZZ003	50,000.00		1,986,400.00
2023.01.09	202	ZZ004		152,000.00	2,138,400.00
2023.01.18	202	ZZ005		1,220,400.00	3,358,800.00

图 3-53

4. 银行对账

【操作流程】

（1）执行"财务会计"→"总账"→"出纳"→"银行对账"→"银行对账"命令,在"银行科目选择"对话框中输入条件,如图3-54所示,用户选择要进行对账的银行账户。若选中"显示已达账"复选框,则显示已两清勾对的单位日记账和银行对账单。

银行对账

（2）单击"确定"按钮,打开"银行对账"界面,左边为单位日记账,右边为银行对账单。

（3）单击界面上方的"对账"按钮,打开"自动对账"对话框,如图3-55所示。在"截止日期"处直接或参照输入对账截止日期,系统则将截止日期前的日记账和对账单进行勾对。如果不输入对账截止日期,系统则将所有日期的账目进行核对。

选择对账条件：系统默认的对账条件为日期相差12天之内,结算方式、票号相同,可以根据业务需要确定自动对账条件。如果需要根据票据日期和对账单日期进行对账,可以选中"按票据日期对账",否则系统根据凭证日期和对账单日期进行对账。

图 3-54

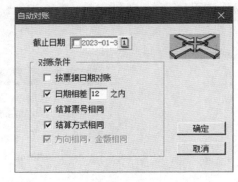
图 3-55

(4)单击"确定"按钮,系统开始按照用户设定的对账条件对账,自动对账两清的记录标记"○",且已两清的记录背景色为黄色,如图 3-56 所示。

图 3-56

(5)用户也可以在自动对账的基础上进行手工对账,在单位日记账中选择要进行勾对的记录。单击"对照"按钮后系统将在银行对账单区显示票号或金额和方向同单位日记账中当前记录相似的银行对账单,用户可参照进行勾对。再单击"对照"按钮则为取消对照。

(6)取消对账标志:系统提供两种取消对账标志的方式,一种是自动及手动取消某一笔的对账标志,另一种是自动取消指定时间内的所有对账标志。手动取消勾对:双击要取消对账标志业务的"两清"按钮即可;自动取消勾对:单击"取消"按钮,选择要进行反对账的期间,系统将自动对此期间已两清的银行账取消两清标志。

5. 查询余额调节表

用户在对银行账进行两清勾对后,便可调用此功能查询和打印"银行存款余额调节表",以检查对账是否正确。

6. 查询对账勾对情况

本功能用于查询单位日记账及银行对账单的对账结果。

7. 核销已达账

本功能用于将核对正确并确认无误的已达账删除。对于一般用户来说,在银行对账正确后,如果想将已达账删除并只保留未达账,可使用本功能。如果银行对账不平衡,请不要使用本功能,否则将造成以后对账错误。

进入"核销银行账"功能,选择要核销的银行科目,确定后,即可核销已达银行账。

8. 长期未达账审计

本功能用于查询至截止日期为止未达天数超过一定天数的银行未达账项,以便企业分析账项长期未达原因,避免资金损失。

任务四　账簿管理

任务分析

ERP-U8 系统提供了丰富的账簿管理功能,用户可以利用科目账、辅助账等功能实现账簿的查询、汇总、打印等。

任务实施

一、科目账

总账查询不但可以查询各总账科目的年初余额、各月发生额合计和月末余额,而且还可以查询所有级次明细科目的年初余额、各月发生额合计和月末余额。

1. 总账

恒利科技有限公司李海涛查询 2023 年 1 月份库存商品总账。

【操作流程】

(1) 在"业务工作"页签中,执行"财务会计"→"总账"→"账表"→"科目账"→"总账"命令,打开"总账查询条件"对话框,如图 3-57 所示。可将查询条件保存为"我的账簿"。

(2) 输入要查询的起止科目范围、科目级次,选择是否"包含未记账凭证"。

图 3-57

(3) 输入查询条件后,单击"确定"按钮进入总账查询窗口。

(4) 在查询过程中,可以在"科目"下拉列表中选择需要查看总账的科目。这里选择"库存商品"科目,如图 3-58 所示。

图 3-58

2. 余额表

余额表用于统计和查询各级科目的本期发生额、累计发生额和余额等。传统的总账是以总账科目分页设账,而余额表则可输出某几个月的所有总账科目或明细科目的期初余额、本期发生额、累计发生额、期末余额。在实行电算化记账后,建议用户用余额表代替总账。

余额表应用范围:可输出总账科目、明细科目某一时期内的本期发生额、累计发生额和余额;可输出某科目范围的某一时期内的本期发生额、累计发生额和余额;可按某个余额范围输出科目的余额情况;可查询到包含未记账凭证在内的最新发生额及余额。

恒利科技有限公司李海涛查询 2023 年 1 月份科目余额表。

【操作流程】

(1) 在"业务工作"页签中,执行"财务会计"→"总账"→"账表"→"科目账"→"余额表"命令,打开"发生额及金额查询条件"对话框,如图 3-59 所示。

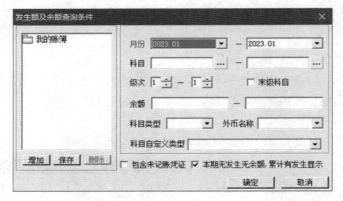

图 3-59

(2) 输入查询条件后,单击"确定"按钮,打开"发生额及余额表"窗口,如图 3-60 所示。

发生额及余额表

月份:2023.01-2023.01

科目编码	科目名称	期初余额		本期发生		期末余
		借方	贷方	借方	贷方	借方
2501	长期借款		5,100,000.00			
	负债小计		5,991,000.00	226,800.00	1,366,000.00	
4002	资本公积		5,800,000.00			
4101	盈余公积		87,854.00			
	权益小计		5,887,854.00			
5001	生产成本			1,140,000.00	1,140,000.00	
	成本小计			1,140,000.00	1,140,000.00	
6001	主营业务收入				5,640,000.00	
6601	销售费用			2,000.00		
6602	管理费用			4,400.00		
	损益小计			6,400.00	5,640,000.00	
	合计	14,683,600.00	14,683,600.00	10,507,400.00	10,507,400.00	

图 3-60

(3) 在窗口上方,单击"累计"按钮,系统将显示或取消显示借贷方累计发生额。单击"专项"按钮,可联查到相应科目的辅助总账或余额表。单击"过滤"按钮,输入要过滤的科目编码或通配符。单击"确认"按钮即可显示指定账户的余额和发生额。

3．明细账

本功能用于平时查询各账户的明细发生情况，以及按任意条件组合查询明细账。在查询过程中可以包含未记账凭证。

本功能提供了三种明细账的查询格式：普通明细账、按科目排序明细账、月份综合明细账。普通明细账是按科目查询、按发生日期排序的明细账；按科目排序明细账是按非末级科目查询、按其有发生的末级科目排序的明细账；月份综合明细账是按非末级科目查询、包含非末级科目总账数据及非末级科目明细数据的综合明细账，使各级科目的数据关系一目了然。

恒利科技有限公司李海涛查询2023年1月份应收账款明细账。

【操作流程】

（1）在"业务工作"页签中，执行"财务会计"→"总账"→"账表"→"科目账"→"明细账"命令，打开"明细账查询条件"对话框，输入要查询的科目起止范围、月份范围，选择是否"包含未记账凭证"等信息，如图3-61所示。

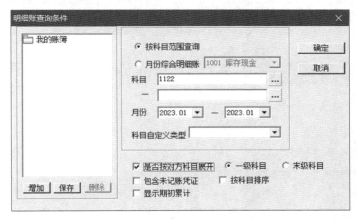

图 3-61

（2）单击"确定"按钮，系统显示指定科目的明细表，如图3-62所示。

图 3-62

操作提示：在平时查账时，除了按科目和月份查询以外，用户经常也希望按其他条件查询，如按摘要、科目自定义项、发生额范围、日期范围、凭证范围、结算方式、票号、制单人、复核人等条件进行查询，为此，ERP-U8系统为用户提供了组合查询方式。单击"过滤"按钮，即可打开"明细账过滤条件"对话框。输入要过滤科目的类别、摘要、金额等信息之后，单击"确定"按钮。

4. 多栏账

本功能用于查询多栏明细账。

系统采用自定义多栏账查询方式，即用户要查询某个多栏账之前，必须先定义其查询方式，然后才能进行查询。

恒利科技有限公司李海涛查询2023年1月份管理费用多栏账。

【操作流程】

（1）在"业务工作"页签中，执行"财务会计"→"总账"→"账表"→"科目账"→"多栏账"命令，打开"多栏账"窗口，如图3-63所示。

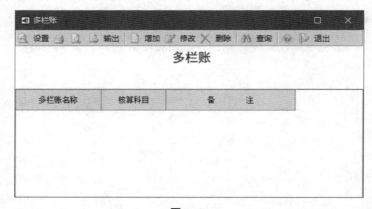

图3-63

（2）在"多栏账"窗口中，单击"增加"按钮，打开"多栏账定义"对话框，如图3-64所示。

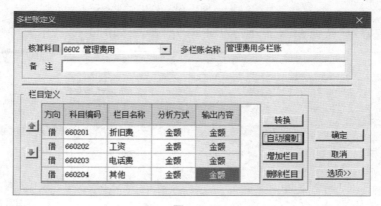

图3-64

（3）选择多栏账核算科目，系统根据科目自动显示多栏账名称。这里选择"管理费用"科目，单击"自动编制"按钮，系统自动增加该科目下的明细科目。

（4）定义多栏账栏目：系统提供自动编制栏目和手动编制栏目两种定义方式，建议先进行自动编制再进行手动调整,可提高录入效率。

(5) 查询多栏账:在"多栏账"窗口中,单击"查询"按钮,在多栏账查询条件界面选择所要查询的多栏账及查询月份,单击"确认"按钮,屏幕显示多栏账查询结果。按【F8】键可切换科目编码和科目名称。

如果同一科目下的不同子级科目生成的凭证同时有借方和贷方数据,那么多栏账查询结果按分录分行显示。

5. 综合多栏账

本功能是一种查询方式,它可以科目为分析栏目查询明细账,也可以辅助项及自定义项为分析栏目查询明细账,并可完成多组借贷栏目在同一账表中的查询。其目的主要是完成商品销售、库存、成本明细账的横向联合查询,并提供简单的计算功能,以方便用户对商品进销存状况的及时了解。这里不再赘述。

6. 我的账簿

"我的账簿"是 ERP-U8 系统为了方便用户录入查询条件而提供的查询工具,它可以将客户常用的查询条件加以保存,以便在下次查询时直接调用。每一个条件查询窗都由两部分组成,左边为"我的账簿",右边为查询条件,可以进行"增加""保存""修改""删除"等操作。

二、客户往来辅助账

本功能可用于查看余额表、明细账,打印催款单,进行两清工作,分析客户账龄,等等。

1. 客户往来余额表

客户往来余额表用于查询客户往来科目下各个客户的期初余额、本期借方发生额合计、本期贷方发生额合计、期末余额。它包括客户科目余额表、客户余额表、客户三栏式余额表、客户部门余额表、客户项目余额表、客户业务员余额表、客户分类余额表、客户地区分类余额表等查询方式。

(1) 客户科目余额表:用于查询某科目下所有客户的发生额和余额情况。

(2) 客户余额表:用于查询某个客户在所有客户往来科目下的发生额和余额情况。

(3) 客户三栏式余额表:用于查询某一客户往来科目下某客户在各月的发生额和余额情况。

(4) 客户部门余额表:用于查询某客户往来科目下各部门及其往来客户的发生额和余额情况。

(5) 客户项目余额表:用于查询带有客户、项目辅助核算科目的发生额和余额情况。

(6) 客户业务员余额表:用于查询某客户往来科目下各业务员及其往来客户的发生额和余额情况。

(7) 客户分类余额表:用于查询某客户往来科目下所有客户分类的发生额和余额情况。

(8) 客户地区分类余额表:用于查询某客户往来科目下所有地区分类的发生额和余额情况。

2. 客户往来明细账

本功能用于查询客户往来科目下各个往来客户的往来明细账。

(1) 客户科目明细账:用于查询指定科目下各往来客户的明细账。

(2) 客户明细账:用于查询某客户所有科目的明细账。

（3）客户三栏式明细账：用于查询某客户往来客户某个科目的明细账。
（4）客户部门明细账：用于查询某客户往来科目下各部门及其往来客户的明细账。
（5）客户项目明细账：用于查询带有客户、项目辅助核算科目的明细账。
（6）客户业务员明细账：用于查询某客户往来科目下各业务员及其往来客户的明细账。
（7）客户分类明细账：用于查询某客户往来科目下各客户分类及其往来客户的明细账。
（8）客户地区分类明细账：用于查询某客户往来科目下各地区分类及其往来客户的明细账。
（9）客户多栏明细账：用于查询某客户往来科目的多栏明细账。

3. 客户往来两清

客户往来两清主要是进行客户往来款项的清理勾对工作，以便及时了解应收款的结算情况以及未达账情况。系统提供自动与手工勾对两种方式清理客户欠款。

【操作流程】

（1）在"业务工作"页签中，执行"财务会计"→"总账"→"账表"→"客户往来辅助账"→"客户往来两清"命令，打开"客户往来两清"对话框。

（2）选择往来科目、往来客户名称、查询月份、部门、项目、票号、业务员、金额和票据日期等查询条件；可以切换到"栏目及自定义项条件"页签，指定自定义项的查询条件范围。

（3）选择栏目显示项：可以选择在两清结果列表中显示部门、项目、业务员、票据日期和自定义项等栏目。

（4）选择两清条件：系统提供按部门相同两清、按项目相同两清、按票号相同两清、按业务员相同两清、按自定义项相同两清等两清条件。

（5）选择勾对方式：系统提供专认勾对、逐笔勾对、全额勾对三种勾对方式。

（6）单击"确认"按钮，屏幕出现两清结果界面。

"客户往来两清"对话框中各栏目说明如下：

◆ 按部门相同两清：对于同一科目同一往来户下，部门相同、借贷方合计金额相等的多笔分录进行自动勾对。

◆ 按项目相同两清：对于同一科目同一往来户下，项目相同、借贷方合计金额相等的多笔分录进行自动勾对。

◆ 按票号相同两清：对于同一科目同一往来户下，票号相同、借贷方合计金额相等的多笔分录进行自动勾对。

◆ 按业务员相同两清：对于同一科目同一往来户下，业务员相同、借贷方合计金额相等的多笔分录进行自动勾对。

◆ 按自定义相同两清：对于同一科目同一往来户下，自定义相同、借贷方合计金额相等的多笔分录进行自动勾对。

◆ 专认勾对：即按业务号勾对，通过用户在制单过程中指定业务编号或字符，作为往来账勾对标识，对于同一科目同一往来户下，业务号相同、借贷方合计金额相等的多笔分录进行自动勾对。

◆ 逐笔勾对：在用户未指定业务号的情况下，系统按照金额一致、方向相反的原则自动勾对同一往来户下的往来款项。

◆ 全额勾对：同一科目同一往来户下，可能存在着借方的某项合计等于贷方的某几项合计,全额勾对将对这些合计往来款项进行勾对。

◆ 检查本币:对于同一科目同一往来户下,外币金额一致且本币金额一致的往来款项自动勾对;单击"平衡"按钮进行勾对检查时,对本币金额是否平衡进行校验。

◆ 显示已两清:是否包含两清部分,如选中,则查询结果中包含已两清的客户往来。

操作提示:

➢ 自动勾对:单击"自动"按钮,系统提示"是否对查询条件范围内的数据进行两清?",如果选择"否",则只对当前界面的数据进行两清。否则,自动两清查询范围的往来记录。自动勾对包括专认勾对、逐笔勾对、全额勾对、部门勾对、项目勾对、业务员勾对、票号勾对、自定义勾对。

➢ 手工勾对:手工勾对在制单过程中可能出现的误操作或其他业务导致无法自动勾对时,系统提供手工清理的办法进行往来账勾对。在要进行两清的一条明细分录的两清区双击鼠标,可将该笔业务两清;再次双击鼠标,可取消所做的两清操作。

➢ 两清平衡检查:单击"检查"按钮,在选中检查本币选项的前提下,系统开始针对本币、外币金额进行两清平衡检查,并显示检查结果。否则,只检查外币金额。

➢ 取消两清:单击工具栏上的"取消"按钮,在提示窗中输入反两清的时间,选择反两清方式为全部、自动或手工,并可选择反两清的科目或只对当前科目反两清。

➢ 分栏、对照往来记录:单击"分栏"按钮,屏幕将借、贷方分上下两栏显示。用光标选中某一栏中的分录,单击"对照"按钮,在另一栏中自动过滤出所有符合查询条件的金额一致、方向相反的往来记录。

4. 客户催款单

本功能可显示客户欠款情况,用于打印客户催款单,及时清理客户借款。

恒利科技有限公司李海涛查询 2023 年 1 月份客户往来催款单。

【操作流程】

(1)在"业务工作"页签中,执行"财务会计"→"总账"→"账表"→"客户往来辅助账"→"客户催款单"命令,打开"客户往来催款"对话框,设置客户往来催款单条件,选择分析对象为"客户",如图 3-65 所示。

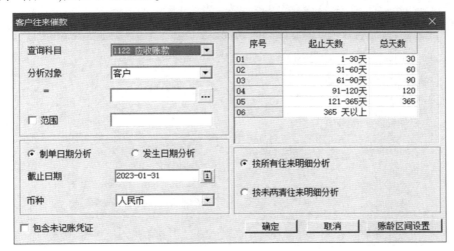

图 3-65

（2）单击“确定”按钮后，系统显示催款单列表。选择要催款的客户，单击工具栏上的“设置”按钮，系统显示催款单设置界面，设置后单击“确定”按钮，系统显示查找结果，如图 3-66 所示。

客户往来催款单

科目 1122 应收账款
客户 全部
截止日期：2023-01-31

日期	客户		凭证号	摘　要	借方	贷方	两清	账龄区间
	编号	名称			本币	本币		
2022.12.24	0101	苏州宏丰公司		销售冰柜_苏州宏丰公司_-	152,000.00			31-60天
2023.01.09	0101	苏州宏丰公司	记-0010	收到销售货款_苏州宏丰公司_2		152,000.00		1-30天
2023.01.28	0201	徐州科达公司	记-0016	销售产品_徐州科达公司_2023	5,152,800.00			1-30天
2022.12.21	0202	山东恒达公司		销售冰箱_山东恒达公司_-	108,000.00			31-60天
2023.01.03	0202	山东恒达公司	记-0004	收到销售货款_山东恒达公司_2		108,000.00		1-30天
			总计		5,412,800.00	260,000.00		
			余额		5,152,800.00			

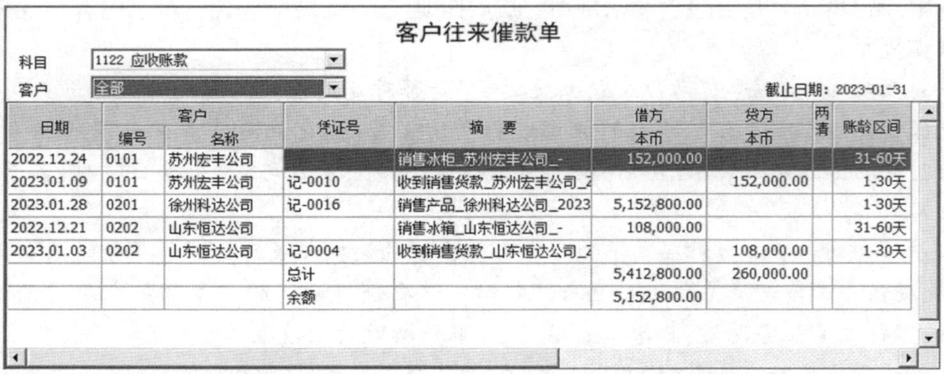

图 3-66

5. 客户往来账龄分析

用户可通过本功能了解客户往来款余额的账龄分布情况。系统提供以下分析方法：

客户往来账龄分析

外币账龄分析：如果选择此项，则只按该币种分析；否则对所有币种进行分析，将外币折算成本位币。

余额账龄分析：用借方（贷方）发生额冲销贷方（借方）发生额的冲后余额作为进行账龄分析的第一笔分析金额的分析方法。

按实际发生进行分析：以借方、贷方的实际发生额为分析金额进行分析。

恒利科技有限公司李海涛对 2023 年 1 月份的应收账款进行账龄分析。

【操作流程】

（1）在“业务工作”页签中，执行“财务会计”→“总账”→“账表”→“客户往来辅助账”→“客户往来账龄分析”命令，打开“客户往来账龄”对话框，设置查询科目为“应收账款”，选中“实际发生法”单选按钮，如图 3-67 所示。

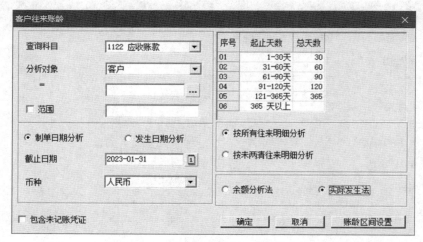

图 3-67

(2)单击"确定"按钮后,系统显示"往来账龄分析"对话框,如图 3-68 所示。

客户		方向	金额	1-30天		31-60天		61-90天	
编号	名称			金额	%	金额	%	金额	%
0101	苏州宏丰公司	借	152,000.00			152,000.00	100.00		
0201	徐州科达公司	借	5,152,800.00	5,152,800.00	100.00				
0202	山东恒达公司	借	108,000.00			108,000.00	100.00		
数量总计	—		3	1		2			
金额总计	—	借	5,412,800.00	5,152,800.00	95.20	260,000.00	4.80		
0101	苏州宏丰公司	贷	152,000.00	152,000.00	100.00				
0202	山东恒达公司	贷	108,000.00	108,000.00	100.00				
数量总计	—		2	2					
金额总计	—	贷	260,000.00	260,000.00	100.00				

图 3-68

三、供应商往来辅助账

供应商往来辅助账的内容和操作方法与客户往来辅助账类似,这里不再赘述。

四、个人往来账

个人往来账功能适用于个人往来业务较多的企业或单位。个人往来是指企业与单位内部职工发生的往来业务。

利用个人往来核算功能须先在设置会计科目时将需要使用个人往来核算科目的账类设为"个人往来"。使用个人往来核算功能可以完成个人余额查询、个人往来明细账查询和输出、个人往来清理、个人往来对账、个人往来催款单打印、个人往来账龄分析等。

1. 个人往来余额表

个人往来余额表用于查询个人往来科目中各往来个人的期初余额、本期借方发生额合计、本期贷方发生额合计和期末余额。它包括"科目余额表""部门余额表""个人余额表""三栏式余额表"四种查询方法,只能按末级部门进行查询。下面以个人科目余额表为例介绍余额表查询操作。

恒利科技有限公司李海涛查询 2023 年 1 月份的个人往来明细账。

【操作流程】

(1)在"业务工作"页签中,执行"财务会计"→"总账"→"账表"→"个人往来账"→"个人往来余额表"→"个人科目余额表"命令,打开"个人往来_科目余额表"对话框,如图 3-69 所示。

(2)选择输入要查询的会计科目、起止月份。可限制查询的余额范围,缩小查询范围,查询结果为余额范围内的个人往来情况。

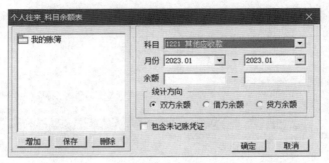

图 3-69

（3）选择要统计的余额方向，如用户要统计余额在借方的个人情况，则选中"借方余额"单选按钮，如不分余额方向，则选中"双方余额"单选按钮，单击"确定"按钮，结果如图 3-70 所示。

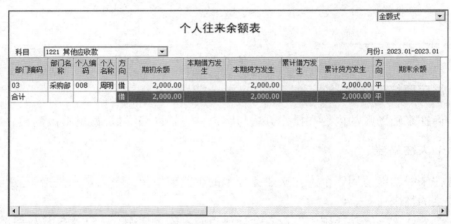

图 3-70

2. 个人往来清理

本功能用于对个人的借款、还款情况进行清理，使用户能够及时地了解个人借款、还款情况，清理个人借款。用户可以借鉴客户往来辅助账的操作，这里不再赘述。

3. 个人往来催款单

本功能用于打印个人催款单，及时地清理个人借款。用户可以借鉴客户往来辅助账的操作，这里不再赘述。

4. 个人往来账龄分析

本功能用于对个人往来款余额的时间分布情况进行账龄分析。用户可以借鉴客户往来辅助账的操作，这里不再赘述。

五、部门辅助管理

部门辅助管理的主要功能是部门辅助总账、明细账的查询和打印以及通过设置取得部门收支分析表。

1. 部门科目总账

部门科目总账主要用于查询部门业务发生的汇总情况，从部门管理层审核监督各项收入和费用的发生情况。系统提供按科目、部门、科目和部门查询总账三种查询方式。

恒利科技有限公司李海涛查询2023年1月份的部门总账。

【操作流程】

(1) 在"业务工作"页签中,执行"财务会计"→"总账"→"账表"→"部门辅助账"→"部门总账"→"部门科目总账"命令,打开"部门科目总账条件"对话框,选择要查询的科目、部门和月份范围等,如图3-71所示。

图 3-71

(2) 单击"确定"按钮,可得到指定科目按不同部门归集费用或支出的部门科目总账列表,如图3-72所示。选择总账列表中要查询明细的单笔业务,单击工具栏上的"明细"按钮,可联查该科目的明细账,如图3-73所示。

图 3-72

2. 部门科目明细账

部门科目明细账用于查询部门某个科目对应的明细账。系统提供按科目查询部门账、按部门查询科目账、按部门和科目同时查询、横向和纵向查询部门下各科目账四种查询方式。

具体操作流程同部门科目总账。

3. 部门收支分析

为了加强对各部门收支情况的管理,系统提供部门收支分析功能,可对所有部门核算科目的发生额及余额按部门进行分析。

恒利科技有限公司李海涛查询 2023 年 1 月份的管理部部门收支分析表。

【操作流程】

(1) 在"业务工作"页签中,执行"财务会计"→"总账"→"账表"→"部门辅助账"→"部门收支分析"命令,打开"部门收支分析条件"查询条件向导,选择要分析的科目,如图 3-74 所示。

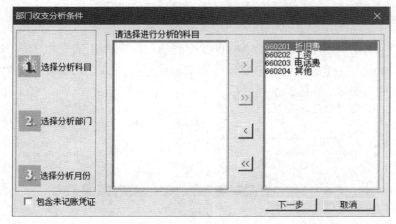

图 3-74

(2) 单击"下一步"按钮,选择需要进行收支分析的部门,这里选择"管理部",如图 3-75 所示。

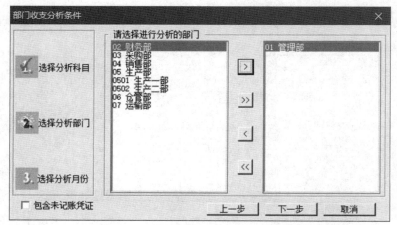

图 3-75

(3) 单击“下一步”按钮,选择需要进行收支分析的月份,如图 3-76 所示。

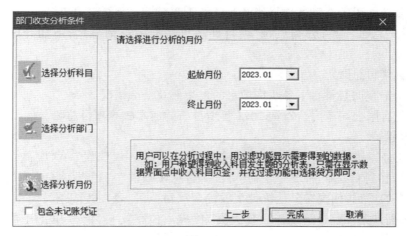

图 3-76

(4) 单击“完成”按钮,系统显示“部门收支分析表”窗口,如图 3-77 所示。

部门收支分析表

金额式

2023.01-2023.01

全部 | 收入科目 | 费用科目

科目编码	科目名称	统计方式	方向	合计 金额	01 管理部 金额
		借方			
		贷方			
		期末	借		
660204	其他	期初	借		
		借方		1,400.00	1,400.00
		贷方			
		期末	借	1,400.00	1,400.00
费用科目	合计	期初	借		
		借方		1,400.00	1,400.00
		贷方			
		期末	借	1,400.00	1,400.00

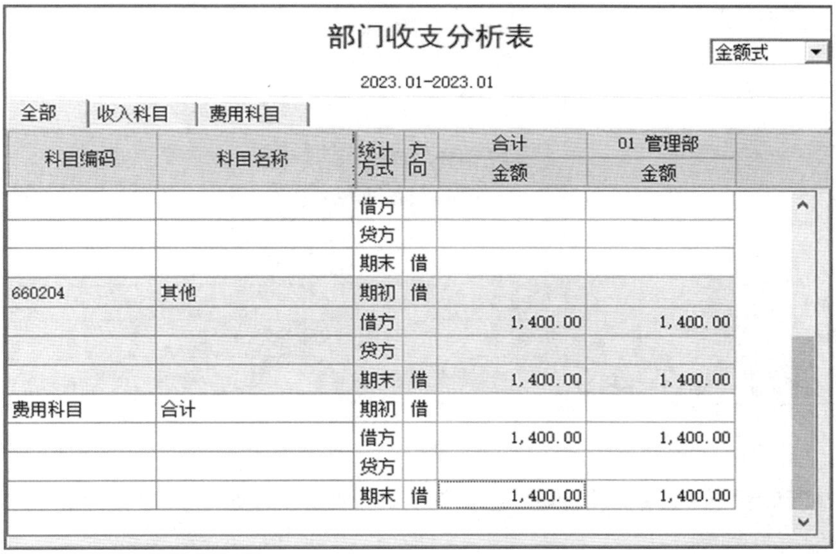

图 3-77

(5) 在“部门收支分析表”窗口中可以选择“全部”“收入科目”“费用科目”页签查询数据。

六、项目核算管理

ERP-U8 管理软件总账管理系统中的项目核算管理,主要用于核算项目的收支情况,归集项目发生的各项费用、成本。系统还提供项目统计表,由用户自由定义统计内容,进一步帮助企业管理人员及时掌握项目完成进度、项目超预算情况。工业企业可做产品的生产成本核算,或在建工程核算;科研事业单位可做课题成本核算;出版行业可做书刊成本核算;旅游行业可做团队核算;建筑行业可做工程成本核算。

1. 项目总账

项目总账功能用于查询各项目经济业务的汇总情况。系统提供项目科目总账、项目总账、项目三栏式总账、项目分类总账、项目部门总账五种查询方式,下面介绍前三种查询方式。

(1) 项目科目总账。

本功能用于查询某科目下各明细项目的发生额及余额情况。

恒利科技有限公司李海涛查询 2023 年 1 月份的成本核算项目总账。

【操作流程】

① 在"业务工作"页签中,执行"财务会计"→"总账"→"账表"→"项目辅助账"→"项目总账"→"项目科目总账"命令,打开"项目科目总账条件"对话框。该功能的特点是系统默认查询所有的项目,如要按其他统计字段确定项目范围,可在查询条件窗中的"项目范围选择"中输入查询条件。这里选择项目大类为"成本核算",科目为"140501 冰箱",查询月份为 2023 年 1 月—2023 年 1 月,如图 3-78 所示。

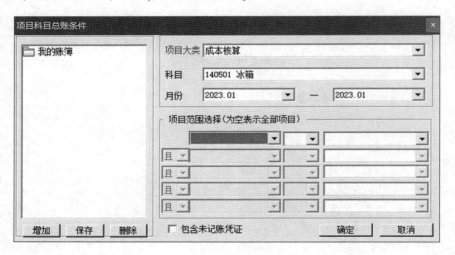

图 3-78

② 单击"确定"按钮,系统根据设定条件显示查询结果,如图 3-79 所示。

图 3-79

(2) 项目总账。

本功能用于查询某部门或某项目下的各费用、收入科目(即在会计科目中账类设为项目核算的科目)的发生额及余额汇总情况。因此,可以针对一个部门或项目选择多个会计科目,按会计科目归集各项费用、支出。

(3)项目三栏式总账。

本功能用于查询某项目下某科目各月的发生额及余额汇总情况。

2. 项目明细账

本功能可用于查询各项目核算科目的明细账,也可用于查询各项目明细账,还可用于查询某一科目、某一项目的明细账及项目多栏明细账。

(1)在项目总账查询结果界面,将光标指向要联查的月份,单击工具栏上的"明细"按钮,可直接快速查询指定月份的明细账。

(2)可根据要查询的内容及方式选择"项目明细账"中的下级菜单,根据查询条件窗口的提示输入相关查询条件,具体操作流程参见项目总账。

七、账簿打印

账簿打印有科目账簿打印、辅助账打印两种方式。科目账簿打印又有总账、余额表、明细表、多栏账、日记账 5 种方式;辅助账打印又有个人明细账、部门明细账、部门多栏账、项目明细账、项目多栏账、客户往来明细账、客户往来多栏账、供应商往来明细账、供应商往来多栏账 9 种方式。这些账簿打印方式的操作基本相同,这里以三栏式总账为例,讲述账簿打印的操作流程。

【操作流程】

(1)在"业务工作"页签中,执行"财务会计"→"总账"→"账表"→"账簿打印"→"科目账簿打印"→"总账打印"命令,打开"三栏式总账打印"对话框,如图 3-80 所示。

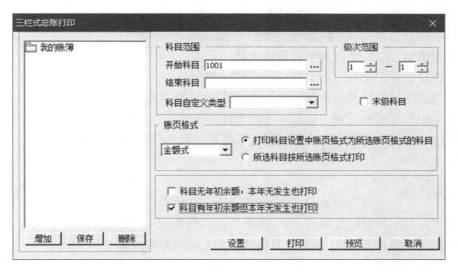

图 3-80

(2)选择要打印的科目起止范围、级次范围和是否打印至末级科目;选择打印的账页格式等条件。单击"预览"按钮,预览打印结果。单击"打印"按钮,打开"打印"对话框,如图 3-81 所示。

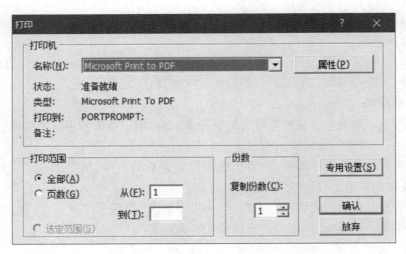

图 3-81

（3）单击"确认"按钮，即开始打印账簿。在打印结束后，系统给出"是否打印账簿目录？"的提示，如果需要打印账簿目录，单击"是"按钮，否则单击"否"按钮，完成该项打印任务。

项目实践三

【实训目的】

1. 掌握总账的设置方法及期初数据的录入和修改方法。
2. 掌握凭证的填制、删除、修改的操作方法。
3. 掌握出纳、审核、主管签字的操作方法。
4. 掌握总账和明细账的查询、打印的设置及操作方法。
5. 掌握现金日记账和银行存款日记账的设置、查询及打印方法。
6. 掌握银行存款日记账与银行对账单的核对步骤及操作方法。
7. 掌握个人往来管理、部门辅助管理、项目核算管理、客户往来管理和供应商往来管理的操作方法。

【实训任务】

1. 根据实训资料进行总账的设置，并进行期初数据录入、修改和校验。
2. 根据实训资料，以记账会计的身份进行凭证的填制和查询。
3. 以出纳会计的身份进行出纳签字。
4. 以财务主管的身份进行审核凭证、记账、账簿查询等操作。
5. 在签字后的凭证出现错误时，进行取消签字的操作。
6. 以出纳会计的身份进行现金日记账、银行存款日记账、资金日报表的查询和支票登记。

7. 以出纳会计的身份进行银行存款日记账与银行对账单的核对。
8. 以财务主管的身份进行辅助明细账簿查询等操作。

【实训资料】

一、选项设置

1. "凭证"选项：可以打开"凭证"选项卡查看各个选项，可以勾选其中的选项，本次操作不做修改，取默认值。

2. "账簿"选项：可以打开"账簿"选项卡查看各个选项，可以勾选其中的选项，本次操作不做修改，取默认值。

3. "凭证打印"选项：可以打开"凭证打印"选项卡查看各个选项，可以勾选其中的选项，本次操作不做修改，取默认值。

4. "权限"选项：可以打开"权限"选项卡查看各个选项，可以勾选其中的选项，本次操作不做修改，取默认值。

二、期初余额

1. 录入期初余额：

（1）打开"期初余额录入"窗口，依次输入表 3-1 中的数据。

表 3-1　期初余额

类型	科目编码	科目名称	余额方向	期初余额/元
资产	1001	库存现金	借	14 800
资产	1002	银行存款	借	2 310 000（不要输入，在明细科目中输入后自动生成）
资产	100201	中国银行徐州大兴路支行	借	2 310 000
资产	1121	应收票据	借	
资产	1122	应收账款	借	260 000（采用"辅助期初余额"录入方式录入）
资产	1221	其他应收款	借	2 000
资产	1123	预付账款	借	
资产	1403	原材料	借	90 000（不要输入，在明细科目中输入后自动生成）
资产	140301	主要原料	借	90 000（不要输入，在明细科目中输入后自动生成）
资产	14030101	铝材	借	40 000
资产	14030102	塑材	借	50 000
资产	1601	固定资产	借	12 006 800
资产	1602	累计折旧	贷	2 804 746

续表

类型	科目编码	科目名称	余额方向	期初余额/元
负债	2001	短期借款	贷	801 000（不要输入，在明细科目中输入后自动生成）
负债	200101	徐州经济开发区支行	贷	801 000
负债	2501	长期借款	贷	5 100 000（不要输入，在明细科目中输入后自动生成）
负债	250101	徐州经济开发区支行	贷	5 100 000
负债	2202	应付账款	贷	90 000（采用"辅助期初余额"录入方式录入）
权益	4001	实收资本	贷	5 800 000
权益	4101	盈余公积	贷	87 854

（2）"试算"：系统显示期初试算平衡表，并显示试算结果是否平衡，如果不平衡，请重新调整至平衡后再进行下一步工作。

2. 调整科目的余额方向：在"期初余额录入"窗口中，把光标定位到要调整的科目上，单击窗口上方的"方向"按钮，弹出"总账"对话框，单击"是"按钮，则可以修改科目的余额方向（即科目性质）。

3. 录入辅助核算科目的期初余额：在"期初余额录入"窗口中用鼠标双击辅助核算科目的期初余额（年中启用）或年初余额（年初启用），屏幕显示"辅助期初余额"录入窗口。

双击"应收账款"期初余额，屏幕显示"辅助期初余额"录入窗口，依次输入表 3-2 中的信息。

表 3-2　客户档案

客户名称	日期	品种	数量/台	单价/元	金额/元
山东恒达公司	2022-12-21	冰箱	20	5 400	108 000
苏州宏丰公司	2022-12-24	冰柜	20	7 600	152 000

双击"应付账款"期初余额，屏幕显示"辅助期初余额"录入窗口，依次输入表 3-3 中的信息。

表 3-3　供应商档案

供应商名称	日期	品种	数量/台	单价/元	金额/元
佳和公司	2022-12-21	铝材	1 000	40	40 000
永益公司	2022-12-22	塑材	2 500	20	50 000

4. 其他应收款期初余额：如表 3-4 所示。

表 3-4　其他应收款明细

姓名	日期	出差借款/元
周明	2022-12-21	2 000

三、凭证管理

1. 凭证填制及操作（增值税率为 13%）：

恒利科技有限公司 2023 年 1 月发生以下经济业务，由孙方操作。

（1）1 日，采购部周明从佳和公司购买辅材 1 000 套，单价 120 元。购买机芯 1 000 台，每台 680 元。已验收入库，收到增值税专用发票一张，货款由银行存款支付。（转账支票号 ZZ001，附单据 3 张）

借：原材料——主要原料——辅材　　　　　　　　　　　　120 000
　　　　　　　　　　　　——机芯　　　　　　　　　　　680 000
　　应交税费——应交增值税——进项税额　　　　　　　　104 000
　　贷：银行存款——中国银行徐州大兴路支行　　　　　　904 000

（2）1 日，孙方填制一张提取现金 1 000 元的凭证，保存后发现错误，进行删除操作。

借：库存现金　　　　　　　　　　　　　　　　　　　　1 000
　　贷：银行存款——中国银行徐州大兴路支行　　　　　1 000

（3）2 日，生产一部生产冰箱，领用铝材 1 000 千克，单价 40 元，计 40 000 元；塑材 2 000 千克，单价 20 元，计 40 000 元；机芯 200 台，单价 680 元，计 136 000 元；辅材 200 套，单价 120 元，计 24 000 元。冰箱 200 台，单位材料成本 1 200 元，计 240 000 元。（附单据 4 张）

借：生产成本——冰箱　　　　　　　　　　　　　　　　240 000
　　贷：原材料——主要原料——铝材　　　　　　　　　40 000
　　　　　　　　　　　　——塑材　　　　　　　　　　40 000
　　　　　　　　　　　　——辅材　　　　　　　　　　24 000
　　　　　　　　　　　　——机芯　　　　　　　　　　136 000

（4）2 日，管理部报销业务招待费 800 元，以现金支付。（附单据 1 张）

借：管理费用——其他　　　　　　　　　　　　　　　　800
　　贷：库存现金　　　　　　　　　　　　　　　　　　800

（5）3 日，收到山东恒达公司归还的去年 12 月份销售冰箱的货款 108 000 元款项，已存银行。（转账支票号 ZZ002，附单据 2 张）

借：银行存款——中国银行徐州大兴路支行　　　　　　108 000
　　贷：应收账款——山东恒达公司　　　　　　　　　　108 000

（6）3 日，财务部王大力从中行提取现金 1 000 元备用。（现金支票号 AJ001，附单据 1 张）

借：库存现金　　　　　　　　　　　　　　　　　　　　1 000
　　贷：银行存款——中国银行徐州大兴路支行　　　　　1 000

（7）4 日，以现金支付管理部本月书报费 600 元。（附单据 1 张）

借：管理费用——其他　　　　　　　　　　　　　　　　600
　　　　贷：库存现金　　　　　　　　　　　　　　　　　　　　600
（8）6日，偿还去年12月从永益公司购买塑材的货款50 000元。（转账支票号ZZ003，附单据1张）
　　借：应付账款——永益公司　　　　　　　　　　　　50 000
　　　　贷：银行存款——中国银行徐州大兴路支行　　　　　　50 000
（9）6日，采购部李大力从新达公司购买铝材8 000千克，单价40元；购买塑材12 000千克，单价20元。已验收入库，收到增值税专用发票一张，货款未付。（附单据3张）
　　借：原材料——主要原料——铝材　　　　　　　　320 000
　　　　　　　　　　　　　——塑材　　　　　　　　240 000
　　　　应交税费——应交增值税——进项税额　　　　　72 800
　　　　贷：应付账款——新达公司　　　　　　　　　　　 632 800
（10）7日，生产二部生产冰柜，领用铝材6 000千克，单价40元，计240 000元；塑材9 000千克，单价20元，计180 000元；机芯600台，单价680元，计408 000元；辅材600套，计单价120元，72 000元。冰柜600台，单位材料成本1 500元，计900 000元。（附单据4张）
　　借：生产成本——冰柜　　　　　　　　　　　　　　900 000
　　　　贷：原材料——主要原料——铝材　　　　　　　　240 000
　　　　　　　　　　　　　　　——塑材　　　　　　　　180 000
　　　　　　　　　　　　　　　——辅材　　　　　　　　 72 000
　　　　　　　　　　　　　　　——机芯　　　　　　　　408 000
（11）9日，收到苏州宏丰公司归还的去年12月份销售冰柜的货款152 000元。（转账支票号ZZ004，附单据2张）
　　借：银行存款——中国银行徐州大兴路支行　　　　　152 000
　　　　贷：应收账款——苏州宏丰公司　　　　　　　　　　152 000
（12）10日，管理人员周明出差回来报销差旅费3 000元，超出借款部分以现金支付。（附单据4张）
　　借：管理费用——其他　　　　　　　　　　　　　　　3 000
　　　　贷：库存现金　　　　　　　　　　　　　　　　　　　1 000
　　　　　　其他应收款——周明　　　　　　　　　　　　　　2 000
（13）16日，生产一部生产冰箱，完工入库100台，单位成本2 400元，计240 000元。（附单据1张）
　　借：库存商品——冰箱　　　　　　　　　　　　　　240 000
　　　　贷：生产成本——冰箱　　　　　　　　　　　　　　 24 000
（14）18日，销售给徐州科达公司一批冰箱100台，单价10 800元计1 080 000元。（转账支票号ZZ005，附单据2张）
　　借：银行存款　　　　　　　　　　　　　　　　　1 220 400
　　　　贷：应交税费——应交增值税——销项税额　　　　 140 400
　　　　　　主营业务收入——冰箱　　　　　　　　　　1 080 000

（15）24 日，销售部报销广告费 2 000 元，以银行存款支付。（转账支票号 ZZ006，附单据 1 张）

  借：销售费用——广告费   2 000
   贷：银行存款   2 000

（16）24 日，生产二部生产冰柜，完工入库 300 台，单位成本 3 000 元，计 900 000 元。（附单据 1 张）

  借：库存商品——冰柜   900 000
   贷：生产成本——冰柜   900 000

（17）28 日，销售给徐州科达公司一批冰柜 300 台，单价 15 200 元，计 4 560 000 元，货款未收到。（附单据 2 张）

  借：应收账款——科达公司   5 152 800
   贷：应交税费——应交增值税——销项税额   592 800
     主营业务收入——冰柜   4 560 000

（18）28 日，计提本月人员工资。（备注：使用薪资管理系统自动生成，见项目四 薪资管理系统设置与管理）

（19）28 日，固定资产的增加、减少、计提折旧等业务。（备注：使用固定资产管理系统自动生成，见项目五 固定资产管理系统设置与管理）

2. 出纳签字：由王大力操作。

3. 主管签字、凭证审核：由李海涛操作。

4. 练习按不同的要求进行凭证查询，把查询结果截图并粘贴到 Word 文档中，文件命名为"凭证查询.doc"。

（1）查询当前月份日期为 11 日到 20 日的凭证。

（2）查询当前月份凭证号为 1 号到 10 号的凭证。

（3）查询当前月份所有未记账的凭证。

5. 练习打印凭证的设置。

6. 孙方对 1—16 号凭证进行科目汇总。

7. 孙方对 1—16 号凭证进行记账处理。

四、出纳管理

1. 练习按不同的要求进行日记账查询，把查询结果截图并粘贴到 Word 文档中，将文件命名为"日记账查询.doc"。

（1）查询现金日记账：查询 2023 年 1 月份库存现金日记账。

（2）查询银行日记账：查询 2023 年 1 月份银行存款日记账。

（3）查询资金日报表：查询 2023 年 1 月份资金日报表。

（4）查询支票登记簿。

2. 银行对账处理。

（1）银行对账期初：恒利科技银行账的启用日期为 2023 年 1 月 1 日，中国银行徐州大兴路支行，人民币户，企业日记账调整前余额为 2 310 000 元，银行对账单调整前余额为 2 833 400 元。未达账项一笔：2022 年 12 月 26 日，企业已付银行未付款为 523 400 元。

（2）银行对账单：如表 3-5 所示。

表3-5　1月份银行对账单

日期	结算方式	票号	借方金额/元	贷方金额/元
2023-01-01	转账支票	ZZ001	904 000	
2023-01-03	转账支票	ZZ002		108 000
2023-01-03	现金支票	AJ001	1 000	
2023-01-06	转账支票	ZZ003	50 000	
2023-01-09	转账支票	ZZ004		152 000
2023-01-18	转账支票	ZZ005		1 220 400

（3）利用自动对账功能自动对账，再进行手工对账。

（4）查询并输出余额调节表。

五、账簿管理（由李海涛进行账簿查询）

1. 按照以下要求进行账簿查询，并把查询结果截图粘贴到Word文档中，将文件命名为"账簿查询.doc"。

（1）查询当前月份"库存商品"总账。

（2）查询当前月份"应收账款"明细账。

（3）查询当前月份余额表。

（4）查询当前月份"原材料——主要原料——铝材"数量金额明细账。

（5）查询当前月份"管理费用"多栏账。

（6）查询当前月份客户往来催款单。

（7）对应收账款进行账龄分析。

2. 总账打印设置。

3. 个人往来管理：查询采购部周明个人往来明细账情况。

4. 部门辅助核算：查询当前月份管理部部门收支分析表。

5. 客户/供应商管理：查询新达公司往来情况。

6. 项目核算管理：查询"冰箱"项目明细账，进行项目统计分析。

项目四 薪资管理系统设置与管理

 项目目标

1. 理解 ERP-U8 管理软件中薪资管理系统的相关内容。
2. 了解薪资管理系统的业务处理流程。
3. 掌握薪资管理系统初始化操作方法。
4. 掌握日常业务处理操作方法。
5. 掌握工资分摊类型设置及分摊工资费用操作方法。
6. 掌握汇总工资类别及月末处理操作方法。
7. 了解薪资管理系统数据查询操作方法。

人力资源的核算与管理是企业管理的重要组成部分,其中对于企业员工的业绩考评和薪资的确定正确与否更是关系到企业每一个职工的切身利益,对于调动每一个职工的工作积极性、正确处理企业与职工之间的经济关系具有重要意义。用友 ERP-U8 薪资管理子系统适用于多种行业,不仅提供了简单方便的工资核算和发放功能,以及强大的工资分析和管理功能,而且提供了同一企业存在多种工资核算类型的解决方案。

任务一 薪资管理系统初始设置

 **任务分析**

企业在使用薪资管理系统前,需要进行初始设置,包括薪资管理系统的初始设置、工资账套的建立、人员档案及附加信息的设置、工资项目设置等内容。

恒利科技有限公司由周敏进行薪资管理系统的启动和设置。2023 年 1 月 1 日启动薪资管理系统,基本设置如下:

工资类别数:多个;不核算计件工资;核算币种:人民币(RMB);要求代扣个人所得税;进行扣零处理(扣零至角);人员编码:与公共平台中的人员编码保持一致。

任务实施

一、在企业应用平台中启用薪资管理系统

【操作流程】

（1）执行"开始"→"程序"→"用友 ERP-U8"→"企业应用平台"命令，打开"登录"对话框，以账套主管身份登录。

（2）在"基础设置"页签中，执行"基本信息"→"系统启用"命令，打开"系统启用"对话框，选中"WA 薪资管理"复选框，系统弹出"日历"对话框，如图 4-1 所示。选择薪资管理系统启用日期：2023 年 1 月 1 日，单击"确定"按钮，系统弹出"确实要启用当前系统吗？"信息提示对话框，单击"是"按钮返回，如图 4-2 所示。

图 4-1

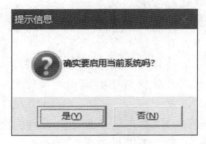

图 4-2

操作提示：
➢ 用友 ERP-U8 V10.1 中，薪资管理属于人力资源管理系统中的一个子系统。
➢ 启用日期一般选用某月的月初，以保证业务处理的完整性。

二、建立工资账套

工资账套是用户以系统管理员（admin）的身份进入系统并设立的。用友 ERP-U8 管理软件中最多可设立 999 个工资账套，一个总核算账对应的只有一个工资账套。一个工资账套可以单独使用，也可以和总账连在一起使用。

建立工资账套是整个薪资管理系统正确运行的基础，将影响工资项目的设置和工资业务的具体处理方式。建立一个完整的账套，是系统正常运行的根本保证，可通过系统提供的建账向导，逐步完成整套工资的建账工作。

当使用工资系统时，如果所选择的账套为初次使用，系统将自动进入建账向导。系统提供的建账向导共分为四个步骤：参数设置、扣税设置、扣零设置、人员编码。

【操作流程】

（1）进入企业应用平台，打开"业务工作"页签，执行"人力资源"→"薪资管理"命令，打开"建立工资套"对话框。在"参数设置"中，选择本账套处理的工资类别个数和币种名称，如图 4-3 所示。

图 4-3

（2）单击"下一步"按钮，在"扣税设置"中，确定是否从工资中代扣个人所得税，若选择此项，工资核算时系统就会根据输入的税率自动计算个人所得税，如图 4-4 所示。

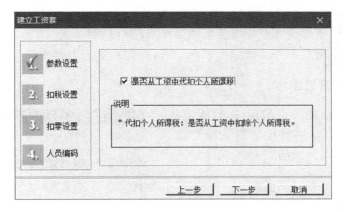

图 4-4

（3）单击"下一步"按钮，在"扣零设置"中，确定是否进行扣零处理，若选择进行扣零处理，系统在计算工资时将依据所选择的扣零类型将零头扣下，并在积累成整时补上，如图 4-5 所示。

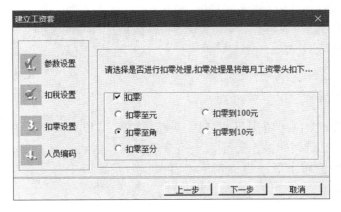

图 4-5

(4)单击"下一步"按钮,在"人员编码"中,本系统的人员编码与公共平台的人员编码保持一致,单击"完成"按钮,如图4-6所示。

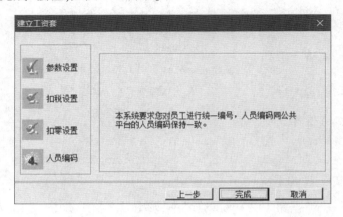

图4-6

操作提示:薪资管理系统提供处理多个工资类别的功能。如果单位按周发放工资或一个月多次发放工资,或者是单位中有多种不同类别(部门)的人员,工资发放项目不同,计算公式也不同,但需要进行统一工资核算管理,应选择建立多个工资类别。

三、人员附加信息设置

本功能可用于增加人员信息,丰富人员档案的内容,便于对人员进行更加有效的管理。例如,增加设置人员的"学历""技术职称"等。

【操作流程】

(1)在薪资管理系统中,执行"设置"→"人员附加信息设置"命令,打开"人员附加信息设置"对话框。

(2)单击"增加"按钮,可输入附加信息名称或从参照栏中选择系统提供的信息名称。

(3)单击"删除"按钮,可删除光标所在行的附加信息。

(4)增加完成后,单击"确定"按钮返回,如图4-7所示。

图4-7

四、工资项目设置

设置工资项目即定义工资项目的名称、类型、宽度,可根据需要自由设置工资项目,如基本工资、岗位工资等。

恒利科技有限公司工资项目的具体内容按项目实践四中表4-1进行设置。

工资项目设置

【操作流程】

（1）在薪资管理系统中，执行"设置"→"工资项目设置"命令，打开"工资项目设置"对话框。

（2）单击"增加"按钮，在工资项目列表末增加一空行。单击"名称参照"下拉按钮，选择工资项目名称，或直接输入工资项目，并设置新建工资项目的类型、长度、小数位数和工资增减项，如图 4-8 所示。

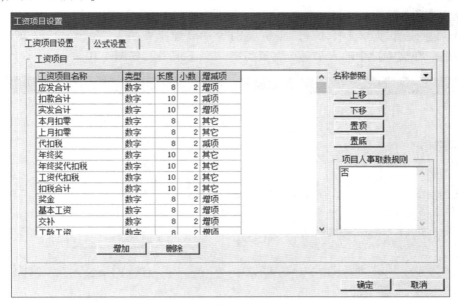

图 4-8

（3）单击"确定"按钮保存设置，系统弹出如图 4-9 所示的对话框，单击"确定"按钮即可。若需要继续设置新的工资项目，可在"工资项目设置"对话框中单击"增加"按钮保存设置并新增一项目。

图 4-9

操作提示：
➢ 增减项中的增项直接计入应发合计，减项直接计入扣款合计。
➢ 若工资项目类型为字符型，则小数位数不可用，增减项为"其他"。

五、代发银行设置

当企业发放工资采用银行代发形式时，需要确定银行的名称及账号。这些内容在企业应用平台"基础设置"页签中的"基础档案"→"收付结算"→"银行档案"中进行设置。

六、建立工资类别

工资类别是在工资管理系统中设置的,它是按工资项目的不同而设定的工资管理类别,一个工资账套下可设多个工资类别。在同一工资账套中,为了适应不同企业或同一企业中不同类工资管理的需要,可以进行多个类别的核算。

恒利科技有限公司工资类别的具体内容按项目实践四中表4-2进行设置。

【操作流程】

(1)在薪资管理系统中,执行"工资类别"→"新建工资类别"命令,打开"新建工资类别"对话框。在文本框中输入第一个工资类别,如"正式工",如图4-10所示。

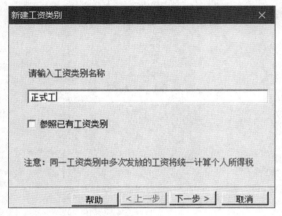

图 4-10

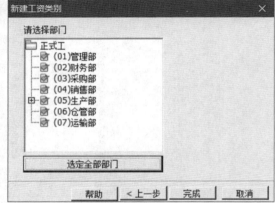

图 4-11

(2)单击"下一步"按钮,在"请选择部门"栏目下方,单击"选定全部部门"按钮,如图 4-11 所示。

(3)单击"完成"按钮,打开"薪资管理"对话框,系统提示"是否以 2023-01-01 为当前工资类别的启用日期?",单击"是"按钮,返回薪资管理系统,如图 4-12 所示。

图 4-12

操作提示: 当一个工资类别打开后,可以选择"关闭工资类别"关闭已打开的工资类别,也可以选择"删除工资类别"删除已建立的工资类别。

七、工资类别初始设置

对于工资类别的设置,前提是必须打开工资类别。如果不能打开"工资类别"对话框,请在"系统服务"页签下,执行"权限"→"数据权限分配"命令,打开"数据权限分配"窗口,在"记录"选项卡中的"业务对象"下拉列表中选择"工资类别",勾选"工资类别主管"即可。如果系统有多个工资类别,需要勾选多个"工资类别主管"。

下面以"正式工"工资类别为例,进行初始设置。在薪资管理系统中,执行"工资类别"→"打开工资类别"命令,打开"打开工资类别"对话框,选择"001 正式工"工资类别,单击"确定"按钮返回,如图 4-13 所示。

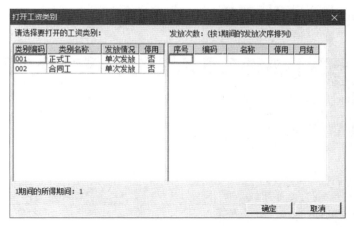

图 4-13

1. 设置人员档案

人员档案的设置用于登记工资发放人员的姓名、职工编号、所在部门、人员类别等信息，员工的增减变动都必须先在本功能中处理。

薪资管理系统各工资类别中的人员档案一定是来自在企业应用平台基础档案设置中设置的人员档案。企业应用平台中设置的人员档案是企业全部职工信息，薪资管理系统中的人员档案是需要进行工资发放和管理的人员的档案，它们之间是包含关系。

恒利科技有限公司正式工档案的具体内容按项目实践四中表 4-3 进行设置。

【操作流程】

（1）在薪资管理系统中，执行"设置"→"人员档案"命令，打开"人员档案"窗口。单击工具栏上的"批增"按钮，打开"人员批量增加"对话框，选择左侧"正式工"下的所有部门，单击右侧"查询"按钮，符合条件的人员信息就会显示在列表中，如图 4-14 所示。

图 4-14

（2）单击"确定"按钮，返回"人员档案"窗口，所有部门的人员批量增加完成，如图4-15所示。

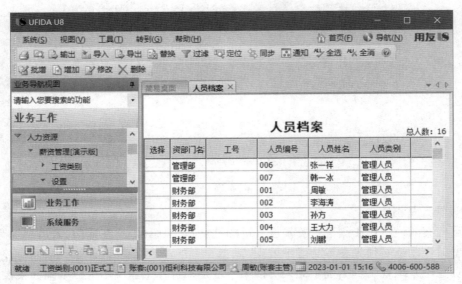

图 4-15

（3）单击界面上方的"修改"按钮，打开"人员档案明细"对话框，在"基本信息"选项卡中修改信息，如图4-16所示。同时也可以在"附加信息"选项卡中补充附加信息。单击"确定"按钮，完成人员档案信息的修改。

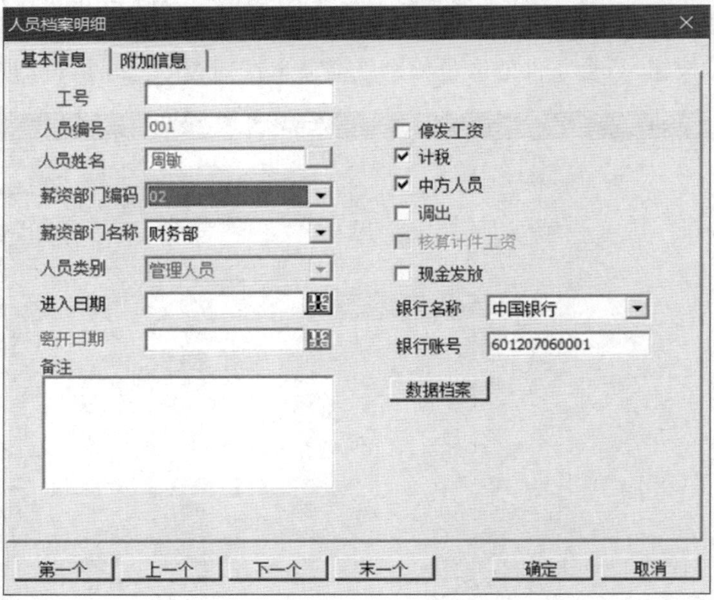

图 4-16

（4）如果想删除人员档案的某些信息，可在"人员档案"窗口中选中要删除的人员信息，单击"删除"按钮，系统弹出提示信息对话框，单击"是"按钮，确认删除。

操作提示：如果一批人员的某个工资项目同时需要修改，可以利用"人员档案"窗口上方的"替换"功能，打开"数据替换"对话框，将符合条件人员的某个工资项目统一替换为某个数据，以提高修改速度，如图4-17所示。

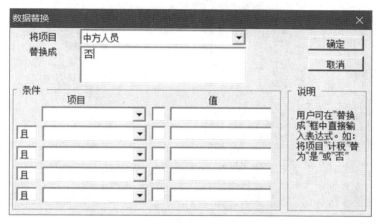

图 4-17

2. 查询人员档案

查询人员档案，可利用"人员档案"窗口上方的"过滤"或"定位"功能完成。若单击"过滤"按钮，则打开"数据过滤"对话框，如图4-18所示。

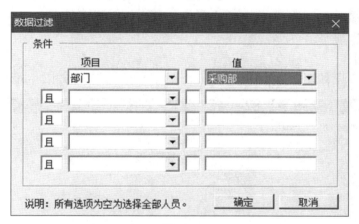

图 4-18

3. 选择工资项目

【操作流程】

（1）在薪资管理系统中，执行"设置"→"工资项目设置"命令，打开"工资项目设置"对话框。在"工资项目设置"选项卡中，单击"增加"按钮，在工资项目列表末增加一空行。单击"名称参照"下拉列表框，从下拉列表中选择工资项目选项，工资项目名称、类型、长度、小数位数和工资增减项都自动带出，不能修改。这里增加"基本工资""岗位工资"等项目，如图4-19所示。

（2）所有项目增加完成后，单击"工资项目设置"对话框中的"上移"和"下移"按钮，按照增减顺序调整工资项目的排列位置。

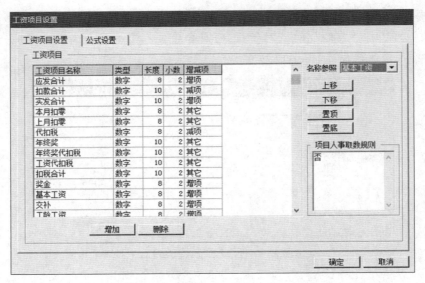

图 4-19

4. 设置计算公式

定义工资项目的计算公式是指对工资核算生成的结果设置计算公式。设置计算公式可以直观表达工资项目的实际运算过程，灵活地进行工资计算处理。

恒利科技有限公司工资项目及公式设置的具体内容按项目实践四中表 4-4 进行设置。

设置计算公式

【操作流程】

（1）在"工资项目设置"对话框中，单击"公式设置"选项卡，如图 4-20 所示。

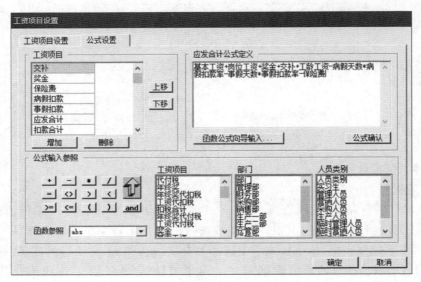

图 4-20

（2）单击"增加"按钮，在工资项目列表中增加一空行，单击该行，在下拉列表中选择需要设置计算公式的工资项目，这里选择"奖金"项目。

（3）单击"奖金公式定义"文本框,利用函数公式向导、公式输入参照、工资人员档案项目设置、部门参照和人员参照编辑该工资项目的计算公式。这里的"奖金公式定义"为"基本工资 * 0.15"。

（4）单击"公式确认"按钮,系统将对已设置公式进行合法性判断后保存,如图 4-21 所示。

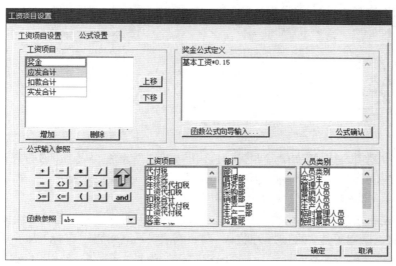

图 4-21

下面以"交补"的公式设置为例,进一步讲解公式的设置。"交补"的规则是"采购人员或营销人员每人 300 元,其他人员每人 100 元",这就需要用到函数运算。其公式为：交补 = iff(人员类别 = "采购人员" or 人员类别 = "营销人员", 300, 100)。

【操作流程】

（1）单击"增加"按钮,在工资项目列表中增加一空行,单击该行,在下拉列表中选择"交补"选项。

（2）单击"公式定义"文本框,再单击"函数公式向导输入"按钮,打开"函数向导——步骤之 1"对话框。从"函数名"列表中选择 iff 函数,如图 4-22 所示。

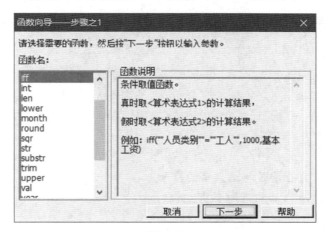

图 4-22

（3）单击"下一步"按钮，打开"函数向导——步骤之2"对话框，如图4-23所示。

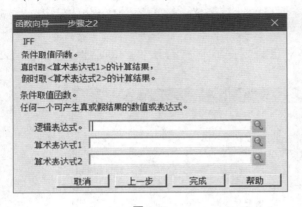
图 4-23

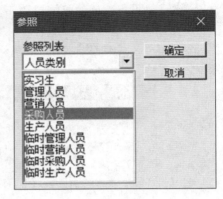
图 4-24

（4）单击"逻辑表达式"右侧参照按钮，打开"参照"对话框，从"参照列表"下拉列表中选择"人员类别"选项，从下面的列表框中选择"采购人员"，如图4-24所示，单击"确定"按钮，返回"函数向导——步骤之2"对话框。

（5）在"逻辑表达式"文本框中的公式后单击鼠标，输入"or"后，再次单击"逻辑表达式"右侧参照按钮，打开"参照"对话框，从"参照列表"下拉列表中选择"人员类别"选项，从下面的列表框中选择"营销人员"，单击"确定"按钮，返回"函数向导——步骤之2"对话框。在"算术表达式1"文本框中输入"300"，在"算术表达式2"文本框中输入"100"，如图4-25所示。

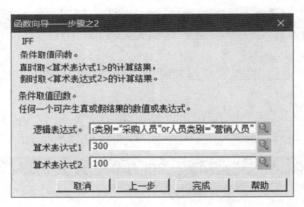
图 4-25

（6）单击"完成"按钮，完成公式定义。在"交补公式定义"窗口，单击"公式确认"按钮，系统将对已设置公式进行合法性判断，如有错误，系统会给出"非法的公式定义"提示信息，如果正确，则保存。

操作提示：
➢ 公式里的所有符号均是英文半角的符号。
➢ 在运算符(如"or")的前后均要有空格。

5. 设置所得税纳税基数

【操作流程】

（1）在薪资管理系统中，执行"设置"→"选项"命令，打开"选项"对话框，单击"扣税设置"选项卡，如图4-26所示。

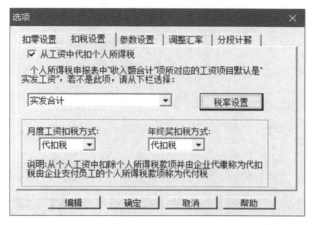

图 4-26

（2）单击"编辑"按钮后，再单击"税率设置"按钮，打开"个人所得税申报表——税率表"对话框，在"基数"中设置纳税基数，如图4-27所示。

图 4-27

（3）单击"确定"按钮，返回"选项"对话框，单击"确定"按钮完成税率设置。

任务二　日常处理操作

任务分析

工资数据可分为固定数据和变动数据两种。固定数据一般比较稳定，数值很少变动，在日常工作中只有发生变化时才重新进行调整，常见的有基本工资、岗位工资等；而变动数据则需要在每次发放工资时根据实际情况进行调整,如奖金、请假天数、个人所得税、保险金等。在变动数据中,有些变动数据的编辑必须通过手工逐项录入,如请假天数;有些变动数据可成批处理,如奖金;还有一些变动数据则可通过系统既定的公式自动计算生成,如请假扣款、个人所得税等。

 任务实施

一、工资变动

恒利科技有限公司工资数据及变动的具体内容按项目实践四中表 4-5 进行设置。

工资变动

【操作流程】

(1)在薪资管理系统中,执行"业务处理"→"工资变动"命令,进入"工资变动"窗口,单击窗口上方的"编辑"按钮,打开"工资数据录入——页编辑"对话框,如图 4-28 所示。

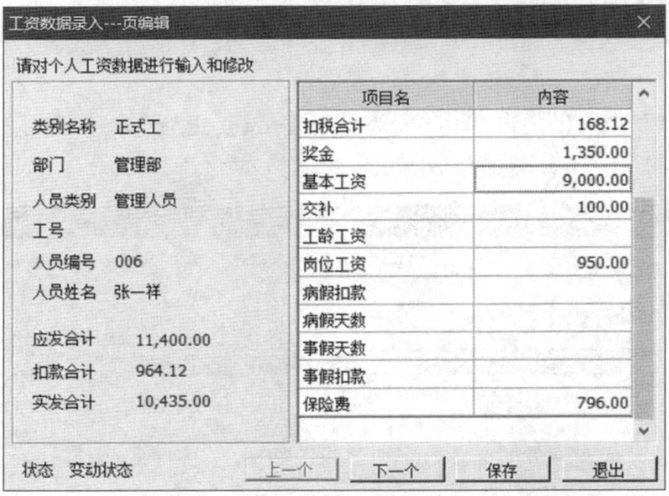

图 4-28

(2)对各项工资项目进行录入、修改操作,单击"保存"按钮确认数据的输入。依次输入各个员工的工资数据和其他项目数据,单击"保存"按钮后,再单击"退出"按钮,回到"工资变动"窗口,如图 4-29 所示。

图 4-29

操作提示：工资数据还可通过"替换"功能成批编辑。例如，每个职工的岗位工资均增加 2 000 元，操作如下：

① 在"工资变动"窗口中选中需要编辑的数据，这里全部选中。

② 单击"替换"按钮，打开"工资项数据替换"对话框，定义替换项目及公式内容，如图 4-30 所示。

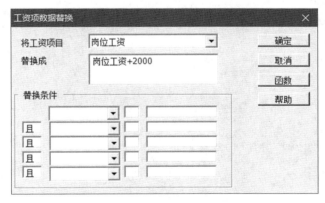

图 4-30

③ 单击"确定"按钮，系统弹出一个信息提示框。

④ 单击"是"按钮，则修改后的数据经计算后，在"工资变动"窗口中显示出来。

二、扣缴所得税

当个人所得税的计税方法发生改变或税率调整时,用户也应该调整系统中的个人所得税的计税设置,使其符合实际的计税要求。

【操作流程】

(1)在薪资管理系统中,执行"业务处理"→"扣缴所得税"命令,打开"个人所得税申报模板"对话框,选择相应的模板,"个人所得税年度申报表"是个人纳税情况的记录,系统提供对表中栏目的设置功能,如图 4-31 所示。

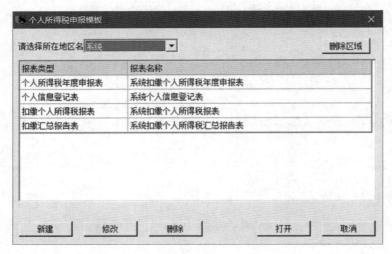

图 4-31

(2)单击"打开"按钮,打开"所得税申报"对话框,根据提示选择相应的查询范围和过滤方式,如图 4-32 所示。

图 4-32

(3)单击"确定"按钮,进入"所得税申报"窗口,如图 4-33 所示。

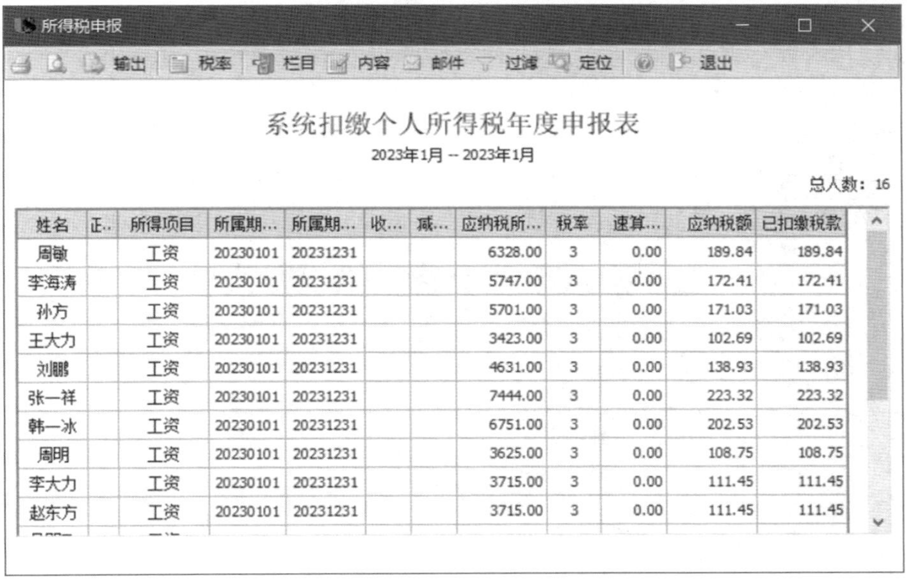

姓名	证..	所得项目	所属期...	所属期...	收...	减...	应纳税所...	税率	速算...	应纳税额	已扣缴税款
周敏		工资	20230101	20231231			6328.00	3	0.00	189.84	189.84
李海涛		工资	20230101	20231231			5747.00	3	0.00	172.41	172.41
孙方		工资	20230101	20231231			5701.00	3	0.00	171.03	171.03
王大力		工资	20230101	20231231			3423.00	3	0.00	102.69	102.69
刘鹏		工资	20230101	20231231			4631.00	3	0.00	138.93	138.93
张一祥		工资	20230101	20231231			7444.00	3	0.00	223.32	223.32
韩一冰		工资	20230101	20231231			6751.00	3	0.00	202.53	202.53
周明		工资	20230101	20231231			3625.00	3	0.00	108.75	108.75
李大力		工资	20230101	20231231			3715.00	3	0.00	111.45	111.45
赵东方		工资	20230101	20231231			3715.00	3	0.00	111.45	111.45

图 4-33

（4）如果企业的扣除费用及税率与国家的规定不一致，可在“所得税申报”窗口中单击“税率”按钮，在打开的“个人所得税申报表——税率表”对话框中进行修改，如图 4-34 所示。

级次	应纳税所得额下限	应纳税所得额上限	税率(%)	速算扣除数
1	0.00	36000.00	3.00	0.00
2	36000.00	144000.00	10.00	2520.00
3	144000.00	300000.00	20.00	16920.00
4	300000.00	420000.00	25.00	31920.00
5	420000.00	660000.00	30.00	52920.00
6	660000.00	960000.00	35.00	85920.00
7	960000.00		45.00	181920.00

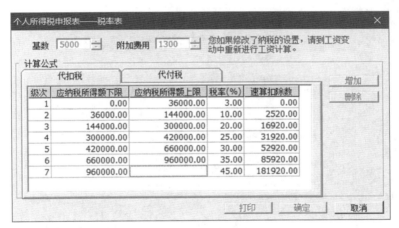

图 4-34

操作提示：个人所得税纳税基数及附加费用的调整应该通过执行“设置”→“选项”→“扣税设置”命令进行，具体操作流程见本项目任务一中的“设置所得税纳税基数”。

三、银行代发

对于发放职工工资，系统为采用“银行代发”方式的用户设置了“银行代发”功能，帮助用户制定符合银行要求的工资发放文件。采用“银行代发”处理时，每月月末企业应向银行提供规定文件格式的文件，这样既可以减轻财务部门发放工资的繁重工作量，又可以有效避免财务人员去银行提取大笔款额所要承担的风险，同时还能提高对员工个人工资的保密程度。

恒利科技有限公司银行代发的具体内容按项目实践四中"四、银行代发"的规定进行设置。

【操作流程】

（1）在薪资管理系统中，执行"业务处理"→"银行代发"命令，打开"请选择部门范围"对话框，可在其中勾选"过滤掉实发合计不大于零的员工"复选框，如图4-35所示。

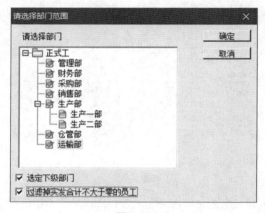

图 4-35

（2）如果是第一次使用银行代发功能，单击"确定"按钮，打开"银行文件格式设置"对话框，进行相应设置，如图4-36所示。

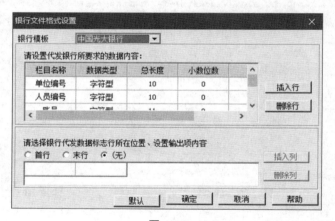

图 4-36

（3）单击"确定"按钮，打开"银行代发一览表"窗口，如图4-37所示。

图 4-37

操作提示：如果用户不是第一次使用银行代发功能，要进行银行文件格式的设置，可在"银行代发一览表"界面上方单击"格式"按钮，打开"银行文件格式设置"对话框，选择代发工资的银行模板，对其相关内容进行修改。

（4）在"银行文件格式设置"对话框中单击"插入行"或"删除行"按钮，增加或删除代发项目，如图 4-38 所示。

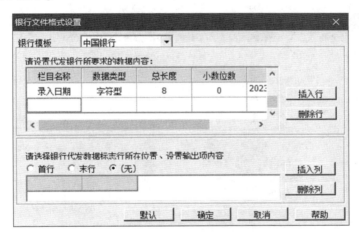

图 4-38

（5）在"银行代发一览表"界面上方单击"方式"按钮，打开"文件方式设置"对话框，如图 4-39 所示。

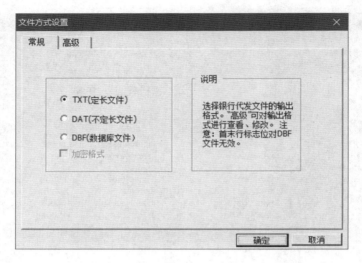

图 4-39

(6) 在"常规"选项卡中选择文件的类型,单击"确定"按钮确定文件格式。

"TXT"文件是固定宽度的文本文件;选择"DAT"文件时,在"高级"选项卡中只有"字符型补位符"选项被选中的时候,"银行账号补位方向"才允许选择;选择"DBF"文件时,所有的设置都不能修改。

(7) 选择"高级"选项卡,根据需要对磁盘文件的格式进行进一步设置,如图4-40所示。

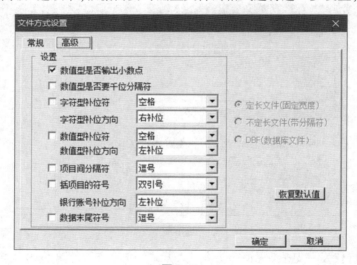

图 4-40

(8) 单击"确定"按钮,对生成磁盘格式文件的设置进行保存并返回到"银行代发一览表"窗口。

四、工资分摊

恒利科技有限公司工资分摊的具体内容按项目实践四中表4-6进行设置。

工资分摊

【操作流程】
1. 工资分摊类型设置
（1）在薪资管理系统中，执行"业务处理"→"工资分摊"命令，打开"工资分摊"对话框，如图4-41所示。

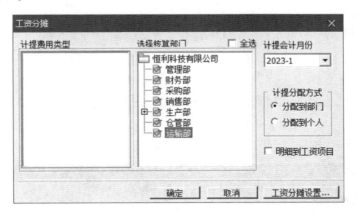

图 4-41

（2）单击"工资分摊设置"按钮，打开"分摊类型设置"对话框，单击"增加"按钮，打开"分摊计提比例设置"对话框。这里增加计提类型名称"工资分摊"，并选择分摊计提的比例，如图4-42所示。

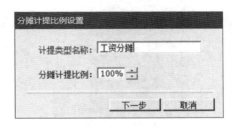

图 4-42

（3）单击"下一步"按钮，打开"分摊构成设置"对话框，进行部门名称、人员类别和借贷方科目等项目的选择，如图4-43所示。

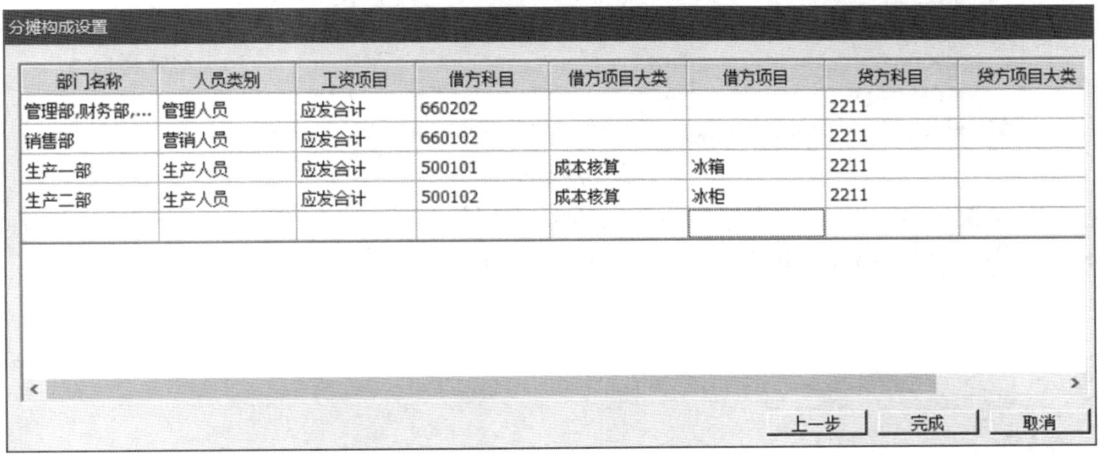

部门名称	人员类别	工资项目	借方科目	借方项目大类	借方项目	贷方科目	贷方项目大类
管理部,财务部,…	管理人员	应发合计	660202			2211	
销售部	营销人员	应发合计	660102			2211	
生产一部	生产人员	应发合计	500101	成本核算	冰箱	2211	
生产二部	生产人员	应发合计	500102	成本核算	冰柜	2211	

图 4-43

（4）设置完成后，单击"完成"按钮返回"工资分摊"对话框。
2. 分摊工资费用
（1）执行"业务处理"→"工资分摊"命令，打开"工资分摊"对话框，选择需要分摊的计提费用类型，确定分摊计提的月份。选中"明细到工资项目"复选框，如图4-44所示。

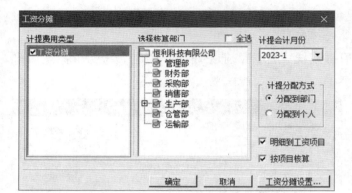

图 4-44

（2）单击"确定"按钮，打开"工资分摊一览表"窗口，如图 4-45 所示。

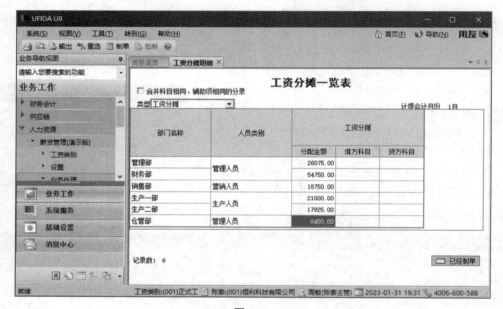

图 4-45

（3）决定是否选中"合并科目相同、辅助项相同的分录"复选框，从"类型"下拉列表框中选择不同分摊类型，单击"制单"按钮，生成所对应的凭证，如图 4-46 所示。

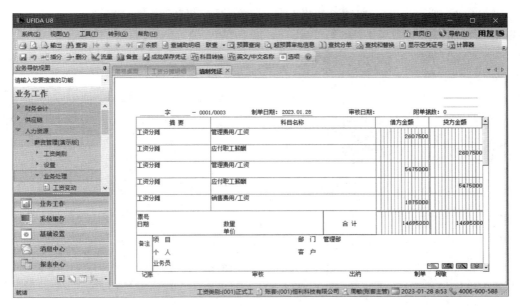

图 4-46

（4）如果单击"批制"按钮，可一次将所有本次参与分摊的"分摊类型"所对应的凭证全部制作完成。

五、月末处理

月末处理是薪资管理系统每期期末必须进行的工作，通过期末结账，可以将本期的工资数据经过处理结转到下一期，并自动生成下一期新的工资明细表。

恒利科技有限公司工资月末处理，选择清零项目：奖金、病假天数、事假天数。

【操作流程】

（1）在薪资管理系统中，执行"业务处理"→"月末处理"命令，打开"月末处理"对话框，如图 4-47 所示。

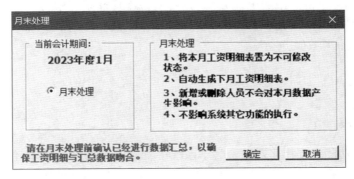

图 4-47

（2）单击"确定"按钮，系统弹出一个信息提示框。如果想放弃此操作，则单击"否"按钮；如果想继续操作，则单击"是"按钮。

（3）上一步单击"是"按钮后，系统弹出另一个信息提示框，如果想让下月的项目完全继承当前数据,则单击"否"按钮。如果下月项目数据有变动,则单击"是"按钮,打开"选择清零项目"对话框,如图4-48所示。

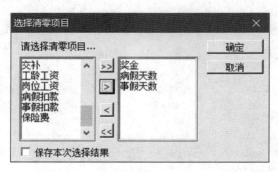

图4-48

(4) 在"选择清零项目"对话框中选择需要清零的项目:"奖金""病假天数""事假天数",并单击">"按钮,然后单击"确定"按钮,系统弹出一个信息提示框,单击"确定"按钮,月末处理完毕。

操作提示:
➢ 月末结账只有在会计年度的1月至11月进行。
➢ 如果是处理多个工资类别,则应打开"工资类别"对话框,分别进行月末处理。
➢ 如果本月工资数据未汇总,系统将不允许进行月末结转。
➢ 进行期末处理后,当月数据将不允许再变动。
➢ 月末处理功能只有主管人员才能使用。

任务三　统计分析及维护

 任务分析

ERP-U8提供了丰富的工资统计分析功能,在薪资管理系统中,选择"统计分析"选项,进入"统计分析"界面,所有的统计分析在此进行。系统同时提供了"维护"选项,所有的数据上报、采集及汇总均在此进行。

 **任务实施**

一、我的账表

"我的账表"功能主要用于对薪资管理系统中所有的报表进行管理,包括工资表和工资分析表。用户可以根据需要选择相应的功能进行统计分析,具体明细项目如图4-49所示。

项目四 薪资管理系统设置与管理 169

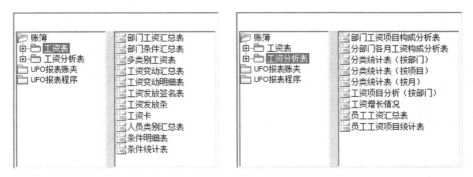

图 4-49

【操作流程】

工资表和工资分析表的功能比较丰富,操作流程比较直观简单,这里就以"部门工资汇总表"为例,介绍其操作流程。

(1) 在薪资管理系统中,执行"账表"→"我的报表"命令,打开"账表管理"界面。

(2) 选择"工资表"中的"部门工资汇总表",打开"部门工资汇总表"对话框,如图4-50所示。

(3) 选择相应部门,按"确定"按钮,打开选择部门范围的对话框,如图4-51所示。

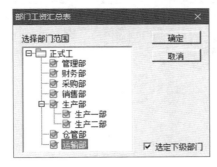

图 4-50

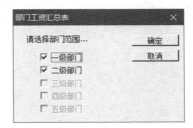

图 4-51

(4) 单击"确定"按钮,系统显示"部门工资汇总表"的计算结果,如图4-52所示。

部门	人数	应发合计	扣款合计	实发合计	本月扣零	上月扣零	代扣税
管理部	2	26,075.00	2,305.85	23,768.00	1.15		425.85
财务部	5	54,750.00	4,694.90	50,053.00	2.10		774.90
采购部	2	18,750.00	1,630.20	17,119.00	0.80		220.20
销售部	2	18,750.00	1,542.90	17,206.00	1.10		222.90
生产部	4	38,925.00	3,279.09	35,644.00	1.91		483.89
生产一部	2	21,000.00	1,790.43	19,209.00	0.57		284.83
生产二部	2	17,925.00	1,488.66	16,435.00	1.34		199.06
仓管部	1	8,450.00	693.26	7,756.00	0.74		85.26
运输部	0						

部门工资汇总表
2023 年 1 月
会计月份 一月

图 4-52

二、凭证查询

工资核算的结果以记账凭证的形式传输到总账管理系统,在总账管理系统中可以进行查询、审核、记账等操作,但是不能进行修改和删除。薪资管理系统传输到账务系统的凭证,可通过凭证查询来进行修改、删除和冲销等。

【操作流程】

(1) 在薪资管理系统中,执行"统计分析"→"凭证查询"命令,打开"凭证查询"对话框,如图4-53所示。

(2) 在列表中选中一张凭证,单击对话框上的"删除"按钮,可以删除凭证。

(3) 单击对话框上的"冲销"按钮,则可对当前标志为"记账"的凭证进行红字冲销操作,自动生成与原凭证相同的红字凭证。

(4) 单击对话框上的"单据"按钮,系统显示生成凭证的原始凭证,并在此显示工资系统生成的所有凭证列表。

(5) 单击对话框上的"凭证"按钮,系统显示单张凭证界面。

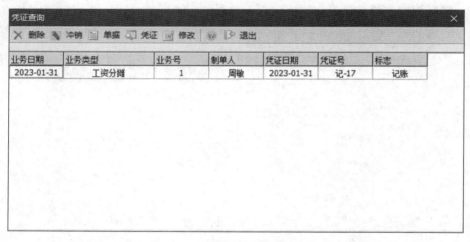

图 4-53

三、数据维护

1. 人员调动

当账套为多工资类别时,可利用"人员调动"功能,实现人员在不同工资类别之间的转换。

恒利科技有限公司刘鹏调出。

【操作流程】

(1) 在薪资管理系统中,执行"维护"→"人员调动"命令,打开"人员调动"对话框。选择被调出人员的部门和人员类别,在左侧人员列表中显示符合条件的人员;选择人员(可多选),单击">"按钮将已选人员导入右侧人员列表中,单击">>"按钮将左侧列表中的所有人员导入右侧人员列表中,如图4-54所示。

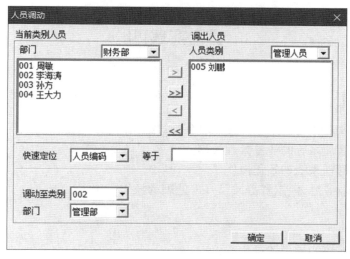

图 4-54

（2）在"快速定位"下拉列表框中选择要定位的数据项目，输入该数据项目的具体值后按回车键，系统将光标快速定位于符合条件的人员上。

（4）选择调入的工资类别和调入的部门，单击"确定"按钮即可。

（5）在薪资管理系统中，执行"设置"→"人员档案"命令，查看当前工资类别下调动人员状态，调出人员的"调出"栏显示"是"，调出人员本月不发工资。

操作提示：
- 已做调出标志的人员，所有档案信息不可修改。
- 调出人员调出当月即不再参与工资发放计算。
- 在当月未做月末结算前，可取消调出人员的调出标志。
- 做完月(年)结算处理后，调出标志不可取消。
- 为保证数据的完整性和一致性，调出人员不可删除。

2．人员信息复制

本功能用于管理两个或多个工资类别中人员结构相同的工资数据。当新建工资类别中的人员与已建工资类别中的人员信息相同时，则可通过此工具，将已建工资类别中的人员信息复制到新建工资类别中。将需要复制人员信息的工资类别打开，在"数据维护"中选择"人员信息复制"，即可进入此项功能。

操作提示： 如果启用了人力资源产品，且当前打开的工资类别是人力资源产品指定了对应关系的工资类别时，"人员信息复制"功能菜单不可见。

3．数据接口管理

使用数据接口管理工具可有效地将相关数据从外部系统导入工资管理系统中。例如，可以从水电系统、房租系统、考勤系统、人事系统以及其他与工资管理有关的系统中，将水电费扣缴、房租扣缴、考勤时数等数据导入工资管理系统的对应工资项目。

项目实践四

【实训目的】

1. 理解 ERP-U8 管理软件中薪资管理系统的相关内容。
2. 了解薪资管理系统的业务处理流程。
3. 掌握薪资管理系统初始化操作。
4. 掌握日常业务处理、工资分摊及月末处理的操作。

【实训任务】

1. 薪资管理系统初始设置操作。
2. 薪资管理系统日常业务处理操作。
3. 工资分摊类型设置及分摊工资费用操作。
4. 汇总工资类别及月末处理操作。
5. 薪资管理系统数据查询操作。

【实训资料】

一、建立工资账套

恒利科技有限公司由周敏进行工资设置,李海涛审核。2023 年 1 月 1 日启动薪资管理系统,基本设置如下:

工资类别数:多个;不核算计件工资;核算币种:人民币(RMB);要求从工资中代扣个人所得税;进行扣零处理(扣零至角);人员编码:与公共平台中的人员编码保持一致。

二、基础信息设置

1. 人员附加信息:"学历""技术职称"。
2. 工资项目设置:如表 4-1 所示。

表 4-1 工资项目设置

项目名称	类型	长度	小数位数	工资增减项
基本工资	数值	8	2	增项
岗位工资	数值	8	2	增项
工龄工资	数值	8	2	增项
奖金	数值	8	2	增项
交补	数值	8	2	增项
应发合计	数值	8	2	增项
病假天数	数值	2	0	其他
病假扣款	数值	8	2	减项

续表

项目名称	类型	长度	小数位数	工资增减项
事假天数	数值	2	0	其他
事假扣款	数值	8	2	减项
保险金	数值	8	2	减项
代扣税	数值	8	2	减项
扣款合计	数值	10	2	减项
实发合计	数值	10	2	增项

3. 银行名称：中国银行徐州大兴路支行。账号长度为18位，自动带出的账号长度为8位。

4. 建立工资类别：如表4-2所示。

表4-2 工资类别

类别编码	类别名称	部门选择
001	正式工	所有部门

5. 人员档案设置。

（1）正式工档案：如表4-3所示。

表4-3 正式工档案

人员编号	人员姓名	性别	行政部门	人员类别	学历	技术职称	银行账号
001	周 敏	男	财务部	管理人员	本科	高级会计师	601207060001
002	李海涛	男	财务部	管理人员	本科	会计师	601207060002
003	孙 方	女	财务部	管理人员	本科	会计师	601207060003
004	王大力	男	财务部	管理人员	大专	助理会计师	601207060004
005	刘 鹏	男	财务部	管理人员	本科	经济师	601207060005
006	张一祥	男	管理部	管理人员	本科		601207060006
007	韩一冰	女	管理部	管理人员	研究生	经济师	601207060007
008	周 明	男	采购部	采购人员	本科		601207060008
009	李大力	男	采购部	采购人员	大专		601207060009
010	赵东方	男	销售部	营销人员	本科		601207060010
011	吴明飞	男	销售部	营销人员	大专		601207060011
012	赵红兵	男	生产一部	生产人员	本科		601207060012
013	张 远	男	生产一部	生产人员	大专	高级工	601207060013
014	王 和	女	生产二部	生产人员	本科		601207060014
015	何 飞	男	生产二部	生产人员	大专		601207060015
016	陈 力	男	仓管部	管理人员	本科		601207060016

(2) 正式工工资项目及公式设置：如表4-4所示。

表4-4　正式工工资项目及公式设置

项目名称	公式设置
基本工资	
岗位工资	
奖金	按基本工资的15%计算
交补	采购人员或营销人员每人300元，其他人员每人100元
应发合计	
病假扣款	按每天10元标准计算
事假扣款	按每天30元标准计算
保险金	按基本工资和岗位工资之和的8%计算
代扣税	
扣款合计	
实发合计	
病假天数	
事假天数	

6. 个人所得税纳税基数：个人收入所得税应按实发工资扣除5 000元后计税。

三、工资数据

1. 2023年1月初人员工资数据：如表4-5所示。

表4-5　工资数据

人员姓名	基本工资/元	岗位工资/元	人员姓名	基本工资/元	岗位工资/元
周　敏	8 000	900	李大力	5 500	750
李海涛	7 500	850	赵东方	5 500	750
孙　方	7 500	800	吴明飞	5 500	750
王大力	5 500	650	赵红兵	6 500	750
刘　鹏	6 500	800	张　远	6 700	870
张一祥	9 000	950	王　和	6 000	750
韩一冰	8 500	800	何　飞	4 700	670
周　明	5 500	750	陈　力	5 000	600

2. 工资变动情况。

(1) 考勤情况：韩一冰请病假2天，周明请事假3天。

(2) 岗位工资调整情况：本月企业接上级部门文件，每人上调岗位工资2 000元。

四、银行代发

选择"中国银行徐州大兴路支行"代发工资，增加"人员姓名"项目，修改账号位数为12

位数,选择"TXT"文件类型传输,文件以"1月份工资"命名并保存至桌面。

五、工资分摊

1. 正式工工资分摊类型设置:如表4-6所示。

表4-6　正式工工资分摊类型设置

部门	人员类别	应付工资	工会经费	职工教育经费	借方科目	贷方科目
管理部 财务部 采购部 仓管部	管理人员	100%	2%	1.5%	660202	2211
销售部	营销人员				660102	
生产一部	生产人员				500101	
生产二部	生产人员				500102	

2. 分摊工资费用并制单。

六、月末处理

选择清零项目:奖金、病假天数、事假天数。

七、汇总工资类别

1. 查询部门工资汇总表。
2. 刘鹏调出。

项目五 固定资产管理系统设置与管理

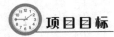 **项目目标**

1. 理解 ERP-U8 系统有关固定资产管理的相关内容。
2. 掌握固定资产管理系统的初始化设置方法和步骤。
3. 掌握固定资产原始卡片录入、删除、修改等操作方法。
4. 掌握固定资产增减、资产变动的操作方法。
5. 掌握生成凭证、账表查询等操作方法。
6. 掌握固定资产管理的月末处理方法。

固定资产管理系统主要用于进行企业固定资产日常业务的核算和管理,生成固定资产卡片,按月反映固定资产的增加、减少、原值变化和其他变动,并输出相应的增减变动明细账,按月自动计提折旧,生成折旧分配凭证,同时输出一些与设备管理相关的报表和账簿。

固定资产管理系统将日常变动数据通过记账凭证传递给总账管理系统,同时通过对账,保持固定资产账目与总账的平衡,并可以修改、删除和查询凭证。本系统为成本核算系统提供计提折旧有关费用的数据,UFO 报表系统也可以通过相应的取数函数从本系统中提取分析数据。

在用友 ERP-U8 管理软件中,固定资产管理系统的日常业务处理分为初始设置、日常处理和期末处理三大块。

任务一 固定资产管理系统初始设置

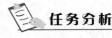 **任务分析**

固定资产管理系统的初始设置是固定资产管理和核算的首要环节,也是做好固定资产管理的关键因素,设置内容繁多,业务数据复杂,这就要求在初始设置时要细心、认真地做好每项基本工作。

 **任务实施**

初次使用固定资产管理系统时,首先要做的工作就是系统初始化。它是根据使用单位的具体情况,建立一个适合使用单位需要的固定资产子账套的过程。设置的操作步骤包括

约定及说明、启用月份、折旧信息、编码方式、账务接口和完成设置 6 个部分。

恒利科技有限公司 2023 年 1 月 1 日启用固定资产管理系统，系统初始设置的具体内容按项目实践五中表 5-1 进行设置。

一、系统初始化

【操作流程】

（1）在"业务工作"页签中，执行"财务会计"→"固定资产"命令，系统弹出提示框，如图 5-1 所示。

固定资产初始化

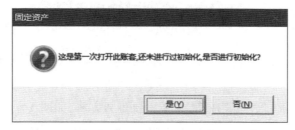

图 5-1

（2）单击"是"按钮，打开"初始化账套向导"对话框，固定资产初始化分为 6 个步骤，说明如下：

① 约定及说明：在进行初始化之前应认真阅读固定资产管理的基本原则，如图 5-2 所示。

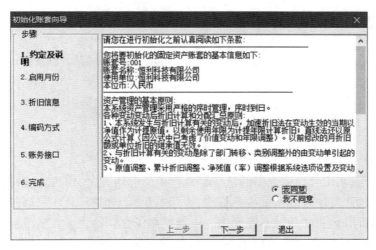

图 5-2

② 启用月份：选择"我同意"单选按钮，单击"下一步"按钮，查看本账套固定资产开始使用的年份和会计期间，启用日期只能查看不可修改，如图 5-3 所示。

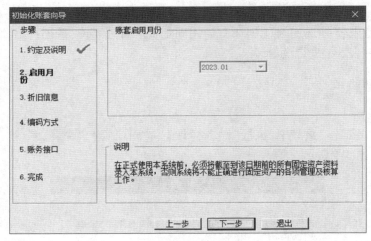

图 5-3

③ 折旧信息：单击"下一步"按钮,选择主要折旧方法,如图 5-4 所示。

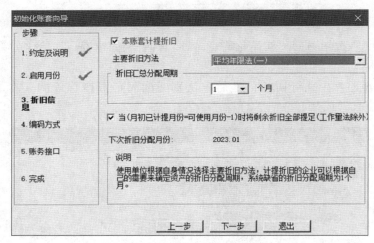

图 5-4

图 5-4 所示的界面中的各选项说明如下:

◆ 本账套计提折旧：如果选用的是行政事业单位应用方案,则按照会计制度规定,所有固定资产不计提折旧,这时复选框内不打钩,表示本账套不提折旧。一旦确定本账套不提折旧,则账套内与折旧有关的功能不能操作。该设置在保存初始化设置后不能修改,所以在选择前请慎重。如果选用企业单位应用方案,则资产需要计提折旧,请在复选框内打钩。

◆ 主要折旧方法：平均年限法(一)、平均年限法(二)、工作量法、年数总和法、双倍余额递减法(一)、双倍余额递减法(二)。如果不选中"本账套计提折旧"复选框,则折旧方法为"不提折旧"。

◆ 折旧汇总分配周期：企业在实际计提折旧时,不一定每个月计提一次,可能因行业和自身情况的不同,每季度、半年或一年计提一次,折旧费用的归集也按照这样的周期进行。

④ 编码方式：单击"下一步"按钮,可根据需要选择资产类别编码方式——自动编码或手工输入,自行选择卡片序号长度,如图 5-5 所示。

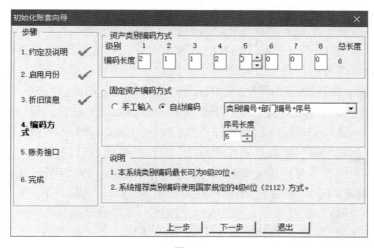

图 5-5

图 5-5 所示的界面中的各选项说明如下：

◆ 资产类别编码方式：资产类别是单位根据管理和核算的需要，给固定资产所做的分类，可参照国家标准或根据用户自己的需要建立分类体系。本系统类别编码最多可设置 8 级、20 位，可以设定每一级的编码长度。系统推荐采用国家规定的 4 级 6 位（2112）方式。资产类别编码方式设定以后，一旦某一级设置了类别，则该级的长度不能修改，对于没有设置过类别的级别，其长度仍可修改。每一个账套中资产的自动编码方式只能有一种，一经设定，该自动编码方式不得修改。

◆ 固定资产编码方式：固定资产编码是为了方便管理而给固定资产确定的唯一标识。有两种输入方法：可以在输入卡片时手工输入，也可以选用自动编码的形式根据编码原则自动生成。自动编码的好处在于输入卡片时简便快捷，并可根据资产编码了解资产的基本情况，便于资产管理。

⑤ 账务接口：单击"下一步"按钮，"初始化账套向导"对话框如图 5-6 所示。

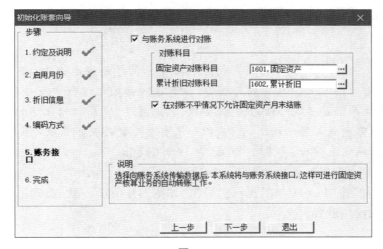

图 5-6

图 5-6 所示的界面中的各选项说明如下：

◆ 与账务系统进行对账：只有存在对应总账管理系统的情况下才可操作。如果在该复选框内打钩，表示本系统要与总账管理系统对账。对账的含义是将固定资产管理系统内所有资产的原值和累计折旧与总账管理系统中的固定资产科目和累计折旧科目的余额核对，看数值是否相等。可以在系统运行过程中任何时候执行对账功能，如果不平，说明两个系统存在偏差，应引起注意，予以调整。如果不想与总账管理系统对账，可不打钩，表示不对账。

◆ 固定资产对账科目：单击参照按钮或按【F2】键，参照基础设置中的科目选择。

◆ 累计折旧对账科目：单击参照按钮或按【F2】键，参照基础设置中的科目选择。

◆ 在对账不平情况下允许固定资产月末结账：本系统在月末结账前自动执行"对账"功能一次（存在相对应的总账账套的情况下），给出对账结果，如果不平，说明两系统存在偏差，应予以调整。但是偏差并不一定是由错误引起的，有可能是操作的时间差异（在账套刚开始使用时比较普遍，如第一个月原始卡片没有录入完毕等）造成的，因此系统给出是否"在对账不平情况下允许固定资产月末结账"的选择，如果希望严格控制系统间的平衡，并且能做到两个系统录入的数据没有时间差异，则不要在该复选框内打钩，否则打钩。

⑥ 初始化检查：单击"下一步"按钮，"初始化账套向导"对话框如图 5-7 所示。

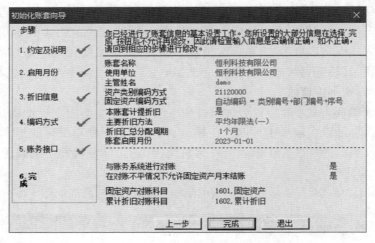

图 5-7

操作提示：上述初始化设置已经完成，图 5-7 所示的界面显示相关已定义内容，请仔细查看，如果无误可单击"完成"按钮保存，但请注意系统初始化过程中有些参数一旦设置完成，退出初始化向导后是不能修改的，如果要改，只能通过"重新初始化"功能实现。重新初始化将清空对该账套所做的一切工作。所以如果有些参数设置不能确定，可单击"上一步"按钮重新设置。确定无误后，再单击"完成"按钮保存退出。

（3）单击"完成"按钮，系统弹出提示对话框，如图 5-8 所示。

（4）单击"是"按钮，系统弹出提示对话框，如图 5-9 所示。单击"确定"按钮完成固定资产管理系统初始化设置。

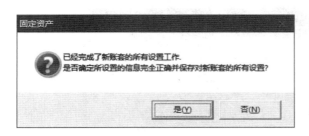
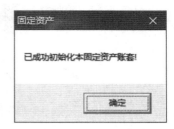

图 5-8　　　　　　　　　　　　　　图 5-9

二、选项设置

在固定资产管理系统中,执行"设置"→"选项"命令,可以打开"选项"对话框。"选项"对话框中包括在账套初始化过程中设置的参数和其他一些在账套运行过程中使用的参数或判断。"选项"对话框中有以下 5 个选项卡。

1. 基本信息

在"选项"对话框中单击"基本信息"选项卡,如图 5-10 所示,本选项卡中所有内容在系统初始化设置后不能修改。

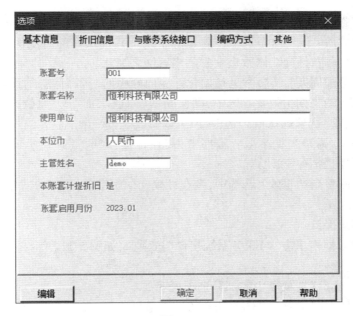

图 5-10

2. 折旧信息

在"选项"对话框中单击"折旧信息"选项卡,如图 5-11 所示,单击"编辑"按钮即可编辑修改。

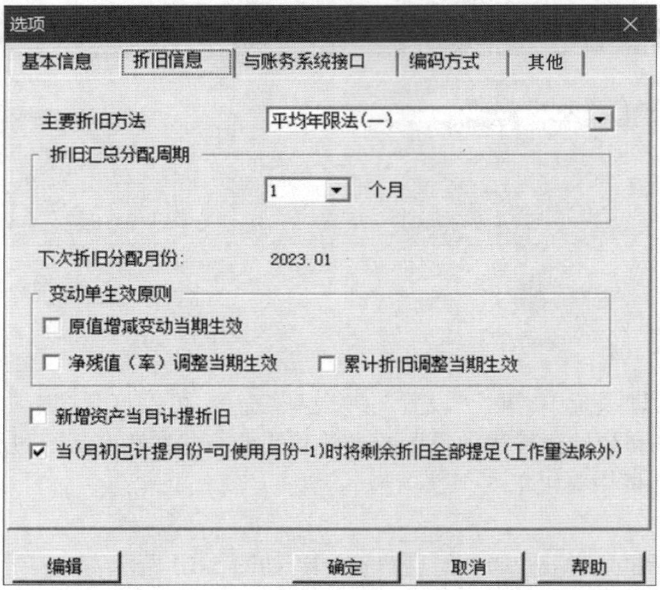

图 5-11

"折旧信息"选项卡中的各选项说明如下:

◆ 主要折旧方法:设置这个选项主要是为了系统其他操作的简便性,该选项只是一个缺省的内容,所以可随时修改,修改后缺省的内容随之变化。

◆ 折旧汇总分配周期:解释参见初始化账套向导中的"折旧信息",该选项可修改。

◆ 原值增减变动当期生效:若选中,则在新增"原值增加"或"原值减少"变动单时,其"本变动单当期生效"选项默认值为选中,但可以修改。

◆ 净残值(率)调整当期生效:若选中,则在计提当期折旧时,折旧公式里的净残值(率)按变动后的净残值(率)计算。

◆ 累计折旧调整当期生效:若选中,则在计提当期折旧时,折旧公式里的累计折旧按变动后的累计折旧计算。

3. 与账务系统接口

在"选项"对话框中单击"与账务系统接口"选项卡,如图 5-12 所示,单击"编辑"按钮即可编辑修改。

"与账务系统接口"选项卡中的部分选项说明如下:

◆ 业务发生后立即制单:本选项缺省的选择是打钩,也可以修改,修改后系统将把没有制单的原始单据的资料收集到批量制单部分,可以在批量制单部分统一完成。

◆ 月末结账前一定要完成制单登账业务:系统中的有些业务,在存在对应的账务账套的情况下,应制作凭证,再把凭证传递到账务系统。但有可能一些经济业务在其他系统已制作凭证,为避免重复制单,可不在此复选框内打钩。如果想保证系统的严谨性,则在此复选框内打钩,表示一定要完成应制作的凭证,没有制作完成的凭证本期间不允许结账。

◆ 按资产类别设置缺省科目:若选中,则"固定资产对账科目"和"累计折旧对账科目"可以多选,但最多能选 10 个;同时,可以在资产类别中设置缺省入账科目。若在资产类别中设置了缺省入账科目,则在生成凭证时根据卡片所属末级资产类别带出相应的科目;若在资产类别中没有设置缺省入账科目,则在生成凭证时带出选项中设置的缺省入账科目。

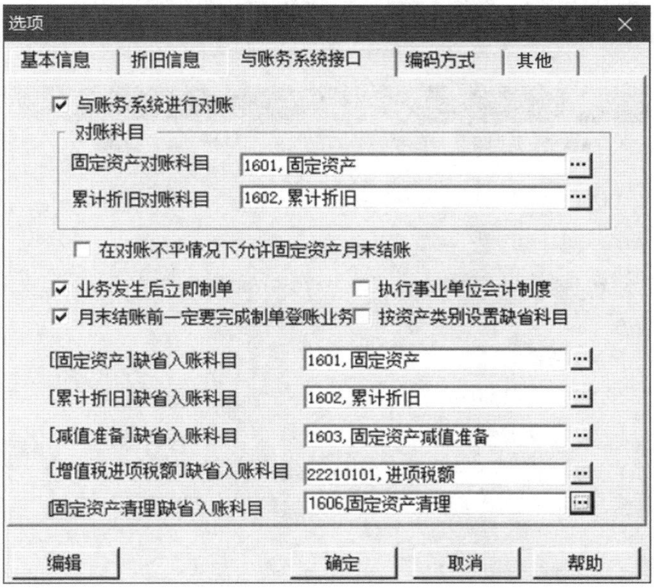

图 5-12

固定资产管理系统制作记账凭证时,凭证中上述科目的缺省值将由用户的设置确定,当这些设置为空时,凭证中缺省科目为空。

4. 编码方式

在"选项"对话框中单击"编码方式"选项卡,如图 5-13 所示,单击"编辑"按钮即可编辑修改。

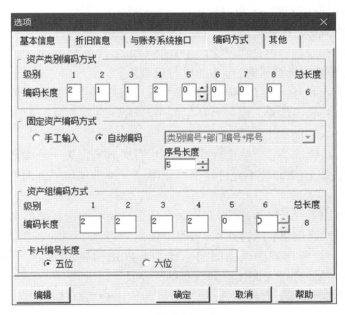

图 5-13

5. 其他

在"选项"对话框中单击"其他"选项卡,如图 5-14 所示,单击"编辑"按钮即可编辑修改。

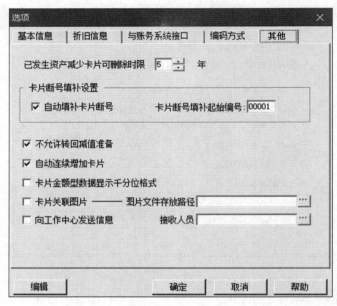

图 5-14

"其他"选项卡中的各选项说明如下:

◆ 已发生资产减少卡片可删除时限:根据财务制度规定,已清理资产的资料应保留 5 年,所以系统设置了该时限缺省为 5 年,只有 5 年后才能将相关资产的卡片和变动单删除(从系统的数据库中彻底删除)。用户可根据需要修改这个时限,系统按修改后的时限判断已清理资产的卡片和变动单能否删除。

◆ 卡片断号填补设置:企业管理资产卡片时要求卡片编号连续,因为有些原因删除卡片后会出现断号,需要连续编号时,可在此进行设置。

◆ 自动填补卡片断号:选择此项时,新增的卡片编号会将不连续的编号自动补足。

◆ 卡片断号填补起始编号:此项为补足的卡片编号的最小值设置,新增的编号须大于等于起始编号。

◆ 不允许转回减值准备:企业会计准则规定,资产减值损失一经确认,在以后会计期间不得转回。选择此项,则该账套不允许转回减值准备。本选项可以随时修改,新建账套中该选项默认选中。

◆ 自动连续增加卡片:选择此项,卡片保存后会自动增加一张新的卡片。

◆ 向工作中心发送信息:选择此项,当固定资产管理系统内业务单据(原始卡片、新增资产、变动单)保存时、资产减少成功时向工作中心发送信息,默认为不选中。选中后,在"接收人员"中需要参照选择允许接收到信息的操作员。

◆ 接收人员:参照选择,允许多选,选择范围为该账套的全体操作员。

三、部门档案

部门档案用于设置固定资产所属部门的详细信息,按照已经定义好的部门编码级次原则输入部门编号及其信息。部门档案包含部门编码、部门名称、负责人、部门属性等信息。

【操作流程】

在"基础设置"页签中,执行"基础档案"→"机构人员"→"部门档案"命令,即可进入"部门档案"窗口进行设置,如图5-15所示。

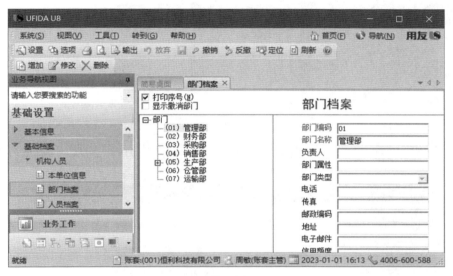

图 5-15

四、部门对应折旧科目

资产计提折旧后必须把折旧数据归入成本或费用项目,根据不同使用者的具体情况,可按部门归集,也可按类别归集。部门折旧科目的设置就是为部门选择一个折旧科目,以便在录入卡片时自动显示折旧科目。在生成部门折旧分配表时,每一部门内按折旧科目汇总,从而制作记账凭证。

部门对应折旧科目

恒利科技有限公司部门对应折旧科目的具体内容按项目实践五中表5-2进行设置。

【操作流程】

(1)在固定资产管理系统中,执行"设置"→"部门对应折旧科目"命令,在界面左侧的部门目录树中选择要设置科目或修改科目的部门,单击"单张视图"选项卡,系统显示选中部门的详细信息。

(2)单击工具栏上的"修改"按钮,可修改该部门的对应折旧科目。修改上级部门的折旧科目可以同步修改下级部门的折旧科目。设置部门对应折旧科目时,必须选择末级会计科目,如图5-16所示。

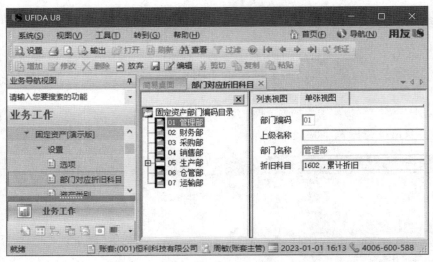

图 5-16

(3) 修改完毕后,单击"列表视图"选项卡,可以看到所有部门的折旧信息,如图 5-17 所示。

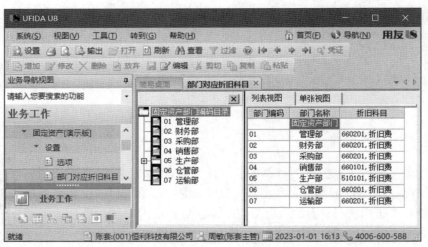

图 5-17

五、资产类别

固定资产的种类繁多、规格不一,要强化固定资产管理,做好固定资产核算,必须科学地设置固定资产分类,为核算和统计管理提供依据。企业可根据自身的特点和管理要求,确定一个较为合理的资产分类方法。

恒利科技有限公司固定资产类别的具体内容按项目实践五中表 5-3 进行设置。

资产类别

1. 增加资产类别

【操作流程】

(1) 在固定资产管理系统中,执行"设置"→"资产类别"命令,打开"资产类别"窗口,单击工具栏上的"增加"按钮,可以增加资产类别。

(2) 在界面左侧的资产类别目录树中选择资产大类,单击"单张视图"选项卡,即可查看该资产类别的编码、名称、上级名称、使用年限、净残值率、计量单位、计提属性、折旧方法和卡片样式等信息。

(3) 在分类目录树中选择要增加资产类别的上一级资产类别,单击工具栏上的"增加"按钮,系统显示该类别的"单张视图"选项卡。

(4) 输入类别编码、类别名称、使用年限、净残值率、计量单位、计提属性等资产类别信息,如图 5-18 所示。

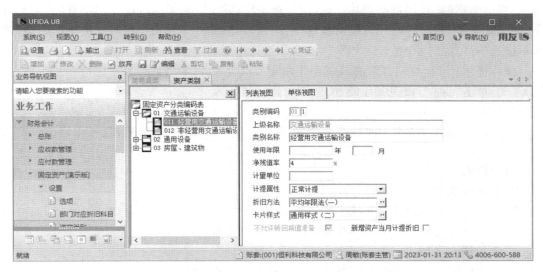

图 5-18

"单张视图"选项卡中的各选项说明如下:

◆ 类别编码:是为方便记忆和使用,给资产类别所定的一个编号,编号由其所有上级类别编码和输入的本级编码共同组成,所有上级编码已定义好并将自动带入本级编码中,不允许修改。

◆ 类别名称:该项资产类别的名称,不可与本级其他资产类别同名。

◆ 使用年限:所定义的资产类别的使用年限,缺省值继承其上级所设置的使用年限,可修改。

◆ 净残值率:所定义的资产类别的净残值率,缺省值继承其上级所设置的净残值率,可修改。

◆ 计量单位:所定义的资产类别的计量单位,缺省值继承其上级所设置的计量单位,可修改。

◆ 计提属性:是系统自动计提折旧时计提的基本原则,可以用参照的方式选择。有 3 个选项:总计提折旧(一般指房屋建筑物类)、总不提折旧(一般指土地类)、正常计提(一般指设备类)。任何资产类别必须选择其中一种情况。计提属性一经选择并使用,不允许修改,请慎重选择。

◆ 折旧方法:参照折旧方法集合(包括系统缺省的和自定义的),选择该资产类别常用的折旧方法。
◆ 卡片样式：从卡片样式目录中选择该资产类别对应的卡片样式，缺省值为"通用"，可修改。
◆ 不允许转回减值准备：若"选项"对话框中的"不允许转回减值准备"选项被选中，则所有固定资产都无法填制"转回减值准备"变动单；若"选项"对话框中的"不允许转回减值准备"选项没有被选中，而当前类别的"不允许转回减值准备"选项被选中，则只有当前类别的固定资产不允许填制"转回减值准备"变动单。该选项可以修改。
◆ 新增资产当月计提折旧：若"选项"对话框中的"新增资产当月计提折旧"选项被选中，则当前类别的"新增资产当月计提折旧"选项默认被选中，可随时修改；若"选项"对话框中的"新增资产当月计提折旧"没有被选中，则当前类别的"新增资产当月计提折旧"选项默认不被选中，可随时修改。

操作提示：资产类别只有在最新会计期间可以增加，月末结账后则不能增加。
（5）单击"保存"按钮保存设置。

2. 修改资产类别

从资产类别目录中选中要修改的类别，单击工具栏上的"修改"按钮，可以修改资产类别的内容。

操作提示：
➢ 非明细级类别编码不能修改。
➢ 使用过的类别的计提属性不能修改。
➢ 未使用过的明细级类别编码修改时只能修改本级的编码。

3. 删除资产类别

从类别目录中选中要删除的类别，单击"删除"按钮即可。

操作提示：非明细级资产类别不能删除。系统已使用（录入卡片时选用过）的类别不允许删除。

六、增减方式

增减方式包括增加方式和减少方式两类。增加方式主要有：直接购入、投资者投入、捐赠、盘盈、在建工程转入、融资租入等。减少方式主要有：出售、盘亏、投资转出、捐赠转出、报废、毁损、融资租出、拆分减少等。

恒利科技有限公司固定资产增减方式的具体内容按项目实践五中表5-4进行设置。

【操作流程】

（1）在固定资产管理系统中，执行"设置"→"增减方式"命令，系统显示"增减方式"列表视图。

（2）选择要增加下级增减方式的上级方式，单击"增加"按钮，系统显示单张视图设置界面。

（3）输入增减方式名称和对应入账科目。如果要修改或删除增减方式，在列表视图界面单击"修改"或"删除"按钮即可，如图5-19所示。

操作提示：
➢ 此处设置的对应入账科目是为了在生成凭证时使用。例如，以购入方式增加资产时该科目可设置为"银行存款",投资者投入时该科目可设置为"实收资本",该科目将缺省在贷方;资产减少时,该科目可设置为"固定资产清理",将缺省在借方。

➢ 非明细级的增减方式不能删除。已使用(卡片已选用过)的方式不能删除。系统缺省的增减方式中"盘盈""盘亏""毁损"不能修改和删除。

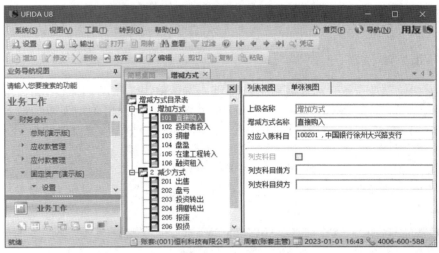

图 5-19

七、使用状况

从固定资产核算和管理的角度而言,企业需要明确资产的使用状况,一方面可以正确地计算和计提折旧,另一方面便于统计固定资产的使用情况,提高资产的利用效率。

系统预置的使用状况有:使用中(在用、季节性停用、经营性出租、大修理停用)、未使用和不需用。

在固定资产管理系统中,执行"设置"→"使用状况"命令,打开"使用状况"列表视图,如图 5-20 所示。具体操作可参见"增减方式"的操作。

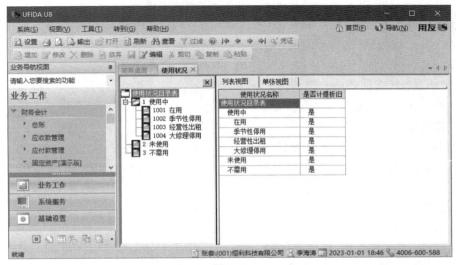

图 5-20

操作提示：

➤ 修改某一使用状况名称后，卡片中该使用状况变为修改后的名称。修改某一使用状况的"是否计提折旧"的选项后，对折旧计算的影响从当期开始，不调整以前的折旧计算。

➤ "在用"状况下级缺省的内容因涉及卡片的大修理记录和停启用记录的自动填写，不能删除，名称可以修改。修改名称后系统认为保持原有概念不变。

➤ 系统第一级使用状况：使用中、未使用、不需用，不能增加、修改、删除。

八、折旧方法

折旧方法设置是系统自动计算折旧的基础。系统给出了常用的七种方法：不提折旧、平均年限法（一）、平均年限法（二）、工作量法、年数总和法、双倍余额递减法（一）、双倍余额递减法（二），并列出了它们的折旧计算公式。这几种方法是系统设置的折旧方法，只能选用，不能删除和修改。如果这几种方法不能满足企业的需要，系统提供了自定义功能，用户可以定义适合自己的折旧方法的名称和计算公式。

在固定资产管理系统中，执行"设置"→"折旧方法"命令，系统显示"折旧方法"列表视图，如图 5-21 所示。

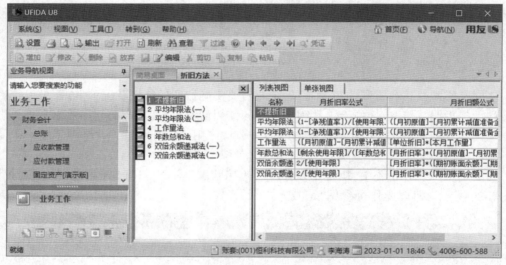

图 5-21

"折旧方法"列表视图中各项目说明如下：

◆ 不提折旧：月折旧率＝月折旧额＝0

◆ 平均年限法（一）：

月折旧率＝(1−净残值率)÷使用年限

月折旧额＝(月初原值−月初累计减值准备金额+月初累计转回减值准备金额)×月折旧率

◆ 平均年限法（二）：

月折旧率＝(1−净残值率)÷使用年限

月折旧额＝(月初原值−月初累计减值准备金额+月初累计转回减值准备金额−月初累计折旧−月初净残值)÷(使用年限−已计提月份)

◆ 工作量法：

月折旧率=(月初原值-月初累计减值准备金额+月初累计转回减值准备金额-月初累计折旧-月初净残值)÷(工作总量-月初累计工作量)

月折旧额=本月工作量×单位折旧

◆ 年数总和法：

月折旧率=剩余使用年限÷(年数总和×12)

月折旧额=(月初原值-月初累计减值准备金额+月初累计转回减值准备金额-净残值)×月折旧率

◆ 双倍余额递减法(一)：

月折旧率=2÷使用年限

月折旧额=(期初账面余额-期初累计减值准备金额+期初累计转回减值准备金额)×月折旧率

◆ 双倍余额递减法(二)：

月折旧率=2÷使用年限

月折旧额=(期初账面余额-期初累计减值准备金额+期初累计转回减值准备金额)×月折旧率

注意：固定资产到期以前的两年采用平均年限法(二)计提折旧。

任务二 卡片管理

 任务分析

用友 ERP-U8 固定资产管理主要是通过固定资产卡片来管理。卡片记录固定资产的信息，包括固定资产名称、金额、折旧方法、所属部门、使用年限等内容。用户可以通过卡片管理来实现固定资产的卡片项目和卡片样式的设置、原始卡片的录入、固定资产的增减变动等功能。

恒利科技有限公司固定资产原始卡片的具体内容按项目实践五中表 5-5 进行录入。

 任务实施

一、卡片项目

卡片项目是固定资产卡片上显示的用来记录资产资料的栏目，如原值、资产名称、使用年限、折旧方法等卡片最基本的项目。用友固定资产管理系统给用户提供了一些常用卡片必需的项目，称为系统项目；如果这些项目不能满足用户对资产特殊管理的需要，用户可以通过卡片项目定义来定义所需要的项目，用户定义的项目称为自定义项目。系统项目和自定义项目共同构成卡片项目目录。

【操作流程】

在固定资产管理系统中，执行"卡片"→"卡片项目"命令，打开"卡片项目"窗口，可以增加、删除卡片项目中的内容，也可以根据需要自定义项目，如图 5-22 所示。

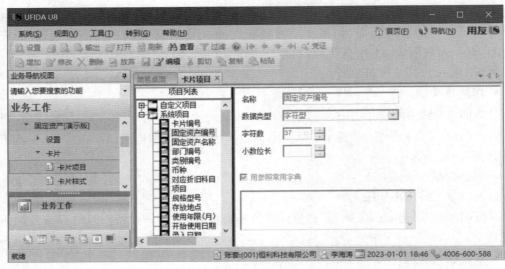

图 5-22

二、卡片样式

ERP-U8 固定资产管理系统提供了多种不同样式、不同项目的卡片样式,为了简便易操作,用户可以在系统已定义好的卡片样式中选择比较接近的样式,修改后另存为新建样式。

【操作流程】

在固定资产管理系统中,执行"卡片"→"卡片样式"命令,打开"卡片样式"窗口,单击工具栏上的"编辑"按钮,就可以根据需要自行修改,修改完成后保存为新建模板,方便使用,如图 5-23 所示。

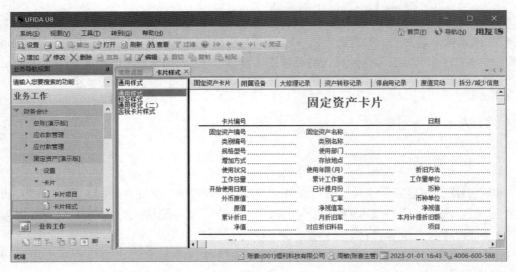

图 5-23

三、录入原始卡片

原始卡片记录的资产开始使用日期的月份先于其录入系统的月份。在使用固定资产管理系统进行核算前,必须将原始卡片资料录入系统,保持历史资料的连续性。原始卡片的录入不限制必须在第一个会计期间结账前,任何时候都可以录入原始卡片。

录入原始卡片

【操作流程】

(1)在固定资产管理系统中,执行"卡片"→"录入原始卡片"命令,打开"固定资产类别档案"窗口,如图 5-24 所示。

图 5-24

(2)从窗口中选择要录入的卡片所属的资产类别,双击选中的资产类别或单击"确定"按钮,系统显示"固定资产卡片"录入界面,如图 5-25 所示,用户可在此录入或参照选择各项目的内容。

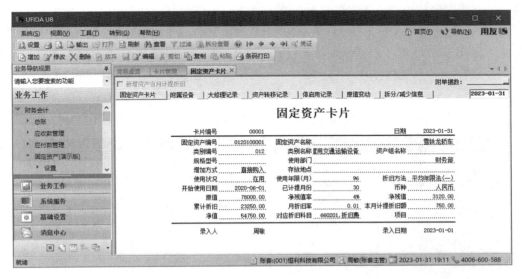

图 5-25

(3)固定资产的主卡录入后,单击其他选项卡,输入附属设备和录入以前卡片发生的各种变动。附属选项卡上的信息只供参考,不参与计算。

(4)单击"保存"按钮,将录入的卡片保存入系统。

（5）先选择资产类别是为了确定卡片的样式。如果在查看一张卡片或刚完成录入一张卡片的情况下进行录入原始卡片操作，系统直接出现卡片界面，缺省的类别为该卡片的类别。

四、卡片管理

卡片管理是对固定资产管理系统中所有卡片综合管理的功能操作，包括卡片修改、卡片删除、卡片打印、卡片查询等。

1. 打开卡片查询窗口

【操作流程】

（1）在固定资产管理系统中，执行"卡片"→"卡片管理"命令，打开"查询条件选择—卡片管理"对话框，选择"开始使用日期"到当前日期，如图 5-26 所示。

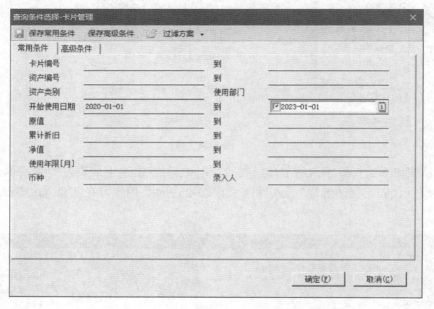

图 5-26

（2）单击"确定"按钮，系统显示"按部门查询"的"在役资产"界面，如图 5-27 所示。

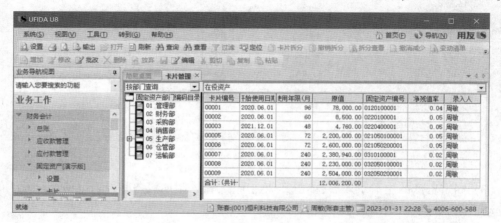

图 5-27

2. 查看单张卡片

在"按部门查询"卡片窗口中,每一张卡片在固定资产列表中显示为一条记录行。通过这条记录行或快捷信息窗口可查看该资产的简要信息。要想查看详细情况,请从卡片管理列表中选中要查看的卡片记录行,双击该记录行,系统即显示单张卡片的详细内容。

3. 卡片修改

当发现卡片有录入错误,或在资产使用过程中有必要修改卡片的内容时,可通过"卡片修改"功能实现。

【操作流程】

(1)在卡片管理列表中,通过双击调出某张卡片,单击工具栏中的"修改"按钮可以进行修改。

(2)如果修改的内容是原值或累计折旧数值,且该资产已制作了记账凭证,只有删除凭证后才能修改卡片。

操作提示:

➤ 原始卡片的原值、使用部门、工作总量、使用状况、累计折旧、净残值(率)、折旧方法、使用年限、资产类别在没有制作变动单或评估单的情况下,在录入当月可修改;如果制作过变动单,只有删除变动单后才能修改。

➤ 通过资产增加录入系统的卡片如果没有制作凭证和变动单、评估单,录入当月可修改;如果制作过变动单,只有删除变动单后才能修改;如果已制作凭证,要修改原值或累计折旧,必须删除凭证后才能修改。

➤ 原值、使用部门、使用状况、累计折旧、净残值(率)、折旧方法、使用年限、资产类别各项目在做过一次月末结账后,只能通过变动单或评估单调整,不能通过"卡片修改"功能改变。

4. 卡片删除

本系统提供的"卡片删除"功能,是指把卡片资料彻底从系统内清除,不是资产清理或减少。从卡片管理列表中选择要删除的固定资产卡片,单击"删除"按钮,即可删除该卡片。

该功能只有在下列两种情况下有效:

(1)卡片录入当月若发现卡片录入有错误,想删除该卡片,可通过"卡片删除"功能实现,删除后如果该卡片不是最后一张,卡片编号保留空号。

(2)通过"资产减少"功能减少的资产的资料,会计档案管理要求必须保留一定的时间,所以本系统在账套"选项"中让用户设定删除的年限。对减少的资产的卡片只有在超过了该年限后,才能通过"卡片删除"功能将原始资料从系统彻底清除;在设定的年限内,不允许删除。

操作提示:

➤ 不是本月录入的卡片,不能删除。

➤ 已制作过凭证的卡片删除时,必须先删除相应凭证,然后才能删除卡片。

➤ 卡片做过一次月末结账后不能删除。删除做过变动单或评估单的卡片时,系统提示先删除相关的变动单或评估单。

五、资产增加

"资产增加"操作也称为"新卡片录入",与"原始卡片录入"相对应。企业在日常运营过程中，可能会通过购进或其他方式增加资产，该部分资产通过"资产增加"操作录入系统。资产通过哪种方式录入，在于资产的开始使用日期，只有当开始使用日期的期间与录入的期间相一致时，才能通过"资产增加"操作录入。

资产增加

2023年1月2日，恒利科技有限公司财务部购买打印机一台，价值2 000元，净残值率为5%，预计使用年限为5年。

【操作流程】

（1）在固定资产管理系统中，执行"卡片"→"资产增加"命令，首先进入资产类别选择界面。

（2）选择要录入的卡片所属的资产类别，单击"确认"按钮，打开新增资产卡片录入窗口。

（3）录入或参照选择各项目的内容，资产增加录入日期不能修改，如图5-28所示。

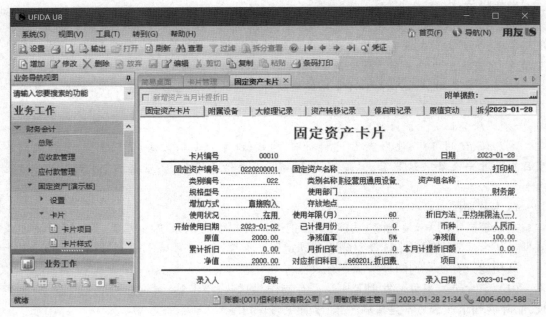

图 5-28

（4）资产的主卡录入后，单击其他选项卡，输入附属设备及其他信息。附属选项卡中的信息只供参考，不参与计算。

（5）单击"保存"按钮，保存录入的卡片。

（6）由于为资产增加，该资产需要入账，系统打开制单功能，如图5-29所示。

（7）保存这张凭证，完成新增固定资产的操作。

操作提示：

➢ 录入的原值一定要是卡片录入月月初的价值，否则将会出现计算错误。

➢ 如果录入的累计折旧、累计工作量不是零，说明是旧资产，该累计折旧或累计工作量是该资产在进入本企业前的值。

➢ 已计提月份必须严格按照该资产在其他单位已经计提或估计已计提的月份数录入，

不包括使用期间停用等不计提折旧的月份,否则不能正确计算折旧。

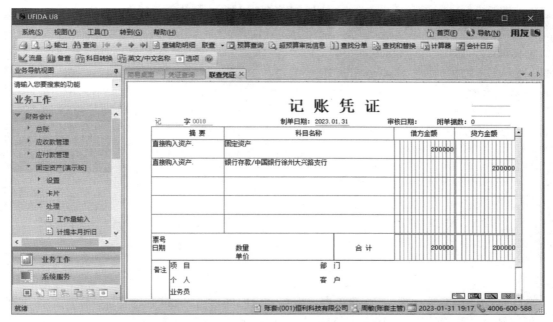

图 5-29

六、资产减少

1. 减少资产

资产在使用过程中,总会由于各种原因,如毁损、出售、盘亏等,退出企业,该部分操作称为"资产减少"。本系统提供资产减少的批量操作,为同时清理一批资产提供方便。

2023 年 1 月 28 日,恒利科技有限公司管理部清华同方电脑报废。

【操作流程】

(1) 在固定资产管理系统中,执行"卡片"→"资产减少"命令。

(2) 选择要减少的资产。如果要减少的资产较少或没有共同点,则通过输入卡片编号或资产编号,然后单击"增加"按钮,将资产添加到资产减少表中。

(3) 如果要减少的资产较多并且有共同点,则可通过"条件"功能,将符合条件的资产挑选出来进行减少操作。

(4) 在表内输入资产减少的信息:减少日期、减少方式、清理收入、清理费用、清理原因。若清理收入和费用尚不清楚,可以以后在该卡片的附表的"清理信息"中输入。

(5) 单击"确定"按钮,完成该(批)资产的减少,如图 5-30(a)所示,同时生成记账凭证,如图 5-30(b)所示。

(a)

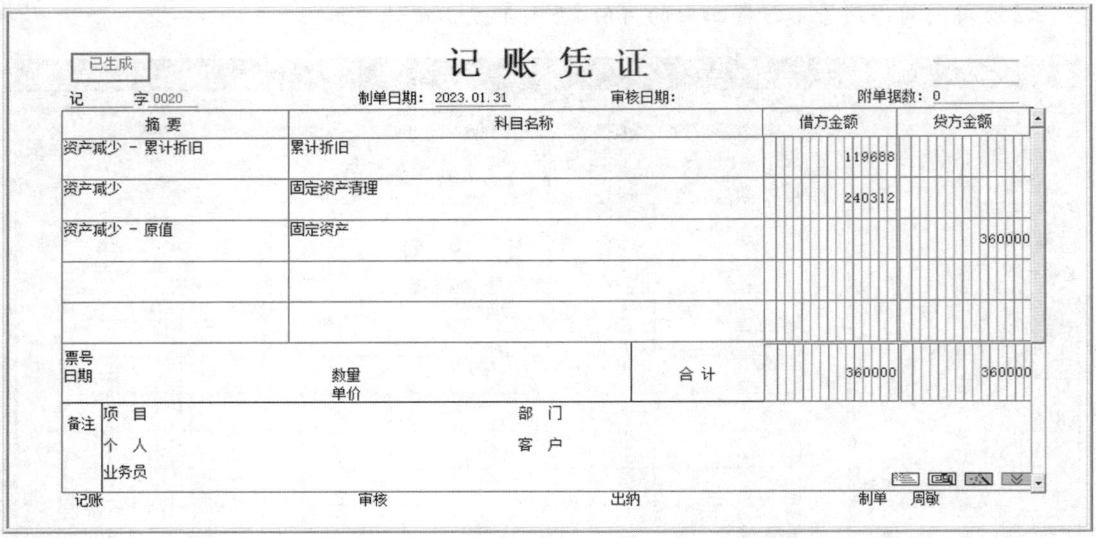

(b)

图 5-30

根据会计档案管理规定,原始单据要保留一定时间供查阅,只有过了该时限的原始单据才可以销毁。用户可以查阅已减少的资产的卡片,并且可以在"选项"对话框中定义从系统中将这些资料完全删除的时限。

在"卡片管理"界面中,从卡片列表上边的下拉列表框中选择"已减少资产",则界面列示的即已减少的资产集合,双击任一行,可查看该资产的卡片,如图 5-31 所示。

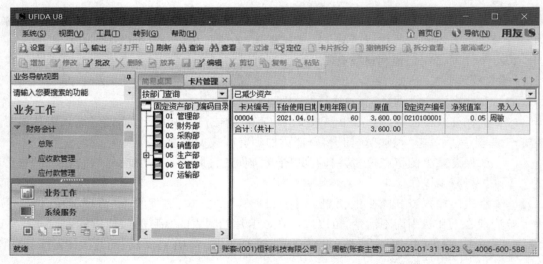

图 5-31

操作提示:
➢ 所输入的资产的清理信息可以通过该资产的附属选项卡"减少信息"查看。
➢ 若当前账套设置了计提折旧,则须在计提折旧后才可执行资产减少。

2. 撤销已减少资产

资产减少的恢复是一个纠错的功能,当月减少的资产可以通过本功能恢复使用。已执行资产减少操作的资产只有在减少的当月可以恢复。有两种方法可以撤销已减少资产:

(1) 在"卡片管理"界面中,选择"已减少资产",选中要恢复的资产,界面左侧目录树中"卡片"菜单下会增加节点"撤销减少",单击该节点,可以撤销该资产的减少操作。

(2) 在卡片管理列表中,选择"已减少资产",在显示出的已减少资产列表中,选中要恢复的资产,单击工具栏上的"撤销减少"按钮,可以恢复该资产。

操作提示:如果资产减少操作已制作凭证,必须删除凭证后才能恢复减少的资产。

七、变动单

资产在使用过程中,除发生下列情况外,价值不得任意变动:

(1) 根据国家规定对固定资产重新估价。
(2) 增加补充设备或改良设备。
(3) 将固定资产的一部分拆除。
(4) 根据实际价值调整原来的暂估价值。
(5) 发现原始登记固定资产价值有误。

本系统原值发生变动是通过"原值变动"功能实现的。原值变动包括原值增加和原值减少两部分。

1. 原值增加

2023年1月2日,恒利科技有限公司管理部的雪铁龙轿车添置新配件,价值3 000元。(转账支票号ZZ1206)

原值增加

【操作流程】

(1) 在固定资产管理系统中,执行"卡片"→"变动单"→"原值增加"命令,进入"固定资产变动单(原值增加)"界面,如图5-32所示。

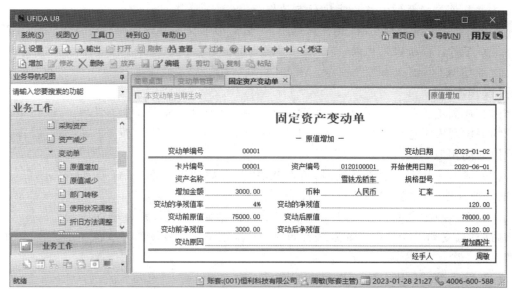

图5-32

(2) 输入卡片编号或资产编号,资产的名称、开始使用日期、规格型号、变动的净残值率、变动前原值、变动前净残值将自动显示。

(3) 输入增加金额,参照选择币种。系统将自动显示汇率,并自动计算变动的净残值、变动后原值、变动后净残值。如果缺省的变动的净残值率或变动的净残值不正确,可手工修改其中的一个。

(4) 输入变动原因。

(5) 单击"保存"按钮,完成变动单操作。卡片上相应的项目(原值、净残值、净残值率)根据变动单而改变。

(6) 单击工具栏上的"凭证"以制作记账凭证,如图5-33所示。

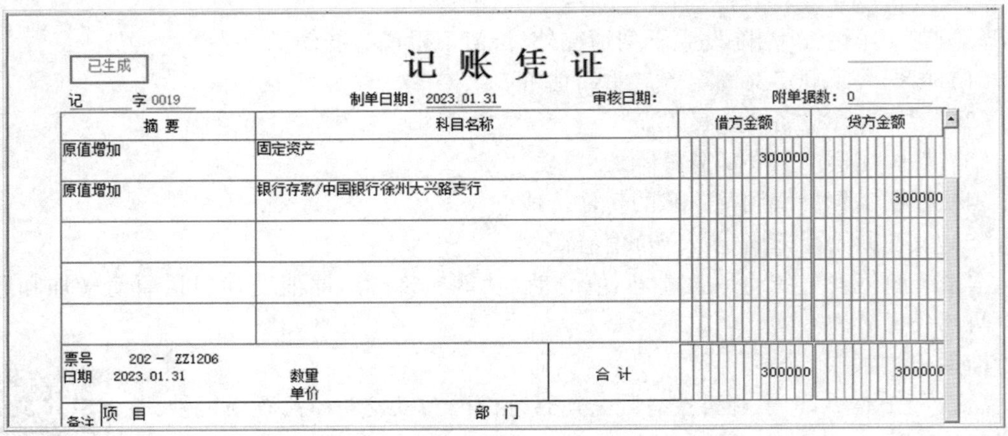

图 5-33

操作提示:

➢ 变动单不能修改,只有当月的变动单可删除重做,所以请仔细检查后再保存。

➢ 当月录入的新增卡片不能执行本功能。

➢ 若"本变动单当期生效"选项被选中,则该变动单在本月计提折旧时生效;反之,则该变动单在下月计提折旧时生效。

2. 原值减少

【操作流程】

(1) 在固定资产管理系统中,执行"卡片"→"变动单"→"原值减少"命令,或在当前变动单的下拉列表中选择"原值减少",进入"固定资产变动单(原值减少)"界面。操作界面与原值增加相似。

(2) 输入卡片编号或资产编号,资产的名称、开始使用日期、规格型号、变动的净残值率、变动前原值、变动前净残值将自动显示。

(3) 输入减少金额,参照选择币种。系统将自动显示汇率,并自动计算变动的净残值、变动后原值、变动后净残值。如果缺省的变动的净残值率或变动的净残值不正确,可手工修改其中的一个。

(4) 输入变动原因。

(5) 单击"保存"按钮,完成变动单操作。卡片上相应的项目(原值、净残值、净残值率)

根据变动单而改变。

（6）单击工具栏上的"凭证"以制作记账凭证。

3. 部门转移

资产在使用过程中，因内部调配而发生的部门变动，可通过"部门转移"功能实现。

2023年1月2日，恒利科技有限公司将管理部的雪铁龙轿车转给财务部。

【操作流程】

（1）在固定资产管理系统中，执行"卡片"→"变动单"→"部门转移"命令，或在当前变动单的下拉列表中选择"部门转移"，进入"固定资产变动单（部门转移）"界面，如图5-34所示。

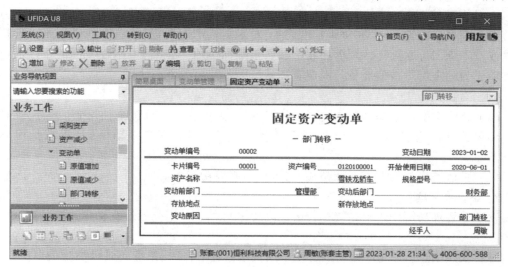

图 5-34

（2）输入卡片编号或资产编号，系统自动显示资产名称、开始使用日期、规格型号、变动前部门、存放地点。

（3）参照选择或输入变动后的使用部门和新的存放地点。

（4）输入变动原因。

（5）单击"保存"按钮完成变动单操作。卡片上相应的项目（使用部门、存放地点）根据变动单而改变。

4. 使用状况调整

资产在使用过程中，使用状况发生的变化，可通过"使用状况调整"功能实现。

【操作流程】

（1）在固定资产管理系统中，执行"卡片"→"变动单"→"使用状况调整"命令，或在当前变动单的下拉列表中选择"使用状况调整"，进入"固定资产变动单（使用状况调整）"界面。

（2）输入卡片编号或资产编号，系统自动显示资产的名称、开始使用日期、规格型号、变动前使用状况。

（3）参照选择变动后使用状况，并输入变动原因。

（4）单击"保存"按钮完成变动单操作。卡片上的使用状况根据变动单而改变。

5. 折旧方法调整

资产在使用过程中，资产计提折旧所采用的折旧方法的调整，可通过"折旧方法调整"

功能实现。

【操作流程】

(1) 在固定资产管理系统中,执行"卡片"→"变动单"→"折旧方法调整"命令,或在当前变动单的下拉列表中选择"折旧方法调整",进入"固定资产变动单(折旧方法调整)"界面。

(2) 输入卡片编号或资产编号,系统自动显示资产的名称、开始使用日期、规格型号、变动前折旧方法。

(3) 参照选择变动后折旧方法,并输入变动原因。

(4) 单击"保存"按钮完成变动单操作。卡片上的折旧方法根据变动单而改变。

6. 计提减值准备

企业应当在期末,至少在每年年度终了,对固定资产逐项进行检查,如果由于市价持续下跌或技术陈旧等原因导致其可回收金额低于账面价值,应当将可回收金额低于账面价值的差额作为固定资产减值准备。固定资产减值准备按单项资产计提。

【操作流程】

(1) 在固定资产管理系统中,执行"卡片"→"变动单"→"计提减值准备"命令,或在当前变动单的下拉列表中选择"计提减值准备",进入"固定资产变动单(计提减值准备变动)"界面。

(2) 具体操作与折旧方法调整相似,可执行制单功能。

7. 变动单管理

变动单管理功能用于对系统制作的变动单进行综合管理。通过变动单管理可完成以下操作:

查看快捷信息:当光标移动到变动单列表中的任一行时,系统会显示快捷信息窗口,快捷列示该行变动单的基本信息。通过右键菜单或"查看"菜单中的"显示快捷信息"开关,可关闭或打开该窗体。

查看变动单:可按单张变动单、变动单类型、单个资产或按发生变动的资产所属部门和资产类别查看资产所发生的变动。

自定义查询:可根据需要自定义查询条件,筛选出符合该条件的变动单集合,并可保存该查询表,方便以后查阅。

删除变动单:在变动单列表中选中一行,单击"删除"按钮,删除该变动单。

【操作流程】

(1) 在固定资产管理系统中,执行"卡片"→"变动单"→"变动单管理"命令,打开"变动单管理"窗口。

(2) 查看单张变动单:在变动单管理界面的列表中选中要查看的变动单记录行,双击该记录行或选择右键菜单"打开"。

(3) 按资产卡片号查看变动单:

① 在变动单管理界面单击查询条件下拉框,选择"按卡片号查询"。

② 输入或参照选择要查看的资产的卡片编号或资产编号,则右侧列表显示的就是该资产的所有变动单。

(4) 按部门查询变动单:

① 在变动单管理界面单击查询条件下拉框,选择"按部门查询",系统显示部门目录。

② 从部门目录中选择要查询的变动资产所属的部门,则右侧列表显示的就是该部门资产的所有变动单。

③ 在变动单管理界面单击变动单列表上方的下拉框,选择要查看的变动单类型"部门转移",系统即列示出该部门变动类型为"部门转移"的所有资产的所有变动单。

(5)按资产类型查询变动单:在变动单管理界面单击变动单列表上方的下拉框,选择要查看的变动单类型,如"部门转移",系统即列示出符合左边选定的查询条件并且变动类型是"部门转移"的变动单。由此可见,变动单的查询结果是满足变动单类型和查询条件的交集。

(6)查看资产变动清单:在卡片列表中选中一张卡片,或在单张卡片的查看状态下,从"卡片"菜单中选择"变动清单",或单击工具栏中的"变动清单",屏幕显示的列表就是该资产截至登录日的变动情况。

操作提示:由于本系统遵循严格的序时管理,删除变动单时必须从该资产制作的变动单编号最大的删起。

八、资产盘点

企业要定期对固定资产进行清查,至少每年清查一次。清查通过盘点实现。

本系统将固定资产盘点简称为资产盘点,是在对固定资产进行实地清查后,将清查的实物数据录入固定资产管理系统,与账面数据进行比对,并由系统自动生成盘点结果清单的过程。

本系统中盘点单的录入项可以按业务需要选择卡片项目。

2023年1月4日,恒利科技有限公司对在用的固定资产进行盘点。

【操作流程】

(1)在固定资产管理系统中,执行"卡片"→"资产盘点"→"资产盘点"命令,打开"资产盘点"窗口,单击"增加"按钮,打开"新增盘点单—数据录入"窗口。

(2)选择要盘点的项目:进行资产盘点时,可以选择要核对的项目,单击窗口上方的"栏目"按钮,打开"核对项目"对话框,如图5-35所示。

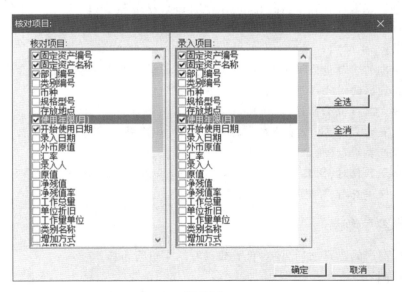

图 5-35

（3）选择要盘点的范围：进行资产盘点时，每次要进行盘点的范围可能不同，可以根据需要从系统给定的盘点范围中选择。单击"新增盘点单——数据录入"窗口上方的"范围"按钮，打开"盘点范围设置"对话框，如图5-36所示，选择实际盘点的发生日期，再选择要进行盘点的方式及对应该方式的明细分类，这里选择"在用"状态。

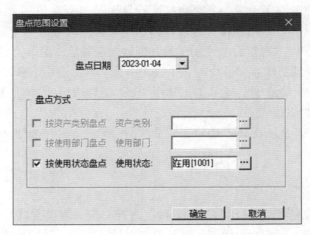

图 5-36

（4）录入盘点数据并生成盘点结果清单：选择核对项目和录入项目后，要根据盘点结果录入实际数据，系统才能生成盘点结果清单。盘点结果清单显示实际固定资产与账面的对比结果。可单击"增行"，直接录入实际盘点数据；也可单击"引入"，选择存有盘点数据的文本文件，系统可以将该文件中的盘点数据追加到当前编辑的盘点单中。

（5）生成盘点结果清单：单击窗口上方的"核对"按钮，系统将根据当前盘点单中的数据与系统内盘点日期的卡片数据相比较的结果生成结果清单，可以查看固定资产是与实际相符还是出现了盘盈或盘亏，也可选中"过滤掉相符情况"单独查看盘盈和盘亏的资产清单。

（6）保存盘点单：单击工具栏上的"保存"按钮，可将本次录入的盘点单保存在系统内供查询。

操作提示：

➢ 盘点日期为实际盘点的发生日期，最后生成的盘点结果清单是根据盘点日期系统数据与实际盘点数据的对比结果生成的。

➢ 盘点方式只能且必须选择一种。

➢ 选好盘点方式后，必须选择对应的明细分类，如选中"按资产类别盘点"，则必须选择按照哪一种资产类别盘点，但不允许选择顶级类别。

➢ 录入盘点数据时，固定资产编码不能为空，如果为空，系统将不对此条记录进行核对。盘点结果清单仅供查看，不能保存，不能编辑。

九、盘点盈亏确认

企业进行资产的盘点之后，要对盘盈或盘亏结果进行审核。

【操作流程】

（1）在固定资产管理系统中，执行"卡片"→"盘点盈亏确认"命令，打开"盘点盈亏确认"窗口。

（2）窗口左侧显示了所有待审核的盘点单。选择要处理的盘点单，界面右侧则显示该盘点单中的盘盈或盘亏记录。

（3）对需要审核的盘盈或盘亏记录进行审核，选择"同意"或"不同意"。

（4）录入处理意见。

（5）所有的审核同意记录都进行了盘盈或盘亏处理后，该盘点单自动关闭。

（6）不需要再进行盘盈或盘亏资产操作的盘点单，可以手工关闭。

操作提示：

➢ 已关闭的盘点单不能进行后续盘盈或盘亏操作。
➢ 已进行盘盈或盘亏资产操作的盘点单，系统自动标记为已处理。

十、资产盘盈

企业对资产的盘点结果审核之后，要对盘盈资产进行处理。

【操作流程】

（1）在固定资产管理系统中，执行"卡片"→"资产盘盈"命令，打开"资产盘盈"窗口。

（2）窗口左侧显示了所有可选的盘点单。选择要处理的盘点单，界面右侧则显示该盘点单中审核同意的盘盈资产。

（3）选择需要进行盘盈处理的盘点单。

（4）录入待盘盈资产的开始使用日期及资产类别。

（5）单击"盘盈资产"，打开所选记录的资产卡片，补充资产信息并保存。

十一、资产盘亏

企业对资产的盘点结果审核之后，要对盘亏资产进行处理。

【操作流程】

（1）在固定资产管理系统中，执行"卡片"→"资产盘亏"命令，打开"资产盘亏"窗口。

（2）窗口左侧显示了所有可选的盘点单。选择要处理的盘点单，界面右侧则显示该盘点单中审核同意的盘亏资产。

（3）在需要审核记录的"选择"栏做"Y"标记。

（4）选择需要进行盘亏处理的盘点单。

（5）单击"盘亏资产"，打开"资产减少"窗口，对所选记录的资产进行减少处理。

操作提示： 盘亏资产将进行资产减少操作，须先计提折旧才可进行。

任务三 日常处理操作

 任务分析

固定资产日常处理操作包括固定资产折旧的计提和管理以及月末的对账和结账等工作，从而保证了固定资产管理系统管理的固定资产的价值与账务系统中固定资产科目的数值相等。

任务实施

一、工作量输入

当账套内有部分资产使用工作量法计提折旧时,每月计提折旧前必须录入资产当月的工作量,本功能提供当月工作量的录入和以前期间工作量信息的查看。

【操作流程】

（1）在固定资产管理系统中,执行"处理"→"工作量输入"命令,打开"工作量输入"窗口。其中显示了当月需要计提折旧的、折旧方法是"工作量"的所有资产的工作量信息。累计工作量显示的是截至本次工作量输入后的资产的累计工作量。

（2）如果本月是最新的未结账的月份,则该表可编辑,请输入本月工作量。当某些资产的本月工作量与上月相同时,选中该区域,单击"继承上月工作量"按钮,选中区域的资产的本月工作量自动录入。

操作提示：

➢ 输入的本期工作量必须保证累计工作量小于等于工作总量。

➢ 在选择继承上月工作量的情况下,如果上期期末累计工作量加上本期继承值大于工作总量,则系统不执行继承上月工作量,而根据"本月工作量＝工作总量－上期期末累计工作量"自动计算,并在本月工作量后的单元格内标上星号。可修改自动计算值。

➢ 期间选择下拉列表中附有"登录"字样的期间指本次登录的期间,附有"最新"字样的期间指最近一次计提折旧的期间。

二、计提本月折旧

自动计提折旧是固定资产管理系统的主要功能之一。系统每期计提折旧一次,根据录入系统的资料自动计算每项资产的折旧,并自动生成折旧分配表,然后制作记账凭证,将本期的折旧费用自动登账。执行此功能后,系统将自动计提各个资产当期的折旧额,并将当期的折旧额自动累加到累计折旧项目。

计提折旧

2023年1月28日,恒利科技有限公司计提本月折旧。

【操作流程】

（1）在固定资产管理系统中,执行"处理"→"计提本月折旧"命令。计提折旧工作完成后,可直接查看折旧清单。

（2）系统弹出"是否要查看折旧清单？"提示框,如图5-37所示。

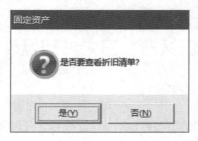

图 5-37

（3）单击"否"按钮，系统继续弹出提示框，如图 5-38 所示。

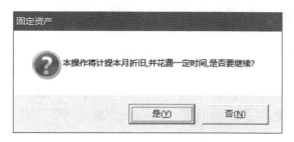

图 5-38

（4）单击"是"按钮，打开"折旧分配表"窗口，如图 5-39 所示。

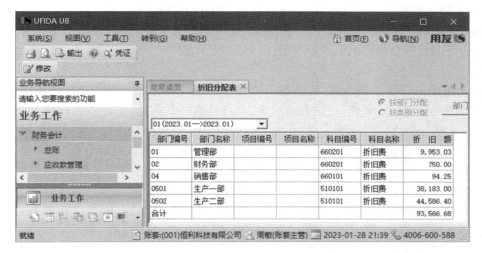

图 5-39

（5）单击"凭证"按钮，打开"记账凭证"窗口，单击"保存"按钮，如图 5-40 所示。

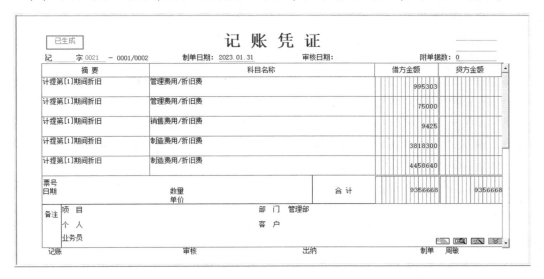

图 5-40

折旧计提和分配的基本原则:

① 若"选项"对话框中的"新增资产当月计提折旧"选项被选中,则本月计提新增资产的折旧;反之,本月不计提新增资产的折旧,下月计提。

② 系统提供的直线法计算折旧时是以净值作为计提原值,以剩余使用年限为计提年限计算折旧。

③ 本系统影响折旧计算的因素包括:原值变动、累计折旧调整、净残值(率)调整、折旧方法调整、使用年限调整、使用状况调整、工作总量调整、减值准备期初、计提减值准备调整、转回减值准备调整。

④ 本系统发生与折旧计算有关的变动后,以前修改的月折旧额或单位折旧的继承值无效。例如,加速折旧法在变动生效的当期以净值为计提原值,以剩余使用年限为计提年限计算折旧;平均年限法还以原公式计算。

⑤ 当发生原值调整时,若变动单中的"本变动单当期生效"选项被选中,则该变动单本月计提的折旧额按变化后的值计算折旧;反之,本月计提的折旧额不变,下月按变化后的值计算折旧。

⑥ 当发生累计折旧调整时,若选项中的"累计折旧调整当期生效"选项被选中,则本月计提的折旧额按变化后的值计算折旧;反之,本月计提的折旧额不变,下月按变化后的值计算折旧。

⑦ 当发生净残值(率)调整时,若选项中的"净残值(率)调整当期生效"选项被选中,则本月计提的折旧额按变化后的值计算折旧;反之,本月计提的折旧额不变,下月按变化后的值计算折旧。

⑧ 折旧方法调整、使用年限调整、工作总量调整、减值准备期初,这些内容当月按调整后的值计算折旧。

⑨ 使用状况调整、计提减值准备调整、转回减值准备调整,这些内容本月计提的折旧额不变,下月按变化后的值计算折旧。

⑩ 本系统各种变动后计算折旧采用未来适用法,不自动调整以前的累计折旧,采用追溯调整法的企业只能手工调整累计折旧。

⑪ 折旧分配:部门转移和类别调整当月计提的折旧分配,分配到变动后的部门和类别。

⑫ 报表统计:将当月折旧和计提原值汇总到变动后的部门和类别。

⑬ 如果选项中"当月初使用月份=使用年限*12-1时是否将折旧提足"的判断结果是"是",则除工作量法外,本月月折旧额=净值-净残值,并且不能手工修改;如果选项中"当月初使用月份=使用年限*12-1时是否将折旧提足"的判断结果是"否",则该月不提足,并且可手工修改,但当以后各月按照公式计算的月折旧率或月折旧额是负数时,认为公式无效,令月折旧率=0,月折旧额=净值-净残值。

注:在一个期间内可以多次计提折旧,每次计提折旧后,只是将计提的折旧累加到月初的累计折旧,不会重复累计。

⑭ 如果上次计提折旧已制单且把数据传递到总账管理系统,则必须删除该凭证才能重新计提折旧。

⑮ 计提折旧后又对账套进行了影响折旧计算或分配的操作,必须重新计提折旧,否则系统不允许结账。

⑯ 如果自定义的折旧方法中月折旧率或月折旧额出现负数,自动中止计提。

三、折旧清单

折旧清单显示所有应计提折旧的资产所计提折旧数额的列表。单期的折旧清单中列示了资产名称、计提原值、月折旧率、单位折旧、月工作量、本月计提折旧额等信息。全年的折旧清单中同时列出了各资产在 12 个计提期间中的月折旧额、本年累计折旧等信息。

【操作流程】

在固定资产管理系统中,执行"处理"→"折旧清单"命令,打开"折旧清单"窗口,如图 5-41 所示。其中显示了该账套最近一次计提折旧的情况。

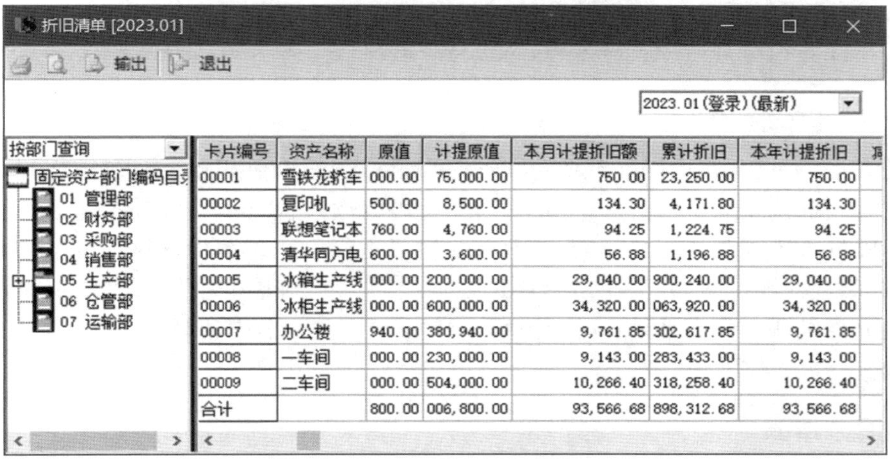

图 5-41

四、折旧分配表

折旧分配表是编制记账凭证,把计提折旧额分配到成本和费用的依据。什么时候生成折旧分配表,根据在初始化过程中或在"选项"对话框中选择的折旧分配汇总周期确定,如果选定的是 1 个月,则每期计提折旧后自动生成折旧分配表;如果选定的是 3 个月,则只有到 3 的倍数的期间,即第 3、6、9、12 期间计提折旧后才自动生成折旧分配表。折旧分配表有两种类型:部门折旧分配表和类别折旧分配表。只能选择一种制作记账凭证。

操作提示:

➤ 选择折旧分配部门:在实际应用中资产的使用部门和资产折旧要汇总的部门可能不同,为了加强资产管理,使用部门必须是明细部门,而折旧分配部门不一定分配到明细部门,不同的单位处理可能不同,因此本系统提供折旧分配部门选择功能。

① 单击"部门分配条件",系统显示设置界面。

② 选择要分配汇总到的部门,使其前带有"√"标记。

③ 单击"确定"按钮,系统显示部门折旧分配表。以后每次均按此条件生成部门折旧分配表,直至下一次修改部门分配设置。

➤ 查看部门折旧分配表:部门折旧分配表是按部门汇总分配折旧额的列表,显示各个部门内所有属于某一辅助核算项目,并且对应某一折旧科目的所有资产计提的折旧额。

➢ 查看类别折旧分配表：类别折旧分配表是按类别汇总分配折旧额的列表，显示属于某一类资产并属于某一辅助核算项目，并且对应某一折旧科目的所有资产计提的折旧额。

➢ 查看各期折旧分配表：选择要查看的分配时间范围，即可查看当期的折旧分配表。如果该期已结账，则查看到的是据以制作凭证的分配表，不能同时查看部门和类别分配表；如果没有制作记账凭证，则保持最后查看分配表的状态。已结账期间的部门折旧分配表的分配条件不能修改。

➢ 根据折旧分配表制作记账凭证：系统计提折旧后，自动生成折旧分配表，折旧分配表是制作记账凭证，将折旧费用入账的依据。系统提供两种类型的折旧分配表，即部门折旧分配表和类别折旧分配表，但是制作记账凭证时只能依据一个表。所以要根据哪一个表制作凭证，请在该表的查看状态下单击"凭证"。

➢ 必须保证所有的折旧全部分配，所以选择部门时一定要做到不能重复，也不能遗漏。

五、对账

系统在运行过程中，应保证本系统管理的固定资产的价值和账务系统中固定资产科目的数值相等。而两个系统的资产价值是否相等，可以通过执行本系统提供的对账功能进行检验。对账操作不限制执行的时间，任何时候均可进行对账。系统在执行月末结账时自动对账一次，给出对账结果，并根据初始化过程中或"选项"对话框中的设置确定对账不平情况下是否允许结账。只有系统初始化过程中或"选项"对话框中选择了与账务对账，本功能才可操作。

六、月末结账

月末结账每月进行一次，结账后当期的数据不能修改。12月底结账时系统要求完成本年应制单业务，也就是说必须保证批量制单表是空的才能结账。在"处理"菜单中选择"月末结账"，系统自动进行一系列的处理，直至结账完成。

结账完成后，系统会提示系统的可操作日期已转成下一期间的日期，只有以下一期间的日期登录，才可对账套进行操作。

七、恢复月末结账

恢复月末结账前状态，又称"反结账"，是本系统提供的一个纠错功能。如果由于某种原因，在结账后发现结账前的操作有误，而结账后不能修改结账前的数据，就可使用此功能恢复到结账前状态去修改错误。

以要恢复的月份登录，例如要恢复到6月底，则以6月份登录。在"处理"菜单中单击"恢复月末结账前状态"，屏幕显示提示信息，提醒要恢复到登录月末结转前状态，单击"是"按钮，系统即执行本操作，并提示最新可修改日期。

操作提示：

➢ 不能跨年度恢复数据，即本系统年末结转后，不能利用本功能恢复年末结转前状况。因为成本管理系统每月从本系统提取折旧费用数据，所以一旦成本管理系统提取了某期的数据，该期就不能反结账。

➢ 恢复到某个月月末结账前状态后，本账套内对该结账后所做的所有工作都无痕迹删除。

八、记账凭证

固定资产管理系统向总账管理系统传递记账凭证。本系统需要制作记账凭证的情况包括资产增加(录入新卡片)、资产减少、卡片修改(涉及原值或累计折旧时)、资产评估(涉及原值或累计折旧变化时)、原值变动、累计折旧调整、计提减值准备调整、转回减值准备调整、折旧分配等。

操作提示：

➢ 如果在"选项"对话框的"与账务系统接口"选项卡中选择了"业务发生后立即制单"复选框，则在资产增加(录入新卡片)、资产减少、卡片修改(涉及原值或累计折旧时)、资产评估(涉及原值或累计折旧变化时)、原值变动、累计折旧调整、计提减值准备调整、折旧分配等业务完成后，系统自动调出有一部分缺省内容的不完整凭证由用户完成。

➢ 如果在"选项"中没有选中"业务发生后立即制单"复选框，在查看需要制作凭证的原始单据(卡片、变动单、分配表、评估单)后，选择"处理"菜单下的"凭证"子菜单或单击对应业务工具栏上的"凭证"按钮，进入"凭证"窗口。界面显示的凭证是根据不同的制单业务类型和在"选项"对话框或资产类别中设置的默认资产科目、折旧科目等生成的不完整的凭证，需要完善。

➢ 本系统的限制为：所有本系统制作的凭证，必须保证借方和贷方的合计数与原始单据的数值是相等的。

➢ 在完成任何一笔需要制单的业务的同时，可以通过单击"凭证"按钮制作记账凭证传输到账务系统，也可以在当时不制单("选项"对话框中制单时间的设置必须为"不立即制单")，而在某一时间(比如月底)利用本系统提供的另一功能——"批量制单"完成制单工作。批量制单功能可对一批需要制单的业务连续制作凭证传输到账务系统，避免了多次制单的烦琐。凡是业务发生当时没有制单的，该业务自动排列在批量制单表中，表中列示应制单而没有制单的业务发生的日期、类型、原始单据号、缺省的借贷方科目和金额以及制单选择标志。

➢ 本系统制作的传送到总账管理系统的凭证的修改和删除只能在本系统完成，总账管理系统无权删除和修改本系统制作的凭证。

➢ 当修改已制单的原始单据中的有关金额时(如修改卡片的原值或累计折旧，修改评估单使原值或累计折旧的评估前后差额发生变化)，本系统限制不能无痕迹修改该单据，必须对凭证做相应的处理，如删除或做红字对冲后，才允许修改。

➢ 如果要删除已制作凭证的卡片、变动单、评估单，或重新计提、分配折旧，进行资产减少的恢复等操作，必须先删除相应的凭证，否则系统禁止这些操作。

➢ 修改本系统的凭证时，能修改的内容仅限于摘要、增加的分录、系统缺省的分录的折旧科目，系统缺省的分录的金额是与原始单据相关的，不能修改。

➢ 当生成凭证时取到的固定资产、累计折旧或减值准备的默认科目为部门辅助核算科目时，该科目的分录会按有值的部门进行拆分。

任务四 账表和维护

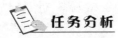 **任务分析**

固定资产管理过程中,需要及时掌握资产的统计、汇总和其他各方面的信息,并进行数据的维护,如有需要,还可以进行账套的初始化处理。

 任务实施

一、账表

账表功能是指系统根据用户的日常操作,自动生成资产的统计、汇总等信息,以账和表的形式提供给财务人员和资产管理人员。系统提供的账表分为五类:账簿、折旧表、汇总表、分析表、减值准备表。

下面以"部门构成分析表"为例,讲述操作流程,其他账表操作流程基本相似,这里就不再一一赘述。

【操作流程】

(1) 在固定资产管理系统中,执行"账表"→"我的账表"命令,打开"报表"界面,如图 5-42 所示。

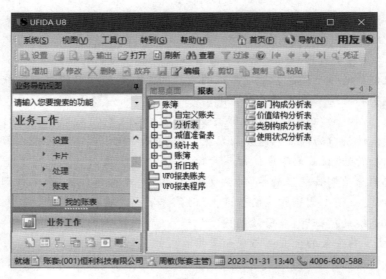

图 5-42

(2) 选择要查询的报表,如打开"部门构成分析表"。
(3) 选择期间、汇总级次,单击"确定"按钮,即可查询相关内容,如图 5-43 所示。

使用部门	资产类别	数量	计量单位	期末原值	占部门百分比	占总值百分比%
管理部(01)		2.00		2,389,440.00	100.000	19.90
	通用设备(02)	1.00		8,500.00	0.356	0.07
	房屋、建筑物(03)	1.00		2,380,940.00	99.644	19.83
财务部(02)		2.00		80,000.00	100.000	0.67
	交通运输设备(01)	1.00		78,000.00	97.500	0.65
	通用设备(02)	1.00		2,000.00	2.500	0.02
销售部(04)		1.00		4,760.00	100.000	0.04
	通用设备(02)	1.00		4,760.00	100.000	0.04
生产部(05)		4.00		9,534,000.00	100.000	79.40
生产一部(0501)		2.00		4,430,000.00	46.465	36.89
	通用设备(02)	1.00		2,200,000.00	23.075	18.32
	房屋、建筑物(03)	1.00		2,230,000.00	23.390	18.57
生产二部(0502)		2.00		5,104,000.00	53.535	42.50
	通用设备(02)	1.00		2,600,000.00	27.271	21.65
	房屋、建筑物(03)	1.00		2,504,000.00	26.264	20.85
合计		9.00		12,008,200.00	100.000	100.00

图 5-43

二、维护

1. 数据接口管理

数据接口管理即卡片导入功能,可以将已有的固定资产核算系统的资产卡片自动写入本系统中,从而减少手工录入卡片的工作量。为保证卡片导入顺利进行,在执行该功能之前,请仔细阅读卡片导入的约束条件、提示信息和栏目说明的内容。

【操作流程】

(1)在固定资产管理系统中,执行"维护"→"数据接口管理"命令,进入数据导入界面。

(2)单击"新建"按钮,进入数据接口设置界面,输入接口文件名称、文件路径名称,选择源文件类型、数据源本位币,单击"下一步"按钮。

(3)如果数据源文件是文本文件,则进入选择数据格式界面,可以选择数据格式为带分隔符或固定宽度,并设置其相应的格式参数。如果数据源文件为 ACCESS 文件,则进入 AC-CESS 文件表选择界面,选择数据表名称,单击"下一步"按钮。如果数据源文件为 DBASE 文件,则直接进入第(4)步。

(4)进入文件格式设置界面:带分隔符文本文件须设置卡片项目的字符串序号;固定宽度文本文件须设置卡片项目的起始位置和长度;DBASE 或 ACCESS 文件须设置数据来源。单击"完成"按钮即可。

操作提示:

➢ 接口文件名称:即外部数据文件导入系统的名称,必输项,最长 15 个汉字或 30 个字符。

➢ 源文件路径名称:即外部数据文件的文件名所在路径的名称,单击"浏览"按钮可选择文件名所在路径。

2. 重新初始化账套

用户在系统运行过程中发现账目错误很多或太乱，无法或不想通过"反结账"纠错，这种情况可以通过"数据维护"下的"重新初始化账套"将该账套的内容全部清空，然后从系统初始化开始重新建立账套。

【操作流程】

在固定资产管理系统中，打开账套，执行"数据维护"→"重新初始化账套"命令，系统请用户确定是否要初始化该账套，用户做出肯定的答复后，系统再一次提问是否确实要初始化该账套，如果给出肯定的答复，则系统清空数据库后重新提示初始化。

操作提示：

➢ 执行重新初始化账套会删除用户对该账套所做的所有操作，所以请慎用此功能。
➢ 只有在系统启用当年才能使用该功能。

项目实践五

【实训目的】

1. 理解 ERP-U8 系统有关固定资产管理的相关内容。
2. 掌握固定资产管理系统的初始化设置方法和步骤。
3. 掌握固定资产管理的日常业务处理方法。
4. 掌握固定资产管理的月末处理方法。

【实训任务】

1. 根据资料进行固定资产管理系统参数设置、原始卡片录入。
2. 对固定资产进行日常业务处理，主要包括资产增减、资产变动、生成凭证、账表查询等操作。
3. 对固定资产进行月末处理，主要包括计提减值准备、计提折旧、对账、结账等操作。

【实训资料】

一、初始设置（由周敏进行设置，李海涛审核）

1. 控制参数：如表 5-1 所示。

表 5-1 控制参数

控制参数	参数设置
约定与说明	我同意
启用月份	2023 年 1 月
折旧信息	本账套计提折旧 折旧方法：平均年限法（一） 折旧汇总分配周期：1 个月 当"月初已计提月份＝可使用月份−1"时，将剩余折旧全部提足

续表

控制参数	参数设置
编码方式	资产类别编码方式：2-1-1-2 固定资产编码方式：按"类别编码+部门编码+序号"自动编码；卡片序号长度为5
财务接口	与账务系统进行对账 对账科目：固定资产对账科目：1601 固定资产 　　　　　累计折旧对账科目：1602 累计折旧
补充参数	业务发生后立即制单 月末结账前一定要完成制单登账业务 固定资产默认入账科目：1601 累计折旧默认入账科目：1602

2. 部门及对应折旧科目：如表 5-2 所示。

表 5-2　部门及对应折旧科目

部门	对应折旧科目
管理部、财务部、采购部、仓管部、运输部	管理费用——折旧费（660201）
销售部	销售费用——折旧费（660101）
生产部	制造费用——折旧费（510101）

3. 资产类别：如表 5-3 所示。

表 5-3　资产类别

编码	类别名称	净残值率	计提属性
01	交通运输设备	4%	正常计提
011	经营用交通运输设备	4%	正常计提
012	非经营用交通运输设备	4%	正常计提
02	通用设备	5%	正常计提
021	经营用通用设备	5%	正常计提
022	非经营用通用设备	5%	正常计提
03	房屋、建筑物	2%	总计提折旧
031	经营用房屋、建筑物	2%	总计提折旧
032	非经营用房屋、建筑物	2%	总计提折旧

4. 增减方式的对应入账科目：如表 5-4 所示。

表 5-4　增减方式的对应入账科目

增减方式	对应入账科目
增加方式：直接购入	100201,中国银行徐州大兴路支行
减少方式：毁损	1606,固定资产清理

5. 原始卡片：如表 5-5 所示。

（1）原始卡片的录入。

表 5-5 原始卡片

固定资产名称	类别编号	所在部门	增加方式	可使用年限（月）	开始使用日期	原值/元	累计折旧/元	对应折旧科目名称
雪铁龙轿车	012	管理部	直接购入	8年（96月）	2020-06-01	75 000	22 500	管理费用——折旧费
复印机	022	管理部	直接购入	5年（60月）	2020-06-01	8 500	4 037.5	管理费用——折旧费
联想笔记本电脑	022	销售部	直接购入	4年（48月）	2021-12-01	4 760	1 130.5	销售费用——折旧费
清华同方电脑	021	管理部	直接购入	5年（60月）	2021-04-01	3 600	1 140	管理费用——折旧费
冰箱生产线	021	生产一部	直接购入	6年（72月）	2020-06-01	2 200 000	871 200	制造费用——折旧费
冰柜生产线	021	生产二部	直接购入	6年（72月）	2020-06-01	2 600 000	1 029 600	制造费用——折旧费
办公楼	031	管理部	在建工程转入	20年（240月）	2020-06-01	2 380 940	292 856	管理费用——折旧费
一车间	032	生产一部	在建工程转入	20年（240月）	2020-06-01	2 230 000	274 290	制造费用——折旧费
二车间	032	生产一部	在建工程转入	20年（240月）	2020-06-01	2 504 000	307 992	制造费用——折旧费
合计						12 006 800	2 804 746	

备注：交通运输设备净残值率为4%，通用设备净残值率为5%，房屋建筑物净残值率为2%，使用状况均为"在用"，折旧方法均采用平均年限法（一）。

（2）卡片管理：卡片修改、卡片删除、卡片打印、卡片查询。

二、日常及期末业务

（1）1月2日，财务部购买打印机一台，价值2 000元，净残值率为5%，预计使用年限为5年。

（2）1月2日，管理部的雪铁龙轿车添置新配件，价值3 000元。（转账支票号ZZ1206）

（3）1月2日，管理部的雪铁龙轿车转给财务部。

（4）1月4日，对在用的固定资产进行盘点。

（5）1月28日，计提本月固定资产折旧。

（6）1月28日，管理部清华同方电脑报废。

项目六 期末业务设置与处理

1. 掌握自定义转账的设置方法。
2. 掌握对应结转的操作方法。
3. 掌握销售成本结转方法。
4. 掌握汇兑损益结转方法。
5. 掌握期间损益结转方法。
6. 了解售价(计划价)销售成本结转方法。
7. 掌握月末对账和结账的操作方法。

任务一 转账定义与生成

期末处理是指将本月所发生的经济业务全部登记入账后所要做的工作,主要包括计提、分摊、结转、对账和结账。第一次使用本系统的用户进入系统后,应先执行"转账定义"命令,用户在定义完转账凭证后,在以后的各月只需要调用"转账凭证生成"命令即可。但当某转账凭证的转账公式有变化时,须先在"转账定义"中修改转账凭证内容,然后再转账。

一、转账定义

本功能提供八种转账功能的定义:自定义转账、自定义比例结转、对应结转、销售成本结转、汇兑损益结转、期间损益结转、售价(计划价)销售成本结转、费用摊销和预提设置,这里主要介绍以下几种。

1. 自定义转账

自定义转账功能可以完成的转账业务主要有:"费用分配"的结转,如工资分配等;"费用分摊"的结转,如制造费用等;"税金计算"的结转,如增值税等;"提取各项费用"的结转;"部门核算"的结转;"项目核算"的结转;"个人核算"的结转;"客户核算"的结转;"供应商核算"的结转。

恒利科技有限公司周敏进行自定义结转,主要包括定义计提短期借款利息、定义结转制造费用、定义结转所得税等内容。下面以定义计提短期借款利息为例进行设置,要求是按月计提、按季支付,月息为 0.2%。其他要求见项目实践六。

【操作流程】

(1) 执行"业务工作"→"财务会计"→"总账"命令,打开"总账"界面,单击"期末"→"转账定义"→"自定义转账"命令,打开"自定义转账设置"窗口,单击"增加"按钮,打开"转账目录"对话框,可定义一张转账凭证,如图 6-1 所示。

计提短期
借款利息

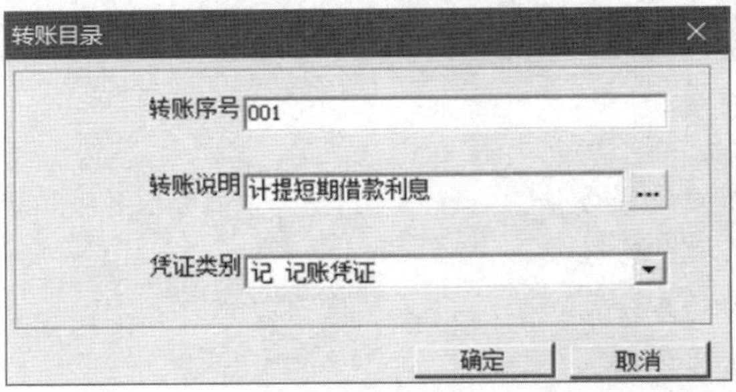

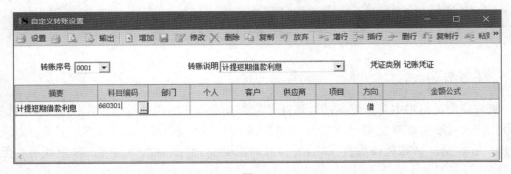

图 6-1

(2) 输入转账序号、转账说明和凭证类别,单击"确定"按钮,回到"自定义转账设置"窗口,单击"增行"按钮,开始定义转账凭证的信息,如科目编码、方向、金额公式等,如图 6-2 所示。

图 6-2

(3) 金额公式输入:单击"金额公式"框,打开"公式向导"对话框,选择"QM( )"函数,如图 6-3 所示。

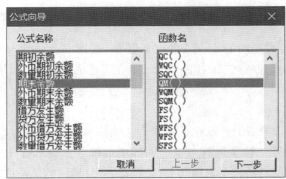

图 6-3

(4)单击"下一步"按钮,在"公式向导"对话框中选择科目代码、会计期间、借贷方向,如图 6-4 所示。

图 6-4

(5)单击"完成"按钮,回到"自定义转账设置"窗口,在"金额公式"框内"QM(200101,月,贷)"后面输入"*0.002"。对于熟练的用户来说,也可以直接在"金额公式"框内输入函数公式"QM(200101,月,贷)*0.002"。

(6)在"自定义转账设置"对话框中单击"增行"按钮,定义贷方科目的相关内容,如科目编码、方向、金额公式等,这里"应付利息"科目的公式为"JG( )",如图 6-5 所示。

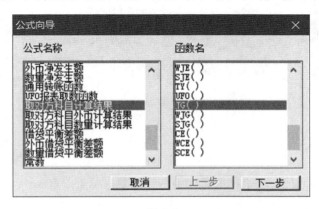

图 6-5

(7)单击"保存"按钮,定义完毕,结果如图 6-6 所示。

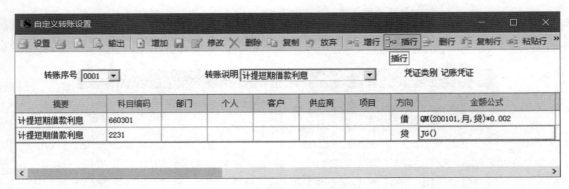

图 6-6

操作提示：自定义结转公式定义完成后，为了保证数据的正确性，需要对当前月份已填制过的凭证进行审核并记账，再进行结转生成。

2. 自定义比例结转

当两个或多个科目及辅助项有一一对应关系时，可将其余额按一定比例系数进行对应结转，可一对一结转，也可多对多结转或多对一结转。可在转账生成时显示生成的转账明细数据表，用户根据明细表可定义结转的金额和比率。本功能只结转期末余额。

自定义比例结转
（转账定义）

恒利科技有限公司按照成本核算大类，在假定期末所有产品已完工的情况下，利用自定义比例结转设置把生产成本转入库存商品账户。下面以"冰箱成本核算"为例进行设置，"冰柜成本核算"设置类似。

【操作流程】

（1）执行"期末"→"转账定义"→"自定义比例结转"命令，打开"自定义比例结转设置"窗口，根据项目内容进行"冰箱成本核算"的具体设置，如图 6-7 所示。

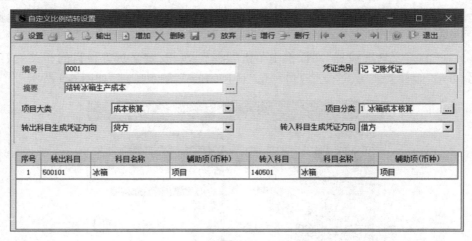

图 6-7

（2）单击"增加"按钮，开始自定义比例结转设置。

（3）输入这张转账凭证的编号、凭证类别、摘要、项目大类、项目分类、转出科目生成凭证方向和转入科目生成凭证方向。

（4）单击"增行"按钮，增加一空行，输入转入科目编码、转出科目编码。

（5）输入完成后单击"保存"按钮保存以上设置。
（6）单击"删除"按钮可删除当前结转设置。
"自定义比例结转设置"窗口中各栏目说明如下：

◆ 项目大类和项目分类：可指定结转的项目大类或项目分类，一旦指定，则转出和转入科目必须是指定项目大类的科目。

◆ 转出、转入科目生成凭证方向：结转余额时，可指定生成凭证时强制的借贷方向。例如，转出的借方科目结转余额时应在贷方，若指定为借方，则以借方红字表示。

3. 销售成本结转

销售成本结转功能，是按照月末商品（或产成品）销售数量乘以库存商品（或产成品）单价的全月平均法计算各类商品销售成本并进行结转。

恒利科技有限公司结转已销售商品成本，并生成转账凭证。

【操作流程】

（1）执行"期末"→"转账定义"→"销售成本结转"命令，打开"销售成本结转设置"对话框，如图 6-8 所示。

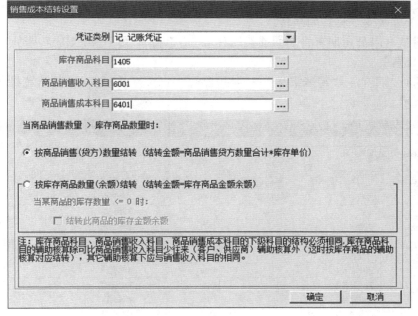

图 6-8

（2）用户可输入总账科目或明细科目，但要求这三个科目具有相同科目结构的明细科目，即要求库存商品科目、商品销售收入科目和商品销售成本科目下的所有明细科目必须都有数量核算，且这三个科目的下级必须一一对应，输入完成后，系统自动计算出所有商品的销售成本。

（3）在三个文本框内输入或选择"库存商品""主营业务收入""主营业务成本"科目的代码。单击"确定"按钮，定义完成。

4. 汇兑损益结转

本功能用于期末自动计算外币账户的汇兑损益，并在转账生成中自动生成汇兑损益转账凭证。汇兑损益只处理以下外币账户：外汇存款账户；外币现金账户；外币结算的债权、债务账户，不包括所有者权益类账户、成本类账户和损益类账户。

操作提示：

➢ 为了保证汇兑损益计算正确，填制某月的汇兑损益凭证时必须先将本月的所有未记账凭证先记账。

➢ 汇兑损益入账科目若有辅助核算，则必须与外币科目的辅助账类一致或少于外币科目的辅助账类，且不能有数量外币核算。

➢ 若启用了应收(付)系统，且在应收(付)的选项中选择了"详细核算"，应先在应收(付)系统做汇兑损益，生成凭证并记账，再在总账管理系统做相应科目的汇兑损益。

➢ 请关注权限管理的用户注意：结转凭证不受金额权限控制，不受辅助核算及辅助项内容的限制。

➢ 只有在选项中选择了自定义项作为辅助核算，汇兑损益才按自定义项结转。

5. 期间损益结转

本功能用于在一个会计期间终了时将损益类科目的余额结转到本年利润科目中，从而及时反映企业利润的盈亏情况。期间损益结转主要是对管理费用、销售费用、财务费用、销售收入、营业外收支等科目的结转。

恒利科技有限公司期末将期间损益结转至"本年利润"账户，并生成转账凭证。

【操作流程】

（1）执行"期末"→"转账定义"→"期间损益"命令，打开"期间损益结转设置"对话框，如图 6-9 所示。

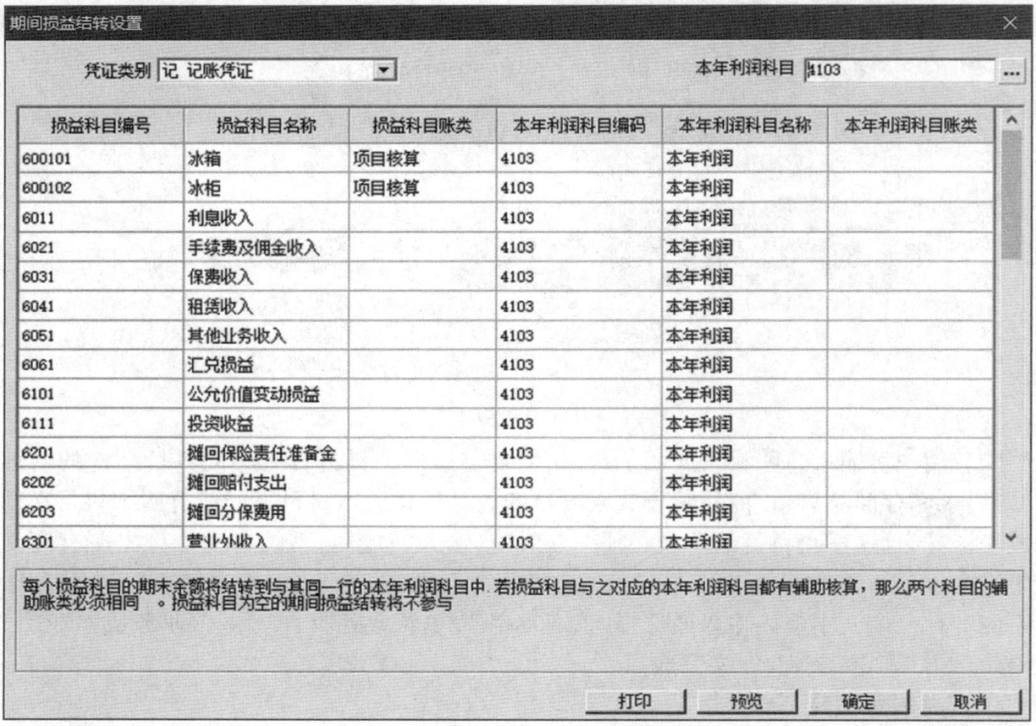

损益科目编号	损益科目名称	损益科目账类	本年利润科目编码	本年利润科目名称	本年利润科目账类
600101	冰箱	项目核算	4103	本年利润	
600102	冰柜	项目核算	4103	本年利润	
6011	利息收入		4103	本年利润	
6021	手续费及佣金收入		4103	本年利润	
6031	保费收入		4103	本年利润	
6041	租赁收入		4103	本年利润	
6051	其他业务收入		4103	本年利润	
6061	汇兑损益		4103	本年利润	
6101	公允价值变动损益		4103	本年利润	
6111	投资收益		4103	本年利润	
6201	摊回保险责任准备金		4103	本年利润	
6202	摊回赔付支出		4103	本年利润	
6203	摊回分保费用		4103	本年利润	
6301	营业外收入		4103	本年利润	

凭证类别：记 记账凭证　　本年利润科目：4103

每个损益科目的期末余额将结转到与其同一行的本年利润科目中。若损益科目与之对应的本年利润科目都有辅助核算，那么两个科目的辅助账类必须相同。损益科目为空的期间损益结转将不参与。

图 6-9

（2）表格上方的"本年利润科目"是本年利润的入账科目，可参照录入。如果本年利润科目又分为多个下级科目，则可在下面表格中录入，并与相应的损益科目对应。

（3）系统默认取所有损益类科目的期末余额。

（4）单击"确定"按钮，完成设置。

操作提示：

➢ 本年利润科目若有辅助账类，则必须与损益科目的辅助账类一致。

➢ 请关注权限管理的用户注意：结转凭证不受金额权限控制，不受辅助核算及辅助项内容的限制。

➢ 只有在选项中选择了自定义项作为辅助核算，期间损益才按自定义项结转。

6. 售价（计划价）销售成本结转

本功能用于按售价（计划价）结转销售成本或调整月末成本。

操作提示：

➢ 差异额计算方法：有售价法和计划价法两种。售价法：差异额＝收入余额×差异率（商业企业多用此法）；计划价法：差异额＝成本余额×差异率（工业企业多用此法）。

➢ 凭证类别：所生成凭证的类别。

➢ 计算科目：由用户指定库存商品科目、商品销售收入科目、商品销售成本科目、进销差价科目四个科目。用户可输入总账科目或明细科目，但要求前三个科目具有相同结构的明细科目，即要求库存商品科目、商品销售收入科目和商品销售成本科目下的所有明细科目必须都有数量核算，且这三个科目的下级必须一一对应。

➢ 结转方式：系统提供两种转账生成分录的方式，即月末结转成本方式和月末调整成本方式。月末结转成本：有些商业企业月中发生销售业务时不计算成本，在月末按当月销售情况结转成本。月末调整成本：有些工业企业平时在发生销售业务时即结转成本，到月末对成本及差异科目进行调整。

➢ 差异率：有综合差异率和个别差异率两种。

7. 对应结转

对应结转不仅可进行两个科目一对一结转，还提供科目的一对多结转功能。对应结转的科目可为上级科目，但其下级科目的科目结构必须一致（明细科目相同），如有辅助核算，则两个科目的辅助账类必须一一对应。如果账户具有固定的对应关系，则可以使用本功能。本功能只结转期末余额。

恒利科技有限公司期末对应结转主要有两项，一是把"所得税费用"结转到"本年利润"账户，二是把"本年利润"结转到"未分配利润"账户。下面以"本年利润"结转到"未分配利润"账户为例讲解，其他要求见项目实践六。

【操作流程】

（1）执行"期末"→"转账定义"→"对应结转"命令，打开"对应结转设置"窗口，如图6-10所示。

（2）输入编号（指该张转账凭证的代号）、凭证类别、转出科目。

（3）单击"增行"按钮，输入转入科目编码、转入科目名称、转入辅助项和结转系数。转入科目取值＝转出科目取值×结转系数，结转系数若未输入，系统默认为1。

（4）单击"保存"按钮，完成设置。

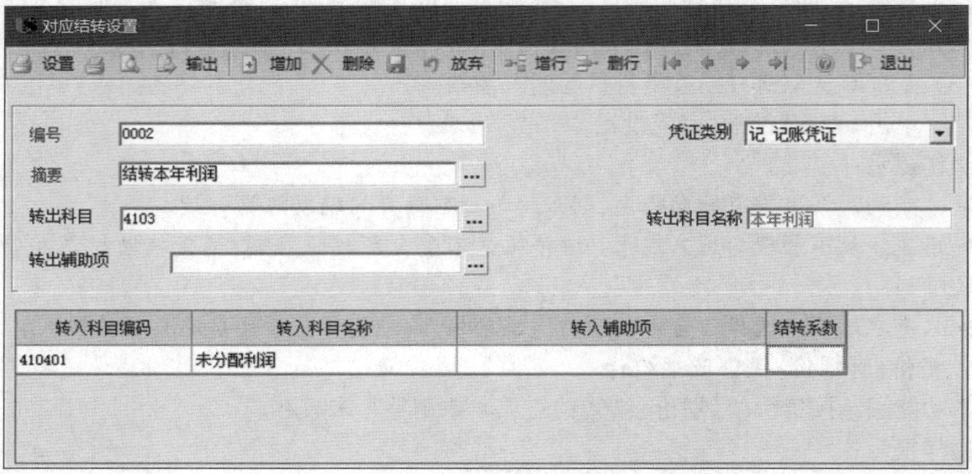

图 6-10

操作提示：
➢ 一张凭证可定义多行，转出科目及辅助项必须一致，转入科目及辅助项可不相同。
➢ 转出科目与转入科目必须有相同的科目结构，但转出辅助项与转入辅助项可不相同。
➢ 辅助项可根据科目性质进行参照，若转出科目有复合账类，系统弹出辅助项录入窗。若该科目为部门项目辅助项类，要求录入结转的项目和部门，录入完毕后，系统用逗号分隔显示在表格中。
➢ 同一编号的凭证类别必须相同。
➢ 自动生成转账凭证时，如果同一凭证转入科目有多个，并且同一凭证的结转系数之和为1，则最后一笔结转金额为转出科目余额减当前凭证已转出余额。
➢ 本功能只结转期末余额。如果想结转发生额，请到自定义结转中设置。

二、转账生成

在转账定义后，每月月末只需执行"转账生成"，即可快速生成转账凭证。在转账生成时，一是要注意转账顺序，先结转费用成本类项目，再结转损益类项目；二是每项转账生成凭证后，应该审核并记账后再进行下一项结转。

1. 自定义转账

恒利科技有限公司分别对计提短期借款利息、结转"制造费用"进行转账生成。下面以计提短期借款利息为例讲解，其他要求见项目实践六。需要注意的是，结转"所得税费用"应该在结转损益类项目后再进行操作。

自定义转账
（转账生成）

【操作流程】
（1）在"期末"处理中，单击"转账生成"按钮，进入"转账生成"界面，在"自定义转账"窗口中选择要进行结转的项目，这里选择"0001"号（背景显示黄色，"是否结转"栏显示"Y"），如图 6-11 所示。

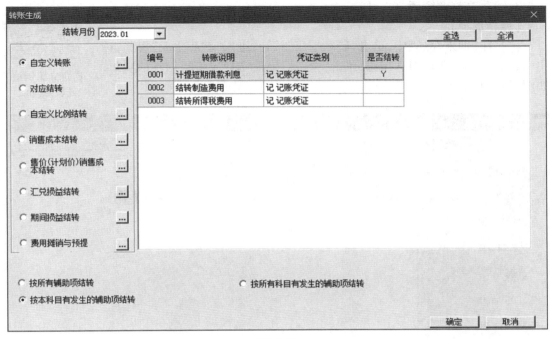

图 6-11

（2）单击"确定"按钮，系统显示生成的凭证，如图 6-12 所示。

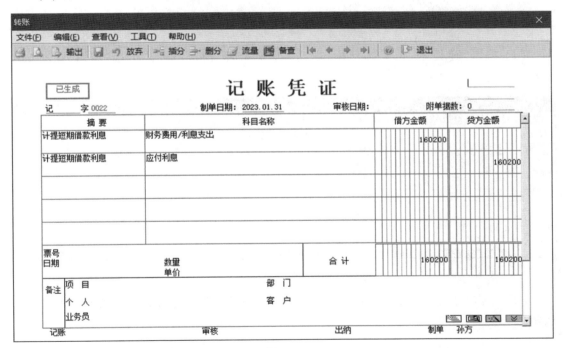

图 6-12

（3）当确定系统显示的凭证是希望生成的凭证时，单击"保存"按钮，将当前凭证追加到未记账凭证中。

2. 自定义比例结转

【操作流程】

（1）在"期末"处理中，单击"转账生成"按钮，进入"转账生成"界面，选中"自定义比例结转"单选按钮，单击"全选"按钮，选择要进行结转的项目，如图6-13所示。

自定义比例结转
（转账生成）

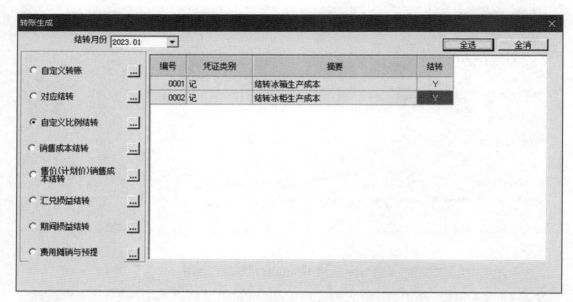

图6-13

（2）单击"确定"按钮，系统打开"自定义比例结转"窗口，单击"全选"按钮，如图6-14所示。

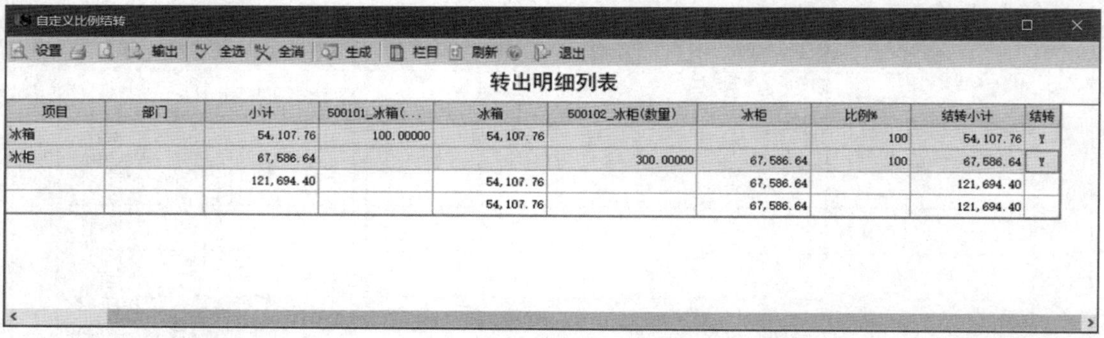

图6-14

（3）单击"生成"按钮，系统显示生成的两张凭证，保存凭证即完成结转，如图6-15所示。

项目六 期末业务设置与处理 227

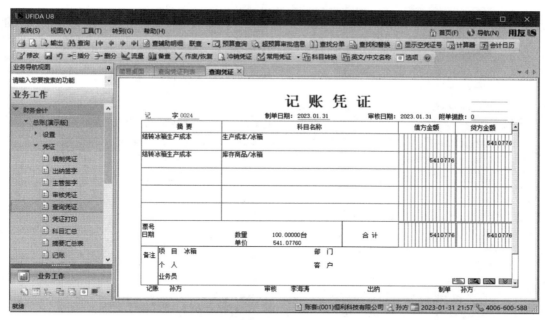

图 6-15

3．销售成本结转

恒利科技有限公司结转已销售商品成本，并生成转账凭证。

【操作流程】

（1）在"期末"处理中，单击"转账生成"按钮，进入"转账生成"界面，选中"销售成本结转"单选按钮，如图 6-16 所示。

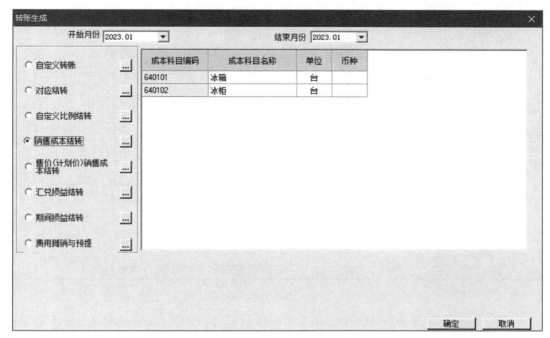

图 6-16

（2）单击"确定"按钮，打开"销售成本结转一览表"对话框，如图6-17所示。

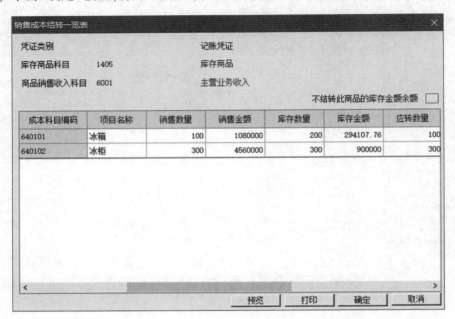

图 6-17

（3）单击"确定"按钮，系统显示生成的凭证，如图6-18所示。

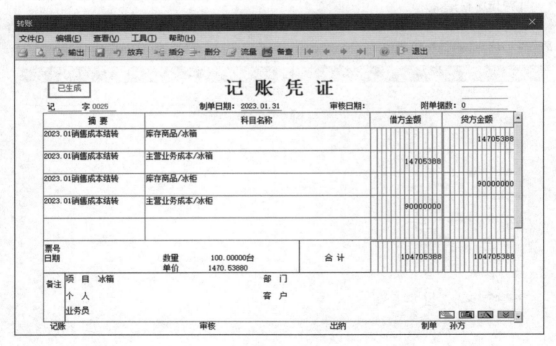

图 6-18

（4）当确定系统显示的凭证是希望生成的凭证时，按"保存"按钮，将当前凭证追加到未记账凭证中。

其他几项结转,操作流程大致相似,这里不再赘述,详细内容见项目实践六。再次提示注意结转顺序,并且每项结转生成凭证后,应该审核并记账后再进行下一项结转。

任务二　对账与结账

一般情况下,只要记账凭证录入正确,系统自动记账后应该是正确的、平衡的,但由于非法操作或计算机病毒等不明原因,也可能造成账账不符,所以需要进行对账工作,至少每月对账一次。同时,在月末应该对账簿进行结账。结账工作每月只能进行一次。

一、对账

对账是指对账簿数据进行核对,以检查数据、记账是否正确,以及账簿是否平衡。它主要是通过核对总账和明细账、总账与辅助账数据来完成账账核对。为了保证账证相符、账账相符,用户应经常使用本功能进行对账,至少一个月一次,一般可在月末结账前进行。

2023 年 1 月 31 日,恒利科技有限公司进行对账工作。

对账

【操作流程】

(1) 在"期末"处理中,单击"对账"按钮,打开"对账"对话框,如图 6-19 所示。

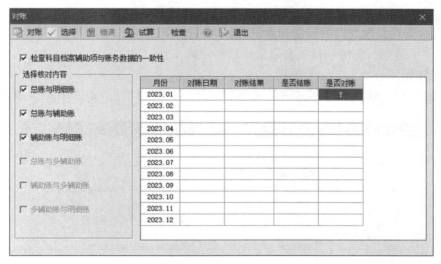

图 6-19

(2) 选择核对内容,包括总账与明细账、总账与辅助账等,单击"选择"按钮选择要进行对账的月份。

(3) 选择是否检查科目档案辅助项与账务数据的一致性。

（4）单击"对账"按钮，系统开始自动对账。

（5）若对账结果为账账相符，则对账月份的对账结果处显示"正确"；若对账结果为账账不符，则对账月份的对账结果处显示"错误"，单击"错误"按钮，系统显示"对账错误信息表"，可查看引起账账不符的原因。

（6）单击"检查"按钮，检查凭证、明细账、总账及多辅助账各数据的完整性。例如：凭证中是否有借必有贷，借贷必相等。检查完毕后，系统给出检查结果，如图6-20所示。

（7）单击"试算"按钮，可以对各科目类别余额进行试算平衡，如图6-21所示。

图 6-20

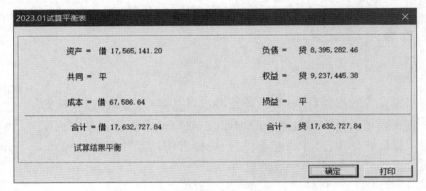

图 6-21

二、结账

每月月底，都需要进行结账处理，结账就是一种处理成批数据的过程。每月只结账一次，主要是对当月日常处理的限制和对下月账簿的初始化。

2023年1月31日，恒利科技有限公司进行结账工作。

【操作流程】

（1）在"期末"处理中，单击"结账"按钮，打开"结账"对话框，选择结账月份，如图6-22所示。

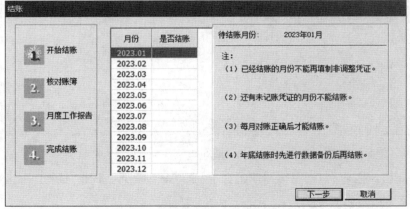

图 6-22

（2）单击"下一步"按钮，进入核对账簿界面，如图 6-23 所示。

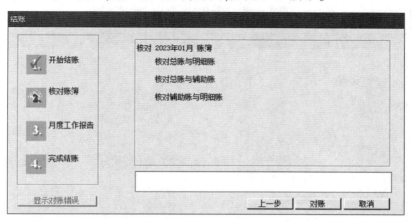

图 6-23

（3）确认要核对的账簿，单击"对账"按钮，系统对要结账的月份进行账账核对，对账后系统显示"对账完毕"信息，如图 6-24 所示。

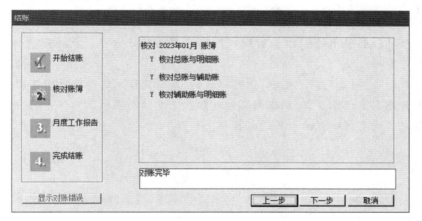

图 6-24

（4）单击"下一步"按钮，进入"月度工作报告"界面，系统显示结账状态，如图 6-25 所示。

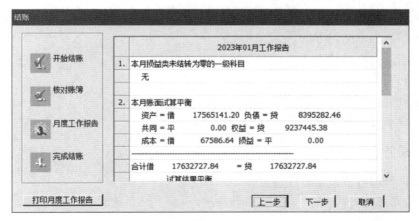

图 6-25

(5) 可以查看并打印工作报告。单击"下一步"按钮,系统提示可以结账。单击"结账"按钮,若符合结账要求,系统将进行结账,否则不予结账,如图 6-26 所示。

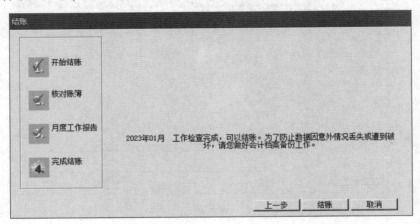

图 6-26

操作提示：

➢ 反结账:执行"期末"→"结账"命令,系统显示"结账"窗口,此时,用鼠标选择要取消结账的月份,按【Ctrl+Shift+F6】组合键即可取消某月的结账状态。反结账操作只能由有反结账权的人员进行。

➢ 上月未结账,则本月不能记账,但可以填制、复核凭证。已结账月份不能再填制凭证。

➢ 若本月还有未记账凭证,则本月不能结账。若总账与明细账对账不符,则不能结账。

➢ 结账只能由有结账权的人员进行操作。

项目实践六

【实训目的】

1. 掌握自定义转账的设置方法。
2. 掌握对应结转的操作方法。
3. 掌握销售成本结转方法。
4. 掌握汇兑损益结转方法。
5. 掌握期间损益结转方法。
6. 了解售价(计划价)销售成本结转方法。
7. 掌握月末对账和结账的操作方法。

【实训任务】

1. 根据资料进行自定义转账设置。
2. 进行对应结转设置。
3. 进行期间损益设置。

4. 进行转账凭证的生成操作。
5. 进行月末对账、结账操作。

【实训资料】

恒利科技有限公司由孙方进行转账定义、结转设置、转账生成及月末对账和结账。转账生成的凭证由李海涛进行审核、记账。

一、转账定义设置

1. 自定义结转设置：
（1）定义结转短期借款利息，按月计提、按季支付，月息为0.2%。
（2）定义结转"制造费用"账户，按冰箱40%、冰柜60%的比例结转到"生产成本"账户。
（3）定义期末结转"所得税费用"账户至"本年利润"账户。
2. 自定义比例结转：结转完工产品成本，按项目大类进行定义。
3. 销售成本设置：结转已销售商品成本。
4. 期间损益设置：将期间损益结转至"本年利润"账户。
5. 计提当期"所得税费用"，企业所得税税率为25%。
6. 对应结转设置（模拟年末操作）：
（1）定义期末结转"所得税费用"账户至"本年利润"账户。
（2）定义期末结转"本年利润"账户至"利润分配-未分配利润"账户。

二、转账生成操作

1月31日，恒利科技有限公司完成以下工作。（提示：请按顺序转账，生成的凭证审核记账后再进行下一项结转）

1. 自定义转账：
（1）结转短期借款利息，生成凭证。
（2）结转"制造费用"账户，生成凭证。
2. 自定义比例结转：结转"生产成本"账户，并生成凭证。
3. 销售成本结转：结转已销售商品成本，并生成凭证。
4. 期间损益结转：将期间损益结转至"本年利润"账户，并生成凭证。
5. 自定义转账：结转"所得税费用"账户，并生成转账凭证。
6. 对应结转（模拟年末操作）：
（1）结转"所得税费用"账户至"本年利润"账户，并生成凭证。
（2）结转"本年利润"账户至"利润分配-未分配利润"账户，并生成凭证。

三、对账

月末对账，并练习反记账操作。

四、结账

月末结账，并练习反结账操作。

项目七 报表系统设置与处理

 项目目标

1. 理解 UFO 报表的相关术语及相关数据运算方法。
2. 理解 UFO 报表的常用函数的功能和使用方法。
3. 掌握报表制作的操作步骤和方法。
4. 掌握利用模板生成常用报表的方法。
5. 掌握报表单元公式、审核公式的定义方法。
6. 了解舍位平衡公式的定义方法。
7. 掌握报表数据处理的操作步骤和方法。

UFO 是用友公司开发的通用电子表格软件,可以独立使用,也可以和用友 U8 管理软件相关模块结合使用。UFO 支持按需要编制企业常用的财务报表,也可以套用系统的报表模块直接生成报表,省去自定义的烦琐;UFO 支持表页的概念,并以此为基础方便快捷地管理和查询报表的数据,能够进行报表的汇总及合并;在报表数据分析方面,UFO 报表系统采用"图文混排",可制作 10 种图式的分析图表,能方便地进行图形数据处理,使用户直观了解报表数据。

任务一 报表概述

 任务分析

UFO 报表的功能比较丰富,在使用之前,要基本掌握相关的概念、术语、运算规则等基本知识,了解报表建立的一般步骤,为建立和使用报表打下基础。

 相关知识

一、产品框架

UFO 报表的主要功能有:提供各行业报表模板、文件管理功能、格式管理功能、数据处理功能、打印功能、二次开发功能。其主要产品框架如图 7-1 所示。

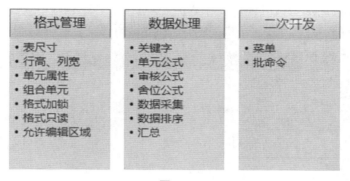

图 7-1

1. 格式管理

在格式管理状态下可以设计报表的格式,如表尺寸、行高、列宽、单元属性、组合单元等。

注意:报表的三类公式,即单元公式(计算公式)、审核公式、舍位平衡公式(舍位公式)也在格式状态下定义。

在格式管理状态下所做的操作对本报表所有的表页都发生作用。在格式管理状态下不能进行数据的录入、计算等操作。

如图 7-2 所示,这是"资产负债表"在格式管理状态下的结果,窗口左下角显示"格式"字样。

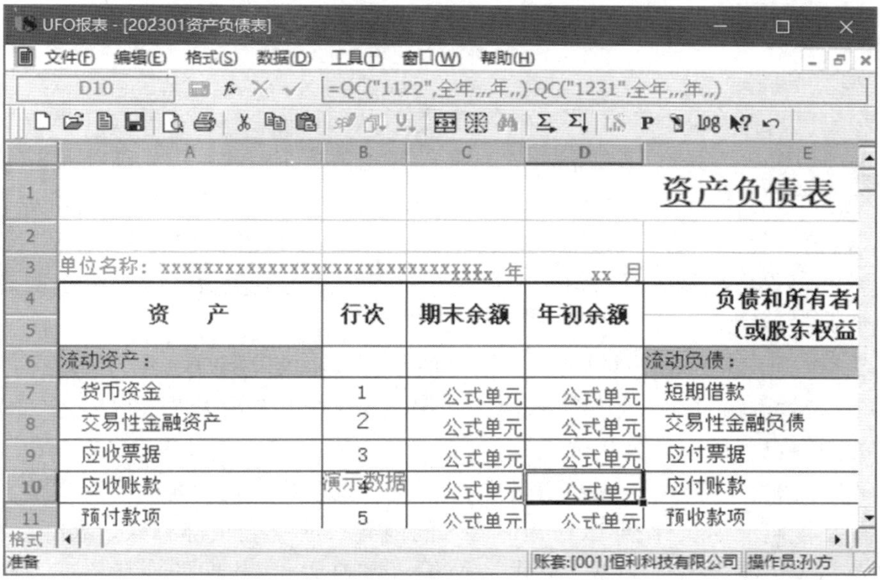

图 7-2

在格式管理状态下,用户所看到的是报表的格式,报表的数据全部都隐藏了。

2. 数据处理

在数据处理状态下可以管理报表的数据,如输入数据、增加或删除表页、审核、舍位平衡、作图、汇总、合并报表等。在数据处理状态下不能修改报表的格式。

在数据处理状态下,用户所看到的是报表的全部内容,包括格式和数据。

如图 7-3 所示,这是"资产负债表"在数据处理状态下的结果,窗口左下角显示"数据"字样。"格式"和"数据"两种状态,可以利用鼠标单击切换。

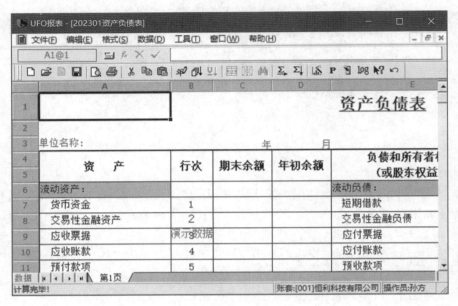

图 7-3

二、相关术语

1. 单元

单元是组成报表的最小单位,单元名称由所在行、列标识。行号用数字 1~9 999 表示,列标用字母 A~IU 表示。例如:D22 表示第 4 列第 22 行的那个单元。单元有以下 3 种类型:

(1)数值单元:是报表的数据,在数据处理状态下("格式/数据"按钮显示为"数据"时)输入。数值单元的内容可以是 $1.7\times(10E-308) \sim 1.7\times(10E+308)$ 之间的任何数(15 位有效数字),数字可以直接输入或由单元中存放的单元公式运算生成。建立一个新表时,所有单元的类型缺省为数值。

(2)字符单元:是报表的数据,在数据处理状态下输入。字符单元的内容可以是汉字、字母、数字及各种键盘可输入的符号组成的一串字符,一个单元中最多可输入 255 个字符。字符单元的内容也可由单元公式生成。

(3)表样单元:是报表的格式,是定义一个没有数据的空表所需的所有文字、符号或数字。一旦单元被定义为表样,那么在其中输入的内容对所有表页都有效。表样在格式管理状态下("格式/数据"按钮显示为"格式"时)输入和修改,在数据处理状态下不允许修改。一个单元中最多可输入 255 个字符。

2. 组合单元

组合单元由相邻的两个或更多的单元组成,这些单元必须是同一种单元类型(表样、数值、字符),UFO 在处理报表时将组合单元视为一个单元。

可以组合同一行相邻的几个单元,也可以组合同一列相邻的几个单元,还可以把一个多行多列的平面区域设为一个组合单元。组合单元的名称可以用区域的名称或区域中的单元的名称来表示。例如：把 B2 到 B3 定义为一个组合单元，这个组合单元可以用"B2""B3"或"B2:B3"表示。组合单元可以定义公式。

3. 区域

区域由一张表页上的一组单元组成，自起点单元至终点单元是一个完整的长方形矩阵。

在 UFO 报表中，区域是二维的，最大的区域是一个二维表的所有单元（整个表页），最小的区域是一个单元。

4. 表页

一个 UFO 报表最多可容纳 99 999 张表页，每一张表页是由许多单元组成的。

一个报表中的所有表页具有相同的格式，但其中的数据不同。

表页在报表中的序号在表页的下方以标签的形式出现，该标签称为"页标"。页标用"第 1 页"—"第 99 999 页"表示。

5. 二维表和三维表

确定某一数据位置的要素称为"维"。在一张有方格的纸上填写一个数，这个数的位置可通过行和列（二维）来描述。

如果将一张有方格的纸称为表，那么这个表就是二维表，通过行（横轴）和列（纵轴）可以找到这个二维表中任何位置的数据。

如果将多个相同的二维表叠在一起，找到某一个数据的要素须增加一个，即表页号（Z 轴）。这一叠表称为一个三维表。

如果将多个不同的三维表放在一起，要从这多个三维表中找到一个数据，又须增加一个要素，即表名。三维表中的表间操作即称为"四维运算"。

6. 报表的大小

报表的大小由以下因素决定：

行数：1~9 999（缺省值为 50 行）。

列数：1~255（缺省值为 7 列）。

行高：0~160 毫米（缺省值为 5 毫米）。

列宽：0~220 毫米（缺省值为 26 毫米）。

表页数：1~99 999 页（缺省值为 1 页）。

7. 固定区及可变区

固定区：组成一个区域的行数和列数是固定的数目。一旦设定好以后，在固定区域内其单元总数是不变的。

可变区：组成一个区域的行数或列数是不固定的数字。可变区的最大行数和最大列数是在格式设计中设定的。

在一个报表中只能设置一个可变区，或是行可变区，或是列可变区。行可变区是指可变区中的行数是可变的；列可变区是指可变区中的列数是可变的。

设置可变区后，屏幕只显示可变区的第一行或第一列，其他可变行列隐藏在表体内。在以后的数据操作中，可变行列数随着用户的需要而增减。

有可变区的报表称为可变表。没有可变区的报表称为固定表。

8. 关键字

关键字是游离于单元之外的特殊数据单元，可以唯一标识一个表页，用于在大量表页中快速选择表页。

UFO 共提供了以下六种关键字,关键字的显示位置在格式管理状态下设置,关键字的值则在数据处理状态下录入,每个报表可以定义多个关键字。

（1）单位名称：字符型（最多 28 个字符），为该报表表页编制单位的名称。
（2）单位编号：字符型（最多 10 个字符），为该报表表页编制单位的编号。
（3）年：数字型（1980~2099），为该报表表页反映的年度。
（4）季：数字型（1~4），为该报表表页反映的季度。
（5）月：数字型（1~12），为该报表表页反映的月份。
（6）日：数字型（1~31），为该报表表页反映的日期。

除此之外,UFO 有自定义关键字功能,可以用于业务函数。

9. 筛选

筛选是在执行 UFO 的命令或函数时,根据用户指定的筛选条件,对报表中每一个表页或每一个可变行（列）进行判断,只处理符合筛选条件的表页或可变行（列）,不处理不符合筛选条件的表页或可变行（列）。

筛选条件分为表页筛选条件和可变区筛选条件。表页筛选条件指定要处理的表页；可变区筛选条件指定要处理的可变行或可变列。

筛选条件跟在命令、函数的后面,用"FOR<筛选条件>"来表示。

10. 关联

UFO 报表中的数据有着特殊的经济含义,因此报表数据不是孤立存在的,一张报表中不同表页的数据或多个报表中的数据可能存在着这样或那样的经济关系或钩稽关系,要根据这种对应关系找到相关联的数据进行引用,就需要定义关联条件。用户在多个报表之间操作时,UFO 主要通过关联条件来实现数据组织。

关联条件跟在命令、函数的后面,用"RELATION<关联条件>"来表示。如果有筛选条件,则关联条件应跟在筛选条件的后面。

三、数据描述及运算

1. 数据描述

（1）行的表示：用#<行号>表示,行号为 1~9 999 之间的数字,如#2 表示当前表页的第 2 行。用##表示当前表页的最大行。

（2）列的表示：用<列标>或!<列号>表示。

<列标>：列标为 A~IU 之间的字母,如 B 表示 B 列。超过 26 列时,用 26 进制的方法表示,如第 28 列表示为 AB。

!<列号>：列号为 1~255 之间的数字,如!2（等同于 B）。用!!表示当前表页的最大列。

（3）表页的表示：用@<表页号>表示,表页号为 1~99 999 之间的数字,如@2 表示第 2 页。用@ 表示当前正在处理的表页,用@@ 表示最大表页。

（4）报表的表示：报表名必须用双引号括起来。例如：利润表应表示为"利润表"。

当报表名用来表示数据的位置时,在报表名的后面应跟减号和大于号。例如：表示利润表中第 10 页的 D5 单元时,应该用"利润表"->D5@10 表示。

（5）单元名称可以用下面几种形式表示：

<列标><行号>：如 A2 表示 A 列中的第 2 个单元。
<列标>#<行号>：如 A#2(等同于 A2)。
!<列号>#<行号>：如!1#2(等同于 A2)。
!!##：表示当前表页的最大单元(以屏幕显示的最大行列数为准,不是表尺寸)。

(6) 单元描述。

单元的完整描述为"报表名"-><单元名称>@表页号。例如：在报表"利润表"第 5 张表页上的 A11 单元表示为"利润表"->A11@5。

当表页号省略时,即单元描述为"报表名"-><单元名称>时,系统默认为单元在指定报表的第 1 页上。

当单元在当前正在处理的报表上时,报表名可以省略,单元表示为 <单元名称>@表页号。例如：在当前报表第 5 张表页上的 A11 单元表示为：A11@5。

当单元在当前报表的当前表页上时,报表名和表页号可以省略,单元表示为 <单元名称>。例如：在当前表页上的 A11 单元表示为 A11。

2. 运算符

(1) 算术运算符：在描述运算公式时采用的符号。UFO 可使用的算术运算符及运算符的优先顺序如下：平方优先,接着是乘、除,然后是加、减。

(2) 比较运算符：有等于、大于、小于、不等于、大于或等于、小于或等于。

(3) 逻辑运算符：有"AND"(与、并且)、"OR"(或、或者)、"NOT"(非)。

注意：逻辑运算符在使用时,如与其他内容相连接,必须至少有一个前置空格和一个后置空格。例如：A1=B1 AND B2=B3,NOT A=B 为正确的；A1=B1ANDB2=B3,NOTA=B 为错误的。

3. 表达式

(1) 算术表达式：运算符、区域和单元、常数、变量、关键字、非逻辑类函数及算术表达式的组合,其结果为一个确定值。表达式中括号嵌套应在 5 层以下。算术表达式又分为单值算术表达式和多值算术表达式。

单值算术表达式：其结果为一个数值,也可为一个单纯的常数,可将其赋值给一个单元。例如：C2=A1+B1,等号后面的式子即为单值算术表达式。

多值算术表达式：其结果为多个数值,可将其运算结果赋值给多个单元。例如：C1：C10=A1：A10+B1：B10(表示 C1=A1+B1,C2=A2+B2,……,C10=A10+B10),等号后面的式子即为多值算术表达式。

(2) 条件表达式(逻辑表达式)：利用比较运算符、逻辑运算符和算术表达式形成的判定条件,其结果只有两个,即"1"(真)和"0"(假)。

例 1：D5>=100,表示比较 D5 单元的值和数字"100",如果 D5 单元的值大于或等于 100,则条件表达式为真,否则为假。

例 2：月<=6,表示比较关键字"月"的值和数字"6",如果关键字"月"的值小于或等于 6,则条件表达式为真,否则为假。

四、函数

1. 函数概述

UFO 的函数包括统计函数 21 个、数学函数 12 个、表操作辅助函数 1 个、日期时间函数

7个、条件取值函数1个、读取数据库数据函数3个、指针状态类函数2个、字符处理函数7个、UFO系统函数1个。另外,还有230个业务函数,使用业务函数可以从总账、应收、应付等系统中提取数据。

利用函数可以节省学习数学计算、财务及统计学运算的时间和精力,如果用户同时使用用友公司的账务处理系统,UFO还可以提供账务取数等常用功能,实现账表一体化。

2. 函数的使用方法

大部分函数既可以在编辑单元公式时使用,又可以在批命令中使用,但有一部分函数,如本表他页取数函数、指针状态类函数、交互输入函数等只限用于批命令。

在编辑单元公式时,可以直接使用函数。如果不愿意记忆一连串的名字、参数、括号等复杂格式,可以使用"函数向导"按钮,在"函数向导"对话框的指导下一步一步地完成函数的设置,并随时可以用【F1】键调出相关帮助。

除数学函数、条件取值函数外,其他函数均不允许嵌套使用。

3. 函数规范

函数名(<函数参数>[,<函数参数>]*)

使用说明:

(1) 函数名,即函数关键字,如 AVG、PTOTAL 等,可以简写成前4个字母,如 PTOT。

(2) [ ]表示该参数可选,可以省略。

(3) *表示其前面括号内的内容可以有0到多个。

4. 常用函数

(1) QC:期初金额函数。

【函数格式】

QC(科目代码,会计期间,[方向],[账套号],[会计年度],[编码1],[编码2],[截止日期],[是否包含未记账],[编码1汇总],[编码2汇总])

【举例说明】

QC("1001",全年,,"001",2022,,,,"y")

返回的是001账套2022年年初现金科目的期初余额,包含未记账凭证。

期初金额函数还有 SQC 和 WQC,分别表示数量期初额和外币期初额,参数相同。

(2) QM:期末金额函数。

【函数格式】

QM(科目代码,会计期间,[方向],[账套号],[会计年度],[编码1],[编码2],[截止日期],[是否包含未记账],[编码1汇总],[编码2汇总])

【举例说明】

QM("1001",全年,,"001",2022,,,,"y")

返回的是001账套2022年年末现金科目的期末余额,包含未记账凭证。

期末金额函数还有 SQC 和 WQC,分别表示数量期末额和外币期末额,参数相同。

(3) FS:发生额函数。

【函数格式】

FS(科目代码,会计期间,方向,[账套号],[会计年度],[编码1],[编码2],[是否包含未记账],[自定义项1,2……16])

【举例说明】

FS("1001",全年,"借","001",2022)

返回的是001账套2022年现金科目借方的发生额。

(4) LFS：累计发生额函数。

【函数格式】

LFS(科目代码,会计期间,方向,[账套号],[会计年度],[编码1],[编码2],[是否包含未记账])

【举例说明】

LFS("5502",2,"借","001",2022)

返回的是2022年2月管理费用的累计发生数额。

(5) JG：取对方科目计算结果函数。

【函数格式】

JG( )

【举例说明】

在借、贷方公式定义中,如果借方计算结果是1 000,贷方公式是JG( ),那么,贷方结果也是1 000。

(6) SELECT：条件取数函数,实现本表他页取数。

【函数格式】

SELECT(区域,[页面筛选条件])

【参数说明】

区域：绝对地址表示的数据来源,不含页号和表名(因为是本表取数,所以不含表名;页号由页面筛选条件确定)。

页面筛选条件：确定数据源所在表页。格式为：<目标页关键字@|目标页单元格@|变量|常量><关系运算符><目标页关键字@|目标页单元格@|变量|常量>。

【举例说明】

C5=SELECT(B5,月@=月+1)

SELECT是本表他页取数函数,所以第一个参数B5说明本页的C5取的是本表的其他页的B5单元格的数;然后看筛选条件,月是关键字,这个条件表示本页的关键字比目标页的关键字大1。所以如果本表关键字月=6,那么目标页的关键字月=5,这样目标页就找到了：关键字月=5的表页的B5单元格。

(7) RELATION：关联条件函数。

这个函数一般在本表取它表数的公式中使用。表之间关联条件的意义是建立本表与它表之间以关键字或某个单元为联系的默契关系。

【函数格式】

RELATION<单元|关键字|常量|变量>WITH"报表名"–><单元|关键字|常量|变量>

【举例说明】

如果想当前表各页A列数值取表"lrb"同年上月A列数值,那么,公式定义为：A="lrb"->A relation 年 with"lrb"->年,月 with"lrb"->月。

(8) IFF：条件取数函数。

【函数格式】
IFF(逻辑表达式,条件真值,条件假值)
【举例说明】
B4=IFF(A3>0,10,-10)
表示若 A3>0,则 B4=10;否则 B4=-10。

五、制作报表的基本流程

1. 建立报表
启动 UFO,建立报表,取文件名,在这张报表上开始设计报表格式。

2. 设计报表的格式
报表的格式在格式管理状态下设计,格式对整个报表都有效。可能包括以下操作:

(1) 设置报表尺寸:设定报表的行数和列数。
(2) 定义行高和列宽。
(3) 画表格线。
(4) 设置单元属性:把固定内容的单元如"项目""行次""期初数""期末数"等定为表样单元;把需要输入数字的单元定为数值单元;把需要输入字符的单元定为字符单元。
(5) 设置单元风格:设置单元的字型、字体、字号、颜色、图案、折行显示等。
(6) 定义组合单元:把几个单元作为一个使用。
(7) 设置可变区:确定可变区在表页上的位置和大小。
(8) 确定关键字在表页上的位置,如单位名称、年、月等。
(9) 设计好报表的格式之后,可以输入表样单元的内容,如"项目""行次""期初数""期末数"等。

如果需要制作一个标准的财务报表,如资产负债表等,可以利用 UFO 提供的财务报表模板自动生成一个标准财务报表。UFO 还提供了 11 种套用格式,可以选择与报表要求相近的套用格式,再进行一些必要的修改即可。

3. 定义各类公式
UFO 有三类公式:计算公式(单元公式)、审核公式、舍位平衡公式。公式的定义在格式管理状态下进行。

(1) 计算公式定义了报表数据之间的运算关系,在报表数值单元中键入"="就可直接定义计算公式,所以计算公式又称为单元公式。
(2) 审核公式用于审核报表内或报表之间的钩稽关系是否正确,需要用"审核公式"菜单项定义。
(3) 舍位平衡公式用于报表数据进行进位或小数取整时调整数据,避免破坏原数据平衡,需要用"舍位平衡公式"菜单项定义。

4. 报表数据处理
报表格式和报表中的各类公式定义好之后,就可以录入数据并进行处理了。报表数据处理在数据处理状态下进行。可能包括以下操作:

(1) 新建的报表只有一张表页,可按需要追加多个表页。
(2) 如果报表中定义了关键字,则录入每张表页上关键字的值。

(3)在数值单元或字符单元中录入数据。

(4)如果报表中有可变区,可变区初始只有一行或一列,可按需要追加可变行或可变列,并在可变行或可变列中录入数据。

随着数据的录入,当前表页的单元公式将自动运算并显示结果。如果报表中有审核公式和舍位平衡公式,则执行审核和舍位。需要的话,进行报表汇总和合并报表。

5. 报表图形处理

选取报表数据后可以制作各种图形,如直方图、圆饼图、折线图、面积图、立体图。图形可随意移动;图形的标题、数据组可以按照用户的要求设置。图形设置好之后可以打印输出。

6. 打印报表

打印报表时可控制打印方向,横向或纵向打印;可控制行列打印顺序;不但可以设置页眉和页脚,还可设置财务报表的页首和页尾;可缩放打印;利用打印预览可观看打印效果。

7. 退出

所有操作完毕之后,需要保存报表文件。保存后可以退出 UFO 系统。如果忘记保存文件,UFO 在退出前将提醒用户保存文件。

任务二　报表制作

任务分析

UFO 提供了两种方式制作报表。一种是利用模板制作报表。UFO 提供的报表模板包括了 33 个行业的 200 多张标准财务报表(包括现金流量表)。用户也可以自定义模板,根据所在行业挑选相应的报表,套用其格式及计算公式。另一种是自定义报表格式。用户根据需要制作一张报表时,首先应该定义报表的格式,不同的报表其格式也不相同,但一般情况下,报表格式应该包括报表表样、单元类型、单元风格等内容。

任务实施

一、自定义报表格式制作报表

恒利科技有限公司已经实施了总账管理系统、固定资产管理系统、薪资管理系统的初始化设置,并且已经完成了 2023 年 1 月份相关的账务处理,根据账务资料,下面以制作"202301 货币资金表"为例,进行报表格式的设置与制作。具体要求见项目实训七中表 7-1。

自定义报表格式
制作货币资金表

1. 启动 UFO 报表系统

【操作流程】

(1)启动企业业务平台,在"业务工作"页签中,执行"财务会计"→"UFO 报表"命令,打开"UFO 报表"窗口。

(2)执行"文件"→"新建"命令,进入报表格式状态,新建一张报表。

(3)执行"格式"→"表尺寸"命令,打开"表尺寸"对话框,输入行数为"9",列数为"6",如图 7-4 所示。

(4)单击"确认"按钮。

2. 定义报表格式

【操作流程】

(1)定义组合单元。

① 选择单元格区域 A1:F1。

② 执行"格式"→"组合单元"命令,打开"组合单元"对话框,这里选择"整体组合",如图 7-5 所示。

③ 用同样的方法定义 A3:A4、B3:B4、C3:C4、F3:F4、D3:E3 单元为组合单元。

(2)画表格线。

① 选中报表中需要画线的单元区域 A3:F8,执行"格式"→"区域画线"命令,打开"区域画线"对话框,如图 7-6 所示。

② 选中"网线"单选按钮,单击"确认"按钮。

(3)输入报表项目并美化报表。

① 输入报表项目的名称,如"货币资金表""银行存款"等。

② 执行"格式"→"单元属性"命令,打开"单元格属性"对话框,如图 7-7 所示。对单元类型、字体图案、对齐、边框等进行设置。

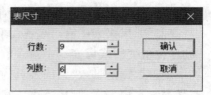

图 7-4

图 7-5

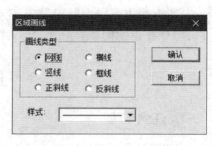

图 7-6

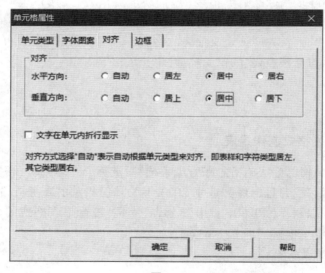

图 7-7

(4)设置行高、列宽。

执行"格式"→"行高"(或"列宽")命令,设置表格的行高、列宽。

(5)定义单元属性。

执行"格式"→"单元属性"命令,打开"单元格属性"对话框,单击"单元类型"选项卡,设置单元的类型,有"数值""字符""表样"三种属性,如图 7-8 所示。

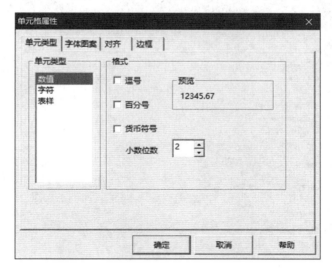

图 7-8

3. 设置关键字
【操作流程】

(1)执行"数据"→"关键字"→"设置"命令,打开"设置关键字"对话框,如图 7-9 所示。根据单元属性分别设置"单位名称""年""月""日"等,单击"确定"按钮。

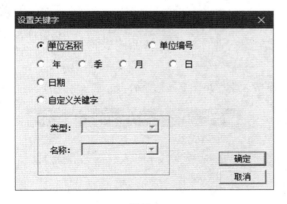 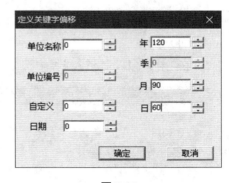

图 7-9　　　　　　　　　　　　　　图 7-10

(2)执行"数据"→"关键字"→"偏移"命令,打开"定义关键字偏移"对话框,如图 7-10 所示。各项设置完成后单击"确定"按钮。

4. 保存文件

执行"文件"→"保存"命令,系统弹出"另存为"对话框,如图 7-11 所示。选择保存位置,输入文件名,单击"另存为"按钮,报表文件建立完成。

图 7-11

本节只是定义了报表的格式,公式的定义在下一节讲述。

二、利用报表模板生成报表

恒利科技有限公司利用模板建立报表文件"202301 资产负债表",具体要求如项目实训七中的表 7-3 所示。

利用报表模板
生成资产负债表

【操作流程】

(1) 在 UFO 系统中,在报表的"格式"状态下,执行"格式"→"报表模板"命令,打开"报表模板"对话框,在"您所在的行业"下拉列表中选取行业,如图 7-12 所示。

(2) 在"财务报表"下拉列表中选取财务报表名,如图 7-13 所示。

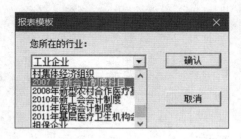

图 7-12

图 7-13

(3) 单击"确认"按钮,系统提示"模板格式将覆盖本表格式!是否继续?"的信息,如图 7-14 所示。

图 7-14

(4) 单击"确定"按钮,即可生成一张空的标准的资产负债表,如图 7-15 所示。

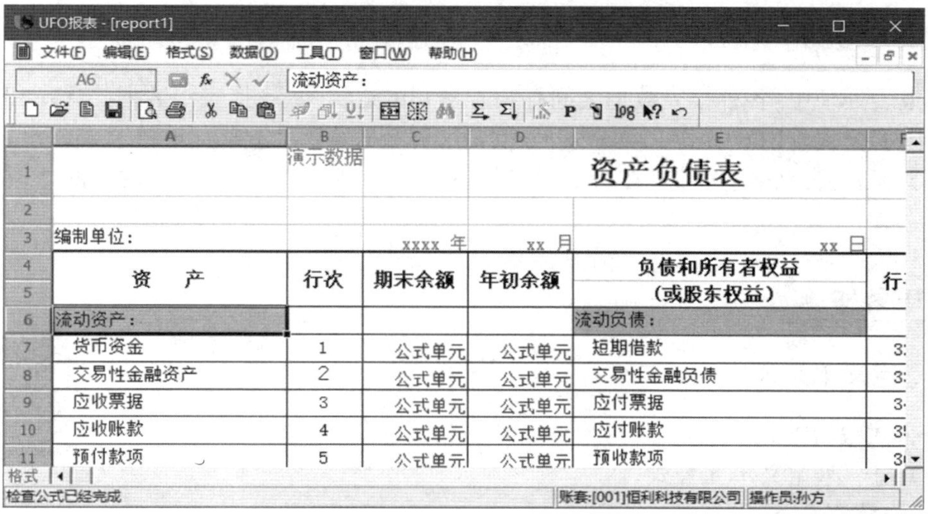

图 7-15

4. 保存文件

执行"文件"→"保存"命令,系统弹出"另存为"对话框,如图 7-16 所示。选择保存位置,输入文件名,单击"另存为"按钮,报表文件建立完成。

图 7-16

用同样的方法,可以利用模板建立"202301 利润表"。

三、自定义报表模板

用户可以根据本单位的实际需要定制内部报表模板,并可将自定义的模板加入系统提供的模板库中,也可增加或删除各个行业及其内置的模板。

任务三　报表公式定义

任务分析

在报表处理中,各种报表数据之间存在着密切的逻辑关系,报表中数据的采集和运算会用到不同的公式。UFO 提供三类公式,分别是计算公式(单元公式)、审核公式、舍位平衡公式。各类报表公式的定义都是在格式管理状态下进行,公式的使用都是在数据处理状态下进行。

任务实施

一、定义单元公式

1. 公式编辑方式

(1)"="号定义单元公式。

定义单元公式

【操作流程】

① 在报表的格式管理状态下,单击需要定义公式的单元,按【=】(等于)键,出现"定义公式"对话框,如图 7-17 所示。对话框中"="左侧的显示框显示选中区域名称。如果单元公式中有函数、筛选条件和关联条件,利用对话框中的"函数向导""筛选条件""关联条件"3 个按钮可以更加方便地定义单元公式。

图 7-17

② 单击"函数向导"按钮,打开"函数向导"对话框,如图 7-18 所示。可按向导提示逐步操作。

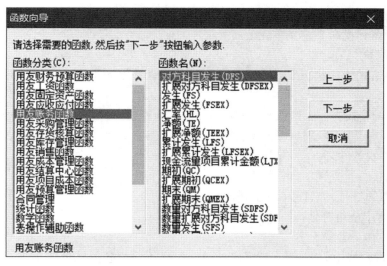

图 7-18

③ 在"定义公式"对话框中单击"筛选条件"按钮,打开"筛选条件"对话框,如图 7-19 所示。输入完成后单击"确认"按钮返回。

图 7-19

④ 在"定义公式"对话框中单击"关联条件"按钮,打开"关联条件"对话框,如图 7-20 所示。输入完成后单击"确认"按钮返回。

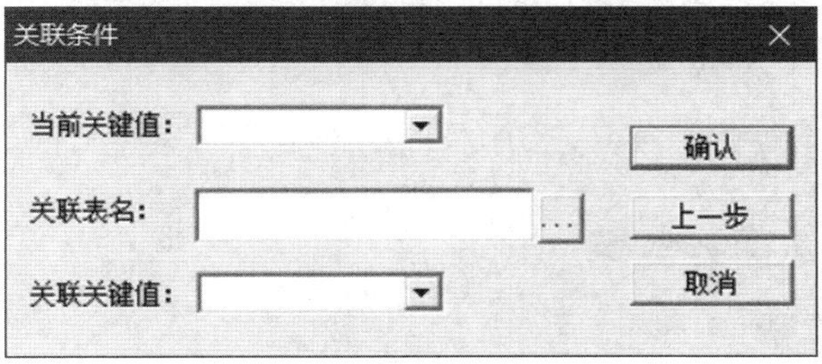

图 7-20

⑤ 在"定义公式"对话框中"="右侧的编辑框中输入单元公式。

⑥ 单击"确认"按钮后,如果定义的单元公式符合语法,UFO 将把此单元公式写入对应单元;如果单元公式不符合语法规则,不能定义到单元中。

(2)菜单方式定义单元公式。

【操作流程】

单击选中要定义公式的单元,执行"数据"→"编辑公式"→"单元公式"命令,打开"定义公式"对话框,进行单元公式定义,其他操作同上。

(3) 命令窗和批命令定义单元公式。

【操作流程】

在报表的格式管理状态下,执行"文件"→"命令窗"命令,在窗口下部出现命令窗,即可输入计算公式。

单元公式的格式为:LET<区域|关键字|变量>=<算术表达式>[,<区域|关键字|变量>=<算术表达式>]*[FOR<表页筛选条件>[;<可变区筛选条件>]][RELATION<表页关联条件>[,<表页关联条件>]*]。

公式说明:

① 公式中的符号,如冒号(:)、引号("")、逗号(,)、分号(;)等均应使用英文状态下半角符号,不能使用全角符号。

② 以 LET 引导计算公式。

③ 一个计算公式可以为若干个筛选条件、关联条件相同的区域赋值,各赋值表达式间以逗号(,)分隔。

2. 公式定义案例

恒利科技有限公司的资产负债表和利润表的单元公式由系统自动生成,无须用户定义。下面利用 2023 年 1 月的数据,以 202301"货币资金表"为例,定义单元公式。具体内容如项目实训七中的表 7-2 所示。

【操作流程】

(1) 启动 UFO 系统,打开 202301"货币资金表",在报表的格式管理状态下,单击选择需要定义公式的单元"C5",定义"库存现金"的期初余额,按【=】(等于)键,打开"定义公式"对话框。

(2) 单击对话框中的"函数向导"按钮,打开"函数向导"对话框,在"函数名"列表框中选择"期初(QC)",如图 7-21 所示。

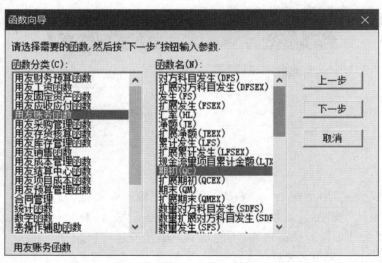

图 7-21

(3) 单击"下一步"按钮,打开"用友账务函数"对话框,如图 7-22 所示。

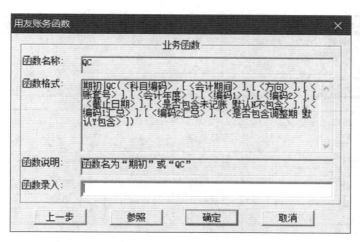

图 7-22

（4）单击"参照"按钮，打开"账务函数"对话框，如图 7-23 所示。

（5）选择科目、期间等信息，其他选默认值，单击"确定"按钮，返回上一级对话框，逐级向上按"确定"按钮返回到表格界面，公式定义完成，C5 单元显示"公式单元"字样。

（6）同理，定义其他单元的公式。公式单元也可以复制。例如，复制 C5 单元，粘贴到 C6 单元，把公式代码"1001"（库存现金）改为"1002"（银行存款）即可；复制 C5 单元，粘贴到 F6 单元，把函数名"QC"（期初）改为"QM"（期末）即可。

（7）同理，定义借方发生额和贷方发生额。

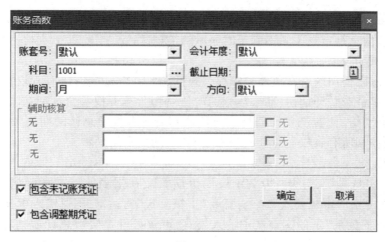

图 7-23

（8）最后，在 C8 单元定义公式为"＝C5+C6+C7"。同理，定义 D8、E8、F8 单元。公式定义完毕，结果如图 7-24 所示。

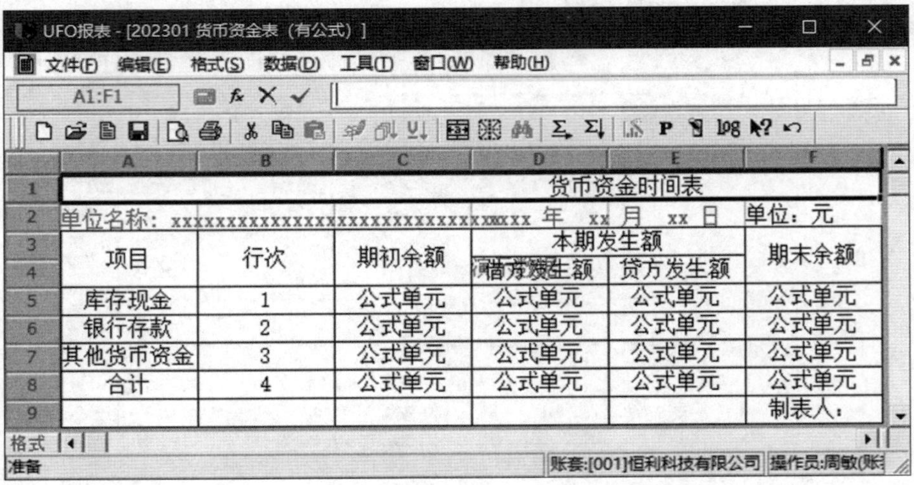

图 7-24

二、定义审核公式

在经常使用的各类财经报表中的每个数据都有明确的经济含义,并且各个数据之间一般都有一定的钩稽关系。例如,在资产负债表中,资产合计=负债合计+所有者权益合计。UFO 系统对此特意提供了数据的审核公式,将报表数据之间的钩稽关系用公式表示出来。

1. 基本格式

<区域>=<算术表达式>[FOR<表页筛选条件>[;<可变区筛选条件>]][RELATION<表页关联条件>]MESSAGE"<提示信息>"

其中,提示信息是审核关系不满足时显示的信息。

2. 审核公式定义

恒利科技有限公司的资产负债表审核公式按照"资产=负债+所有者权益"公式进行设定。审核条件是资产总计期初、期末数分别与负债和所有者权益合计期初、期末数相等,如果不平,系统分别给出"资产总计期初数与负债和所有者权益总计的期初数不等""资产总计期末数与负债和所有者权益总计的期末数不等"的提示信息。

【操作流程】

(1)启动 UFO 系统,打开"202301 资产负债表",在报表的格式管理状态下,执行"数据"→"编辑公式"→"审核公式"命令,打开"审核公式"对话框,即可输入审核公式。

(2)在"审核关系"下的文本框中输入公式,审核条件是资产总计期初、期末数分别与负债和所有者权益合计期初、期末数相等,如果不平,系统分别给出"资产总计期初数与负债和所有者权益总计的期初数不等""资产总计期末数与负债和所有者权益总计的期末数不等"的提示信息,如图 7-25 所示。

(3)公式输入完毕,单击"确定"按钮,即完成审核公式的定义。

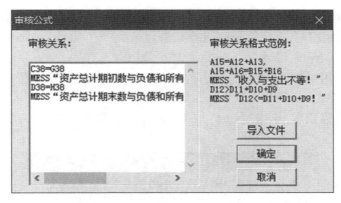

图 7-25

三、定义舍位平衡公式

报表数据在进行进位时,如以"元"为单位的报表在上报时可能会转换为以"千元"或"万元"为单位的报表,原来满足的数据平衡关系可能被破坏,因此需要进行调整,使之符合指定的平衡公式。例如:

原始报表数据平衡关系为:50.23+5.24=55.47。

若舍掉一位数,即除以 10 后数据平衡关系成为:5.02+0.52=5.55。

原来的平衡关系被破坏,应调整为:5.02+0.53=5.55。

报表经舍位之后,重新调整平衡关系的公式称为舍位平衡公式。其中,进行进位的操作叫作舍位,舍位后调整平衡关系的操作叫作平衡调整。

恒利科技有限公司的资产负债表舍位平衡表要求把报表单位改为"万元"。

具体公式说明如下:

"C38=G38"即为"资产总计期初数=(负债+所有者权益)总计期初数"。

"C38=C18+C37"即为"资产总计期初数=流动资产合计期初数+非流动资产合计期初数"。

"C38=G29+G36"即为"资产总计期初数=负债合计期初数+所有者权益合计期初数"。

"D38=H38"即为"资产总计期末数=(负债+所有者权益)总计期末数"。

"D38=D18+D37"即为"资产总计期末数=流动资产合计期末数+非流动资产合计期末数"。

"D38=H29+H36"即为"资产总计期末数=负债合计期末数+所有者权益合计期末数"。

【操作流程】

(1)启动 UFO 系统,打开"202301 资产负债表"。

(2)在报表的格式管理状态下,执行"数据"→"编辑公式"→"舍位公式"命令,打开"舍位平衡公式"对话框,输入审核公式。

舍位表名:和当前文件名不能相同,默认在当前目录下,取名为"202301 资产负债表舍位表"。

舍位范围:舍位数据的范围,要把所有要舍位的数据包括在内。

舍位位数:1~8 位。舍位位数为 1,则区域中的数据除以 10;舍位位数为 2,则区域中的数据除以 100；以此类推。

平衡公式：按倒序写，首先写最终运算结果，然后一步一步向前推。每个公式一行，各公式之间用逗号（,）隔开，最后一个公式后不用写逗号。

公式中只能使用"+""−"符号，不能使用其他运算符及函数。等号左边只能为一个单元（不带页号和表名）。一个单元只允许在等号右边出现一次。

（3）公式输入完成后，单击"完成"按钮，系统将保存舍位平衡公式的设置，如图 7-26 所示。

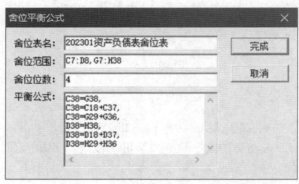

图 7-26

注意：把表头单位"元"改为"万元"。

用同样的方法，可以定义"202301 利润表舍位表"。

任务四　报表数据处理

 任务分析

报表数据处理主要包括生成报表数据、审核报表数据和舍位平衡操作，以及数据汇总、数据透视等操作。数据处理工作必须在数据处理状态下进行。

 任务实施

一、报表数据生成

1. 增加表页

报表格式设计完成后，进入数据处理状态时，默认只有一张报表，页标为"第一页"，如果要生成新的报表，可以增加新的表页。增加表页有"插入"和"追加"两种方式。

【操作流程】

（1）启动 UFO 系统，打开"202301 资产负债表"。

（2）执行"编辑"→"插入"→"表页"命令，打开"插入表页"对话框，如图 7-27 所示。

（3）选择需要插入的表页数量，这里选"1"，单击"确

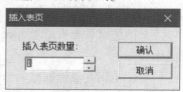

图 7-27

认"按钮,即在当前表页前插入了一张新的表页。

注:如果执行"编辑"→"追加"→"表页"命令,打开"追加表页"对话框,与上一步同样操作,会在当前表页后增加一张新的表页。

2. 删除表页

UFO 提供了删除表页功能。

【操作流程】

(1)在数据处理状态下,执行"编辑"→"删除"→"表页"命令,打开"删除表页"对话框,如图 7-28 所示。

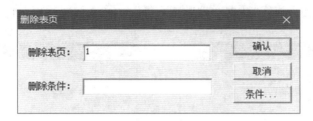

图 7-28

(2)选择需要删除的表页页码,单击"确认"按钮,即删除了指定页码的表页。

3. 录入关键字

如果报表中定义了关键字,则须录入每张表页上关键字的值。

【操作流程】

(1)启动 UFO 系统,打开"202301 资产负债表"。

(2)执行"数据"→"关键字"→"录入"命令,打开"录入关键字"对话框,如图 7-29 所示。

图 7-29

(3)在已定义的关键字编辑框中录入关键字的值。未定义的关键字编辑框为灰色,不能输入内容。输入年、月、日数据,单击"确认"按钮后,系统进行重新计算,生成关键字。

操作提示:

➢ 在格式管理状态下设置关键字,在数据处理状态下录入关键字的值,每张表页上的关键字的值最好不要完全相同。(如果有两张关键字的值完全相同的表页,则利用筛选条件和关联条件寻找表页时,只能找到第一张表页)

➢ 若要修改关键字的值,则重复上面的步骤即可。

4. 计算生成报表数据

在完成格式定义和关键字录入后,系统就可以自动计算报表数据了。计算报表数据有整表重算和表页重算两种方式。整表重算指所有的表页重新计算,表页重算只计算本页数据。

计算生成
报表数据

【操作流程】

(1)启动 UFO 系统,打开"202301 资产负债表"。

(2)执行"数据"→"表页重算"命令,系统显示提示信息对话框,如图 7-30 所示。

(3)单击"是"按钮,系统重新计算当前表页中的单元公式,其他表页不重新计算。

(4)如上操作,如果执行"数据"→"整表重算"命令,系统显示提示信息对话框,如图 7-31 所示。

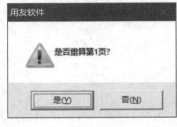

图 7-30

图 7-31

(5)单击"是"按钮后,系统重新计算当前报表中的所有表页及单元公式。

二、报表数据审核

在数据处理状态下,当报表数据计算完毕后,应对报表进行审核,以检查报表各项数据钩稽关系的准确性。

【操作流程】

(1)启动 UFO 系统,打开"202301 资产负债表"。

(2)在数据处理状态下,执行"数据"→"审核"命令。

(3)系统按照审核公式逐条审核表内的关系,当报表数据不符合钩稽关系时,屏幕上出现提示信息,记录该提示信息后按任意键继续审核其余的公式。按照记录的提示信息修改报表数据,重新进行审核,直到不出现任何提示信息,表示该报表各项钩稽关系正确。

(4)每当对报表数据进行过修改后,都应该进行审核,以保证报表各项钩稽关系正确。

三、舍位表生成

当报表编辑完毕,如果需要对报表的单位进行舍位,可以对报表进行舍位平衡操作。

【操作流程】

(1)启动 UFO 系统,打开"202301 资产负债表舍位表"。

(2)在数据处理状态下,执行"数据"→"舍位平衡"命令。

(3)系统按照所定义的舍位关系对指定区域的数据进行舍位,并按照平衡公式对舍位后的数据进行平衡调整,将舍位平衡后的数据存入指定的新表或其他表中。

(4)打开舍位平衡公式指定的舍位表,可以看到调整后的报表。

用同样的方法,可以对"202301 利润表舍位表"进行舍位平衡。

项目实践七

【实训目的】

1. 掌握 UFO 报表的相关术语以及相关数据运算方法。
2. 掌握 UFO 报表的常用函数的功能和使用方法。
3. 掌握报表制作的步骤和方法。
4. 掌握利用模板生成常用报表的方法。
5. 掌握报表单元公式、审核公式、舍位平衡公式的定义方法。
6. 掌握报表数据处理的操作步骤和方法。

【实训任务】

1. 进行自定义报表格式设计。
2. 利用报表模板生成常用报表。
3. 根据资料进行单元公式、审核公式、舍位平衡公式的定义操作。
4. 进行报表数据生成、数据审核、舍位表生成等日常处理的操作。

【实践资料】

一、自定义报表处理

1. 报表制作。

（1）恒利科技有限公司"货币资金表"格式如表 7-1 所示。

表 7-1 货币资金

单位名称：　　　　　　　　　年　月　日　　　　　　　　　单位：元

项目	行次	期初余额	本期发生额		期末余额
			借方发生额	贷方发生额	
库存现金	1				
银行存款	2				
其他货币资金	3				
合计	4				

制表人：

（2）表尺寸：行数为 9，列数为 6。
（3）定义报表格式。
（4）把"单位名称""年""月""日"设置为关键字。
（5）保存文件，文件名为"202301 货币资金表"。

2. 公式定义。

（1）定义单元公式：利用 2023 年 1 月的数据，以"货币资金表"为例，定义单元公式，具体内容如表 7-2 所示。

表 7-2　货币资金表公式定义

项　目	科目名称	参考函数格式	项　目	科目名称	参考函数格式
期初余额	库存现金	QC（"1001"，月）	期末余额	库存现金	QM（"1001"，月）
	银行存款	QC（"1002"，月）		银行存款	QM（"1002"，月）
	其他货币资金	QC（"1012"，月）		其他货币资金	QM（"1012"，月）
借方发生额	库存现金	FS（"1001"，月，"借"）	贷方发生额	库存现金	FS（"1001"，月，"贷"）
	银行存款	FS（"1002"，月，"借"）		银行存款	FS（"1002"，月，"贷"）
	其他货币资金	FS（"1012"，月，"借"）		其他货币资金	FS（"1012"，月，"贷"）
期初余额合计		C5+C6+C7	期末余额合计		F5+F6+F7
借方发生额合计		D5+D6+D7	贷方发生额合计		E5+E6+E7

（2）定义审核公式：按照"期末余额合计=期初余额合计+本期借方发生额合计−本期贷方发生额合计"的原则，"货币资金表"的审核公式为："F8＝C8+D8−E8"。

3. 数据处理。

（1）数据重算。

（2）保存文件。

二、利用模板生成报表

1. 生成资产负债表，具体要求如表 7-3 所示。

表 7-3　资产负债表的具体要求

文件名	202301 资产负债表
行业	2007 新会计制度科目
账务报表	资产负债表

2. 生成利润表，具体要求如表 7-4 所示。

表 7-4　利润表的具体要求

文件名	202301 利润表
行业	2007 新会计制度科目
账务报表	利润表

3. 公式定义。

（1）定义单元公式：恒利科技有限公司的资产负债表和利润表的单元公式由系统自动生成，无须用户定义。

注意：资产负债表中"未分配利润"项目，期末余额的公式系统定义为"QM（"4103"，月,,,年,,)+QC("4104",月,,,年,,)",考虑到已模拟年末进行账务处理,所以把公式改为"QM("4103",月,,,年,,)+QM("4104",月,,,年,,)"。

(2) 定义审核公式:恒利科技有限公司的资产负债表审核公式按照"资产=负债+所有者权益"公式进行设定。如果不平,按照提示信息修改报表数据。

4. 数据处理。

(1) 数据重算。

(2) 保存文件。

5. 舍位平衡操作。

(1) 定义舍位公式:对恒利科技有限公司的资产负债表进行舍位操作,单位为万元,舍位为4位。

(2) 进行舍位平衡操作,生成舍位表。

项目八 综合实训

一、企业基本信息

账套号及名称：007 宏泰科技有限责任公司
建账日期：2023 年 1 月 1 日
单位名称：宏泰科技有限责任公司
单位简称：宏泰公司
行业类型：2007 新会计制度科目
编码方案：科目编码级次 4-2-2-2，其他为默认值
启用系统：总账、固定资产、薪资管理、网上银行
启用日期：2023 年 1 月 1 日

二、操作员信息及权限设置（表 8-1）

表 8-1 操作员信息及权限

编号	姓名	职务	权限
KJ201	李宏明	财务主管	账套主管
KJ202	张明丽	总账会计	总账、公共目录设置、固定资产、薪资管理
KJ203	陈晓秋	出纳会计	出纳管理、出纳签字

三、基础信息设置

1. 部门档案，见表 8-2。

表 8-2 部门档案

部门编码	部门名称	部门编码	部门名称
1	经理室	4	采购部
2	财务部	5	生产部
3	销售部		

2. 职员档案，见表 8-3。

表 8-3 职员档案

职员编码	职员名称	性别	类型	雇佣状态	所属部门	是否业务员
101	杨青	女	正式工	在职	经理室	
201	李宏明	男	正式工	在职	财务部	
202	张明丽	女	正式工	在职	财务部	
203	陈晓秋	女	正式工	在职	财务部	
301	刘小光	男	正式工	在职	销售部	是
302	赵晓	女	正式工	在职	销售部	是
401	王宇	女	正式工	在职	采购部	是
402	吴亚	男	正式工	在职	采购部	是
501	李智	男	正式工	在职	生产部	
502	刘丰	男	正式工	在职	生产部	

3. 客户分类及档案,见表 8-4 和表 8-5。

表 8-4 客户分类

编 号	地 区	编 号	地 区
01	华北	02	华南

表 8-5 客户档案

编 号	名 称	简 称	地 区
001	南京科达公司	科达公司	华南
002	河北恒远公司	恒远公司	华北

4. 供应商分类及档案,见表 8-6 和表 8-7。

表 8-6 供应商分类

编 号	地 区	编 号	地 区
01	华北	02	华南

表 8-7 供应商档案

编 号	名 称	简 称	地 区
001	山东昌隆公司	昌隆公司	华北
002	上海利达公司	利达公司	华南

5. 凭证类型:记账凭证(记字)。
6. 结算方式,见表 8-8。

表 8-8　结算方式

编号	名称	是否进行支票管理	编号	名称	是否进行支票管理
1	现金支票	是	3	现金结算	
2	转账支票	是	4	电汇	

7. 总账选项设置：根据实训要求自行分析设置。

四、期初基础设置

1. 会计科目和期初余额，见表 8-9。

表 8-9　会计科目和期初余额　　　　　　　　　　　　　　单位：元

科目编码	科目名称	辅助账类型	账页格式	余额方向	期初余额
1001	库存现金		金额式	借	1 000
1002	银行存款		金额式	借	878 000
100201	建行存款		金额式	借	427 800
100202	工行存款		金额式	借	450 200
1121	应收票据	客户往来	金额式	借	400 000
1122	应收账款	客户往来	金额式	借	
1123	预付账款	供应商往来	金额式	借	
1221	其他应收款	个人往来	金额式	借	1 000
1231	坏账准备		金额式	贷	20 000
1402	在途物资		金额式	借	250 000
1403	原材料		金额式	借	300 000
140301	A 材料		数量金额式	借	300 000
				借	3 000 吨
140302	B 材料		数量金额式		—
					吨
1405	库存商品		金额式	借	550 000
140501	甲产品		数量金额式	借	550 000
				借	11 000 件
140502	乙产品		数量金额式		—
					件
1511	长期股权投资		金额式	借	500 000
1601	固定资产		金额式	借	6 400 000
1602	累计折旧		金额式	贷	800 000
1701	无形资产		金额式	借	100 000
1801	长期待摊费用		金额式	借	40 000
2001	短期借款		金额式	贷	170 000
2201	应付票据	供应商往来	金额式	贷	

续表

科目编码	科目名称	辅助账类型	账页格式	余额方向	期初余额
2202	应付账款	供应商往来	金额式	贷	1 120 000
2211	应付职工薪酬		金额式	贷	100 000
221101	工资		金额式	贷	90 000
221102	职工福利		金额式	贷	10 000
2221	应交税费		金额式	贷	30 000
222101	应交增值税		金额式	贷	
22210101	进项税额		金额式	贷	
22210102	已交税金		金额式	贷	
22210105	销项税额		金额式	贷	
222106	应交所得税		金额式	贷	30 000
2241	其他应付款		金额式	贷	
2501	长期借款		金额式	贷	200 000
4001	实收资本		金额式	贷	4 460 000
4002	资本公积		金额式	贷	2 040 000
4101	盈余公积		金额式	贷	270 000
4103	本年利润		金额式	贷	
4104	利润分配		金额式	贷	210 000

2. 指定科目。

（1）现金总账科目：库存现金。

（2）银行总账科目：银行存款。

（3）现金流量科目：库存现金、银行存款——建行存款、银行存款——工行存款。

3. 应收票据，见表 8-10。

表 8-10　应收票据

日期	凭证号	客户	摘要	方向	金额/元	业务员	票号
2022-12-25	记-10	科达公司	销售	借	400 000	刘小光	91225

4. 其他应收款，见表 8-11。

表 8-11　其他应收款

日期	凭证号	部门	个人	摘要	方向	金额/元
2022-12-26	记-11	销售部	刘小光	借差旅费	借	1 000

5. 应付账款，见表 8-12。

表 8-12　应付账款

日期	凭证号	供应商	摘要	方向	金额/元	业务员	票号
2022-12-27	记-12	昌隆公司	购进	贷	1 120 000	王宇	91227

五、工资管理系统设置

1. 建立工资账套。

工资类别：单个；从工资中代扣个人所得税；扣零至角；人员编码长度：3 位。

2. 基础设置，见表 8-13。

（1）人员类别设置：管理人员、销售人员、生产人员。

（2）银行名称设置：工商银行，账号长度为 7。

（3）人员档案设置参照职员档案。

表 8-13　基础设置

职员编码	职员名称	人员类别	所属部门	银行账号
101	杨　青	管理人员	经理室	6221101
201	李宏明	管理人员	财务部	6221201
202	张明丽	管理人员	财务部	6221202
203	陈晓秋	管理人员	财务部	6221203
301	刘小光	销售人员	销售部	6221301
302	赵　晓	销售人员	销售部	6221302
401	王　宇	管理人员	采购部	6221401
402	吴　亚	管理人员	采购部	6221402
501	李　智	生产人员	生产部	6221501
502	刘　丰	生产人员	生产部	6221502

注：代发银行为工商银行。

3. 工资项目设置，见表 8-14。

表 8-14　工资项目设置

项目名称	类型	长度	小数位数	工资增减项
基本工资	数字	8	2	增项
岗位工资	数字	8	2	增项
工龄工资	数字	8	2	增项
岗位津贴	数字	8	2	增项
奖金	数字	8	2	增项
应发合计	数字	8	2	增项
病假天数	数字	2	0	其他
病假扣款	数字	8	2	减项
代扣税	数字	8	2	减项
扣款合计	数字	8	2	减项
本月扣零	数字	8	2	其他
上月扣零	数字	8	2	其他
实发合计	数字	10	2	增项

4. 工资项目公式设置：

扣款合计=病假扣款+代扣税

应发合计=基本工资+岗位工资+工龄工资+岗位津贴+奖金

实发合计=应发合计−扣款合计

病假扣款=(基本工资+岗位工资)÷22×0.5×病假天数

5. 个人所得税计提基础改为5 000元。

6. 工资分摊并制单，见表8-15。

表8-15 工资分摊并制单

部门	人员类别	应付工资	工会经费	职工教育经费	借方科目	贷方科目
经理室 财务部 采购部	管理人员	100%	2%	1.5%	6602	2211
销售部	销售人员				6601	
生产部	生产人员				5001	

六、固定资产管理系统设置

1. 选项设置。

（1）折旧信息：

主要折旧方法：平均年限法(一)。

折旧汇总分配周期：1个月。

勾选"当月初已计提月份=(可使用月份−1)时将剩余折旧全部提足"。

（2）编码方式：

资产类别编码长度：2,1,1,2。

编码方式：自动编码(类别编号+部门编号+序号)。

序号长度：3。

（3）与账务系统接口：

与财务系统进行对账：

     固定资产对账科目：1601 固定资产；

     累计折旧对账科目：1602 累计折旧。

勾选"在对账不平情况先允许固定资产月末结账""业务发生后立即制单"。

2. 资产类别设置，见表8-16。

表8-16 资产类别设置

类别编码	类别名称	使用年限	净残值率	计量单位
01	房屋建筑物			
011	办公及厂房		2%	
012	其他		2%	

续表

类别编码	类别名称	使用年限	净残值率	计量单位
02	生产设备			
021	生产线		4%	
03	办公设备			
031	其他		4%	

计提属性：正常计提；折旧方法：平均年限法；卡片样式：通用样式。

3. 部门对应折旧科目设置，见表8-17。

表8-17 部门对应折旧科目设置

部门编码	部门名称	折旧科目	部门编码	部门名称	折旧科目
1	经理室	6602	4	采购部	6602
2	财务部	6602	5	生产部	5101
3	销售部	6601			

4. 增减方式设置，见表8-18。

表8-18 增减方式设置

编码	增减方式名称	对应入账科目	编码	增减方式名称	对应入账科目
101	直接购入	100201	201	损毁	1606
102	投资者投入	4001			

5. 原始卡片录入，见表8-19。

表8-19 原始卡片录入 单位：元

固定资产名称	类别编号	部门编号	增加方式	使用状况	使用年限	开始使用日期	原值	累计折旧
销售中心	12	3	102	在用	30	2018-01-01	1 700 000	269 500
生产线一	21	5	101	在用	10	2021-12-01	1 030 000	103 000
生产线二	21	5	101	在用	10	2021-12-01	1 631 000	163 000
办公楼	11	1	101	在用	30	2019-01-01	2 000 000	258 000
联想笔记本电脑	31	1	101	在用	5	2021-11-01	7 800	1 300
联想笔记本电脑	31	2	101	在用	5	2021-11-01	7 800	1 300
联想笔记本电脑	31	3	101	在用	5	2021-11-01	7 800	1 300
联想笔记本电脑	31	4	101	在用	5	2021-11-01	7 800	1 300
联想笔记本电脑	31	5	101	在用	5	2021-11-01	7 800	1 300
合计							6 400 000	800 000

七、日常业务处理

1. 填制凭证：以下经济业务由张明丽做账、李宏明审核。

（1）1日，从工行提现金2 500元备用。（现金支票票号：G20230101）

（2）1日，从利达公司购买B材料200吨，单价200元，增值税5 200元，货款未付，材料入库。

（3）1日，收到投资者王大林投入资金80万元，存入建行。（转账支票票号：J20230101）

（4）2日，生产部领用B材料160吨，单位成本200元。

（5）2日，收到投资者马小云投入办公设备一套，价值30万元，交采购部使用。

（6）2日，生产部购入生产设备一台，买价58万元（不考虑增值税），使用年限25年，款项已从建行以转账支票（票号：J20230102）方式支付。

（7）3日，销售部刘小光出差归来报销差旅费900元，多余现金100元交回。（原借1 000元）

（8）5日，用工行存款发放职工工资和职工福利100 000万元，其中：工资90 000万元，职工福利10 000万元。

（9）6日，销售部报销广告费20 000元，开出建行转账支票（票号：J20230106）付讫。

（10）8日，销售给科达公司甲产品2 000件，收入160 000元，销项税20 800元，款项未收回。

（11）9日，从昌隆公司购买A材料100吨，单价100元，增值税1 300元，从工行付款，材料入库。（转账支票票号：G20230109）

（12）10日，销售部赵晓出差预借差旅费2 000元，以现金支付。

（13）12日，以建行存款30万元购买短期理财产品。（转账支票票号：J20230112）

（14）18日，生产部领用A材料80吨，单位成本100元。

（15）19日，开出工行转账支票（票号：G20230119）支付管理部门的办公费2 000元。

（16）20日，完工产品入库（完工甲产品1 818件，每件120元；完工乙产品2 260件，每件260元）。

（17）20日，销售给恒远公司乙产品2 200件，单价330元，开具增值税专用发票，收到转账支票（票号：G20230120）。

（18）21日，从建行支付本月生产车间生产用水电费3 000元。（现金支票票号：J20230121）

（19）22日，从建行支付本月生产车间日常维护费2 000元。（现金支票票号：J20230122）

（20）25日，销售部报销广告费20 000元，开出建行转账支票（票号：J202301025）付讫。

（21）26日，使用工资管理系统录入工资数据（表8-20），并生成分配工资的记账凭证。

表 8-20 工资数据　　　　　　　　　　　　　　单位：元

编号	职员名称	基本工资	岗位工资	工龄工资	岗位津贴	奖金	病假天数
101	杨青	6 000	2 600	1 300	700	1 200	0
201	李宏明	5 800	2 500	1 200	700	1 200	2
202	张明丽	4 500	2 200	1 200	600	1 100	0
203	陈晓秋	4 300	2 200	1 100	650	1 180	0
301	刘小光	4 700	1 500	1 200	600	1 100	1
302	赵晓	4 600	1 400	1 200	500	1 000	2
401	王宇	4 600	1 450	1 300	600	1 100	0
402	吴亚	4 800	1 400	1 350	700	1 000	0
501	李智	4 800	1 600	1 100	700	1 200	0
502	刘丰	4 900	1 600	1 200	750	1 200	1

（22）28日，收到长期股权投资被投资单位发放的股利10万元（采用成本法），存入建行。（转账支票票号：J20230128）

（23）31日，使用固定资产管理系统，计提本月折旧，并生成记账凭证。

（24）31日，管理部电脑损坏，已准予报废。

2. 签字、审核、记账。

3. 凭证删除："25日，销售部报销广告费20 000元，开出建行转账支票（票号：J202301025）付讫。"这张凭证有误，请删除。（提示操作顺序：取消记账，取消签字审核，凭证作废，凭证整理）

4. 账簿查询：分别查询本月"库存商品"和"应收账款"账户的明细账，并把查询界面截图粘贴在Word文档中，取名为"账簿查询.doc"。

八、期末处理

要求：逐笔定义、结转、生成凭证、审核、记账，由张明丽做账、李宏明审核。

（1）31日，将本月制造费用全部结转到生产成本（自定义结转）。

（2）31日，计提短期借款利息，月利率为5.88‰（自定义结转）。

（3）31日，结转本月已销商品的成本（本月销售甲产品1 000件，每件120元；乙产品2 200件，每件260元）。

（4）31日，期间损益结转：将期间损益结转至"本年利润"账户。

（5）31日，自定义结转"所得税费用"账户。

（6）对应结转"所得税费用"账户至"本年利润"账户。

（7）对账、结账。

九、报表管理

1. 建立主要存货一览表。

（1）宏泰科技有限责任公司主要存货一览表格式见表8-21。

表 8-21 主要存货一览表

单位名称：　　　　　　　　　　　年　月　日　　　　　　　　　　　单位：元

项　目	行次	期初余额	本期发生额		期末余额
			借方发生额	贷方发生额	
原材料	1				
库存商品	2				
合计	3				

制表人：

（2）表尺寸：行数为8，列数为6。

（3）定义报表格式及公式。

（4）把"单位名称"设置为关键字。

（5）进行数据处理并保存文件，文件名为"202301主要存货一览表"。

2. 使用报表模板，建立资产负债表及利润表，并修改公式：资产负债表中"未分配利润期末数"公式改为"本年利润月末数+利润分配月末数"。

3. 录入关键字（年、月、日），生成资产负债表、利润表，以"资产负债表.rep"和"利润表.rep"文件名保存在桌面上。

4. 舍位平衡操作。

（1）定义舍位公式：对宏泰科技有限责任公司的资产负债表进行舍位操作，单位为万元，舍位为4位。

（2）进行舍位平衡，生成舍位表，文件名为"资产负债表舍位平衡表.rep"。